名古屋史跡巡り　一

緑区史跡巡り

榊原邦彦

中日出版

端書

郷土愛は郷土を知る事から生まれる。大いに郷土史に関心を寄せてほしい。

郷土の歴史書を読む場合、古くからの定説なのか、執筆者独自の考へなのか不分明な場合がよくある。本書では記述に当り、なるべく典拠を明らかにした。詳しく知りたい方は典拠の書を御覧頂きたい。

本書執筆の方針として広く史跡について触れる中で従来誤つて伝へられたものや、殆ど知られてゐなかつたものを明らかにすべく心掛けた。

日本武尊と宮簀媛命との史跡について例を挙げる。広く知られてゐるものの他にも多くの史跡がある。

宮簀媛命別業　鳴海に於ける別荘。

矢切　日本武尊が東征の前に矢を切り誓つた。

御手洗井　日本武尊が東征の前に手を洗ひ航海の安全を祈つた。

出航の水路　御手洗井近くより鳴海潟に出た。

狗神神社　日本武尊が信濃国で道に迷つた折に道案内した白犬（白狛）を祠《まつ》つた。

火打島　倭比売命《やまとひめのみこと》より授けられた火打を日本武尊が鳴海に帰還して納めた。

鉾ノ木　日本武尊が帰還して不要になつた鉾を立掛けた。

提　言

一　東海道五十三次の宿は岡崎市、知立市、桑名市と市名になるか、品川区、戸塚区、熱田区と区名になるかして宿の名を留める。緑区は人口が増え区域が広い。将来分割する際には、鳴海宿の名を後世に伝へる為、

　鳴海宿を含む地域を鳴海区とし、他を緑区とする事を望む。

二　草津宿本陣、二川宿本陣資料館、舞坂宿脇本陣など宿の建物を資料館とした宿がある。鳴海宿には残念ながら本陣や問屋場の建物が残らぬものの、資料は多い。藤川宿資料館は無人で無料公開してゐる。やり方次第で低予算で建設出来よう。

　鳴海宿資料館の建設を望む。

三　桶廻間合戦の公園は充実しつつある。しかし常設の資料館があれば、桶狭間を訪れる人は今川義元の本陣や討死地など主戦場は桶廻間村田楽坪附近であつたと正しい知識が得られ、満足して帰る事が出来る。

　桶廻間合戦資料館の建設を望む。

四　鳴海村と大高村とは江戸時代酒造が盛んで、江戸に大量の酒を船で出荷してゐた。鳴海の万菊本店は惜しくも廃業したが、大高の酒屋は健在である。

酒造資料館の建設を望む。

五　斉名天皇六年（六六〇）中大兄皇子が時刻を知る為に漏尅（水時計）を作った。奈良県高市郡明日香村に字水落があり、『日本書紀』の記述の正確さが証明され、地名により設置場所が特定出来た。

字名などの地名は貴重な文化遺産であり、無形文化財であり、大事に維持して後世に伝へて頂きたい。地名は「消すな、変へるな、作るな」が大切である。

六　当地方には鳴海城や善照寺砦をはじめ重要な史蹟が多い。しっかり保存して後代に伝へて頂きたい。

凡例

一　本書で取上げた内容は古いものを主とした。紙数の関係で簡潔にしたものが多い。

一　筆者の既刊書に、
『緑区の歴史』　愛知県郷土資料刊行会
『桶廻間合戦研究』　中日出版社
『東海道鳴海宿』　中日出版
『緑区の史蹟』　鳴海土風会　緑区鳴海町字作町六六
『緑区郷土史』　鳴海土風会
『緑区地方史』　鳴海土風会
『みくにことば　第二輯』　中日出版　共著
『なるみ叢書』　十七　十九〜二十七　鳴海土風会
がある。本書の参考にして頂きたい。

既刊書の出版後の調査により、本書で改変、添加した事項は本書に拠って頂きたい。

一　考古学関係は重要なものを取上げた。池田睦介他『緑区の考古遺跡』、森達也『黎明期の鳴海』（なるみ叢書　第十冊　鳴海土風会）を参照して頂きたい。

一　字名は郷土を知る貴重な存在である。本書では一部を記した。『緑区の史跡』『緑区郷土史』『緑区地方史』の「地名辞典」を参照して頂きたい。

一　本書では、きめ細かく述べる為、字名で記した。
町名は現行の地図を参考にして頂きたい。

一　写真の年代
明治大正　　明治四十三年頃より昭和初年頃迄
昭和　　主に昭和四十三年以降
未記入　　平成

一　池の面積
土地宝典に拠り記した。一部が埋立てられて狭くなったり、滅失したりした池が殆どである。

一　仮名遣は日本国憲法に遵ひ歴史的仮名遣（正仮名遣）を用ゐた。

緑区史跡巡り

目次

第二章　大高

第三章　桶狭間

第四章　有　松

第五章　読　物

表紙　鳴海　豊国　『東海道五十三次』

第一章　鳴　海

字赤塚　あかつか　　鳴海中北部

赤塚　あかつか

『尾張志』愛知郡の陵墓に「赤塚」がある。

明治十七年の『地籍帳』に「塚　壱畝歩」とある。

昭和五年の野村三郎氏の発掘で、人骨一、金環一、銀環一、上製丸玉一、上製勾玉一、高坏一、鉄刀一、鉄鉾一、鉄鏃一などが出土した。大塚の南にある。

円墳横穴式で、羨道の長さ十尺四寸、中程の幅五尺八寸、玄室は奥行十尺三寸、幅六尺四寸で、羨道は略東向であつた。内部一面に拳大の河原石が敷詰められてゐた。

赤塚合戦　あかつかかっせん

『信長公記』に天文二十二年（一五五三）四月十七日の織田信長と今川方の山口九郎二郎との戦を記す。

信長は八百名ばかりの軍勢を率ゐ、上野の道を通り三の

赤　塚　昭和

山（山王山）へ上り、千五百名ばかりの軍勢の山口九郎次郎と赤塚の郷で戦つた。戦は引分に終つた。

同書に三の山から赤塚迄を十五町、鳴海城から赤塚迄を十五、六町有りとするが、六町程、十二町程が正しい。

大塚　おほつか

明治十七年の『地籍帳』に「塚　四畝拾二歩」とある。

円墳横穴式で、羨道の長さ十尺五寸、中程の幅約六尺、玄室は奥行十一尺三寸、幅六尺七寸で赤塚よりかなり大きい。人骨一、金環二、鉄鏃一、土器破片数十片が出土した。

かうした古墳は、滅失させるのが普通であるが、大正九年発足の鳴海耕地整理組合（発起人　野村三郎　加藤徹三、榊原安彦　下郷繁三郎ら）により、赤塚と大塚との土地が保存せられたのは偉大な功績である。

大塚について、榊原清彦「緑区歴史散歩」（「なるみ」第一四一号）に、

字赤塚に、雑木の繁る丘

大　塚　昭和

が、畑の中ほどに残つている。これが、赤塚古墳群の主峰とも言える大塚古墳である。横穴式古墳で、今でも石組はほぼ残つているので実見できる。鳴海最大の古墳である。現在は、天井の石が失われている。この天井石は研修所の近くの赤塚墓地のとむらい石として永く使われていたが、現在は何処かへ持ち去られてしまった。

被葬者が誰か伝つてゐないが、永井勝三『古代の鳴海地方考』（なるみ叢書　第十五冊　鳴海土風会）に拠ると、鳴海の統治者は伊福部氏であり、鳴海の伊福《いぶき》神社は伊福部氏が祖神を祀つた神社であり、大塚は伊福部氏を葬つたものとある。

赤塚と大塚とは加藤正太郎「鳴海町赤塚古墳談屑」（『見学記録』第九号）に拠る。字赤塚一一二六番地。

惣持坊　そうぢばう

東福院の古称。『鳴海旧記』（なるみ叢書　第三冊　緑区鳴海町字作町六六　鳴海土風会）に、

東福院永禄之頃は赤塚郷に有之、兵火に焼失、夫より浄知坊へ移り、其後今の処へ引越候由。

とあり、合戦で焼失して移つた。宝生院（中島郡の大須観音）の享徳二年（一四五三）の末寺として「鳴海惣持坊」とある。大村達雄氏の教示では字赤塚の南部にあつたであらうとの事。寺伝では鎌倉海道沿にあつた由。

祖母懐の宮　そぼくわいのみや　うばがふところのみや

『尾張旧廻記』の赤塚の条に、

赤塚の内に祖母懐の宮といふ有（土俗そばかいの宮といふ）是ハ東四郎此所産のよし　初ハ此所にて陶器を焼

とあり、『松濤棹筆』の赤塚の条に、

是ハ昔時、加藤四郎右衛門帰朝の後、彼婆々が恩を賞せん為に此所に祠を建てしと也

とある。

「うばがふところ」は風の当らない陽だまりのある地を云ふ地名で、各地にある。

瀬戸市に祖母懐町があり、上質の陶土の祖母懐土が名高いが、和語の「うばがふところ」を後に漢字に宛てたもの。加藤藤四郎は仁安三年（一一六八）の生れで、貞応二年（一二二三）没した。帰国後に各地を遍歴してから瀬戸に行つた。

字赤松　あかまつ　鳴海東部

稲荷社　いなりのやしろ

昭和四十年代人家より北の山中に鎮座し赤鳥居があつた。今の徳一稲荷の前身か。

赤松川　あかまつかは

神ノ倉池から流れ出て、諸輪名古屋線から暗渠になる。

赤松新池　あかまつしんいけ

神ノ倉池の上流にあり、谷間の池で細長い。九反三畝七歩。上長池、赤松神倉池、赤松上池とも呼んだ。字赤松一〇番地。

神ノ倉池　かんのくらいけ

これも細長く下長池とも呼んだ。又赤松下池とも云った。八反二畝二歩。度々埋立てられ、有るか無きか。赤松新池は早く埋立てられた。字赤松九番地。

字相原郷　あひは（ば）らがう　鳴海東部

相原村　あひは（ば）らむら

建武四年（一三三七）の『足利尊氏下文写』に「粟飯原郷」として見え、本多の一族が来住した。

慶長十三年（一六〇八）に鳴海村より分れて相原村となつた。明治九年に鳴海村に合併した。

浄連寺　じやうれんじ

真宗大谷派　相原山。本尊阿弥陀如来。天正三年（一五七五）憎慶念開基。今川義元の家臣で、永禄三年（一五六〇）に戦死した主人の菩提を弔ふ為出家して光泉坊に住んだ。本多慶淳「浄連寺の沿革と鎌倉街道」に拠ると、「川端から萬福寺の南に移転し、天正年中に現在の地に再度移転した」とある。「川端」は字会下。字相原郷四七番地。

成海学校相原分校　なるみがくかうあひは(ば)らぶんかう

明治十五年開校し、明治二十年に本校に合併した。明治二十年の児童数は五十六人、敷地四十坪、建坪十五・五坪とあるが、場所は判らない。

字相原町　あひは(ば)らまち　鳴海中心部

相川小路　あひかはこうぢ

扇川の中島橋下流右岸は改修後川沿の道になり、道と川との間に人家が無い。以前は一部分を除き道の両側に人家があり、東海道の分岐では川と道との間に人家が三軒あつた。高島八重子氏に拠ると、道の名は相川小路。

相原町　あひは（ば）らまち

字名。『大日本国郡誌編輯材料』（なるみ叢書　第四冊　鳴海土風会）に天正十二年（一五八四）に字宿地から、天正十七年に字宿地等から引越したとある。『知多郡史』下巻に、

相原郷より駅路に遷つた人々は相原町を構成した

浄蓮寺　昭和

とある。太古瑞泉寺の高台が鳴海潟の中島として海中より突出し、中島（嶋）の地名が出来た。中島とは相原町、上中、下中の総称である。

高札場　かうさつば

江戸時代初期に作町の曲かね北側に設けられ、後に曲尺之手に移つた。後、更に本町札の辻に移つた。元禄三年（一六九〇）『東海道分間絵図』には東海道の曲かね北側に設けてあり、札の辻も北側である。ここも道の北側であらう。

曲尺之手　かねのて

大工が使ふ曲尺のやうに直角に東海道が二度曲る。城下町に設けられる。軍事上の必要から鳴海城を築いた折に設けたものか。

曲尺之手　昭和

江戸時代の東海道は平安時代から或程度主な道であった。城の東側は一面平地だから曲尺之手を設けたものの、城の西側は字清水寺側が山であり、西が低湿地で、山王山下に曲尺之手があり防備し易く設けなかったのであらう。

曲尺之手東　明治

川端曲手橋　かはは（ば）たかねのてはし

安永四年（一七七五）の冬に出来上がり、五年の元日に下郷学海が渡り初めした。曲尺之手から扇川への曲尺之手道に架る。今の相生橋は新しい名。「川端橋」「曲尺之手川戸橋」とも云つた。

菊屋茂富　きくやしげとみ

安政四年（一八五七）創業の鳴海の老舗和菓子屋。明治生まれの三好住人の話では、客が来る時には三好から鳴海の菊屋まで人力車に乗つて菓子を買ひに来た由。昭和三十一年の「なる美新聞」の広告に左の菓子がある。

都饅頭　（和三盆糖入）鳴海潟　（生姜入）弦月

栗饅頭　（尾張名物）出世

字相原町二八番地。

広道学校　くわうだうがくかう

明治八年広道学校を萬福寺から下郷次郎八宅内に移す。明治九年校名を成海学校と改め、明治二十年字本町土井新三郎宅に移した。字相原町二七番地。

警防団詰所　けいばうだんつめしよ
　中島橋の上流、扇川の堤にあつた。警防団は軍部の指導で防空業務を行ふ防護団と、警察の指導する消防組とを統合し昭和十四年に結成された。大東亜戦争中に防空防火活動に大いに貢献した。中島駐在所の跡である。

桜井戸　さくらゐど
　「なる美新聞」昭和三十八年一月十三日号、野村三郎

桜井戸

「花の井について」に鳴海の名水を九つ挙げる。文中に「下郷邸内の桜井戸」とある。今は屋根付の井戸で庭の灌漑用水にする。以下八つの名水を述べる。

花井　字三皿四番地の北の塀沿、山花小路を東海道より十三四米東へ入つた所にあつた。『成海神社古実聞書』に「此水当所第一ノ水」とある。水道開通後に撤去。

上中　『天保十五年鳴海村墨引図面』の萬福寺東南端に井戸の印がある。今の字本町三番地辺であるが東の字上中に隣接するので上中としたか。今無し。

御添地　字本町五十番地北西で、御添地《おそへち》小路の奥に井筒がある。少将の井であらう。右の図に井戸を描く。

上町　右の図に鳴海城跡の東端、御林平針通の中ほど、字矢切一二七―七番地西端中央に井戸を描く。『成海神社古実聞書』に「中戸井」とある。今無し。

前之輪　『千代倉家日記抄』に、「前之庵和泉」とある清水。場所不明。

融伝　字細口北方の融伝、融伝道沿に融伝塚があり、その傍らの筈である。昭和四十三年には清水が見当らなかつた。

乗鞍　字乗鞍《じょうあん》六十六番地。白土道の西沿にあり清水が流れる。奥に弘法堂があり、弘法水と呼ぶ。

暗骨　尾張藩主の鳴海山での鹿狩は、
　正保四年（一六四七）　クラホネ山　『尾藩世紀』
　万治元年（一六五八）　平手山　『尾藩世紀』
　延宝元年（一六七三）　平子山　『尾藩世紀』
　貞享三年（一六八六）　平子山　『下里知足日記』
が記録に見える。『鳴海村古事記』の山の条に「元林　鞍骨　高根」とあるのを併せて考へると、東部の山の清水であるが、場所は判らない。御存知の方の御教示を乞ふ。

下郷杏造宅　しもざときやうざうたく
　嘉永四年（一八五一）に高嶋金毛の三男として生れた。高嶋篚川と久野輝彦とは兄である。俳句と和歌とに優れ

俳号は月齊。鳴海町長、鳴尾村長を勤めた。昭和五年八十歳で歌文集『竹のはやし』を発行した。字相原町八番地。

下里知足宅　しもざとちそくたく

下里知足は通称を初め勘兵衛、後に金右衛門と云った。知足は俳号。寛永十七年（一六四〇）に生れ宝永元年（一七〇四）に没した。家業の農業の他、鉄の卸し売、米、銭の売買、味噌醸造販売、金融を行った。寺嶋業言（西尾伊右衛門）と共に鳴海俳壇の中心人物であった。森川昭『下里知足の文事の研究　第一部～第三部』（和泉書院）参照。字相原町二七番地。

白土道　しろつちみち

中島橋の西詰より相原村、平手新田を経て字白土の平針街道に通ずる道。沿道の字名により相原道、徳重道とも云ひ、足助道とも云つた。大正九年には郡道鳴海挙母線として着工し、挙母街道とも云つた。

明治十二年『愛知郡村誌　鳴海村誌』に「幅一間三尺」とあり、明治二十年『大日本国郡誌編輯材料』に「幅一間一尺五寸」とあり、昭和三年に弐間幅とし、昭和二十六年に四間幅を五間幅とした。但し相原郷内では同年に四間幅とした。旧道跡と思はれる細道が字早稲屋や字石神堂に残る。

瑞泉寺　ずいせんじ

曹洞宗龍蟠山。本尊釈迦如来。大徹宗令は東遊の途中、永徳元年（一三八一）に平部山（字諏訪山）で庵を結んだ。嘉慶二年（一三八八）春、将軍足利義満が鳴海を通り禅師に帰依した。将軍の家臣安原備中守宗範は随行して居たが、当地の領主となり伽藍を建立した。宗範は瑞松居士と称し、寺名を瑞松寺とした。創立年代は、「梵鐘銘」に応永三年（一三九六）とあり、『張州府志』に応永十一年とある。文明元年（一四六九）寺は兵火の為に焼失し、平部山から今の地に移つた。移つた年については、明応九年、文亀元年、永正元年の三説がある。

『緑区誌　区政五十周年記念』『日本歴史地名大系　愛知県の地名』に、瑞松寺の寺号を瑞泉寺と改めたとあるものの、瑞松寺を瑞祥寺と改め、後に瑞祥寺を瑞泉寺と改めたとするのが正しい。

瑞松寺を瑞祥寺と改めた時期について触れた書は見掛けない。『千代倉家日記抄』の寛文十三年（一六七三）十月十二日条までは「瑞松寺」とあり、十月十九日条以降に

瑞泉寺山門　昭和

は、「瑞祥寺」とあり、この間に改めた。

瑞祥寺から瑞泉寺への改称の時期について、『鳴海瑞泉寺史』に、正徳年中、正徳三年、享保年中の三説を挙げ、元禄十年から享保十年に至る二十九年間に、改号せられたのであろうとする。『千代倉家日記抄』の正徳三年（一七一三）六月十二日条に「瑞祥寺」とあり、正徳六年三月に廿四日条に「瑞泉」とあり、この間に改めた事になり三年間に限られる。

墓地に守悦上人の無縫塔があり、永正四年（一五〇七）の銘がある。歴代住持ではなく、父の話では茶祖との事。漢学者の石川香山、石川魯庵、琉球人中山梁文弼の墓がある。加藤徹三『鳴海町瑞泉寺山門（附瑞泉寺歴史の一部）』（なるみ叢書　第一冊　鳴海土風会）参照。字相原町四番地。

道庵小路　だうあんこうぢ

東海道から浄泉寺方面への小路。梶川道庵に因む。代々医者で、半内—道庵—道源。建部綾足の弟子で『張城人物誌』に見える。『千代倉家日記抄』安永二年五月十八日条に、「隣」とあり、下郷家の東隣。

長者屋敷　ちやうじややしき

瑞泉寺の墓場が旧地。『鳴海旧記』（なるみ叢書　第三冊　鳴海土風会）「一　鳴海長者成高」に、

成高屋敷跡中島町に有、只今禅宗瑞祥寺境内に罷成
申候

とあり、『鳴海致景図』に「長者亭址《ヤシキアト》」として瑞泉寺のすぐ西に描く。相原町の古称が中島町である。

成高に仕へた侍女が玉照姫であったと伝へられ、笠寺の縁起に詳しい。

この場合の長者とは宿駅の長を云ひ、鳴海宿の長として古東海道の陸上交通及び鳴海潟の水上交通を掌握した豪族であらう。成高は延長（九二三—九三一）頃の人と云ふが、丹羽郡の豪族丹羽氏の分流である由。

中央市場　ちゆうあういちば

鳴海中央市場は鳴海市場に続く公認市場として昭和二十六年に十六店で開店した。丸万精肉店、荒川化粧品店、三八屋履物店、丸二玩具店、丸鈴鶏肉店、魚初商店、丸和屋（燃料）、木下商店（調味料品）、丸三食品店（青物）、藤村屋菓子店、今村商店（洋品雑貨）、小島商店（古着、衣料品）、田吾作（揚物）、丸三

中央市場　昭和

食料品店（海産、乾物）、丸三食品店（果実）。字相原町二三番地。

中島駐在所　なかしまちゆうざいしよ

明治四十四年『鳴海局市内図』の字下中に中島巡査駐在所を記す。大正末期までに引越し、東海道の北側、道庵小路の西にあつた。後に中島橋の手前で白土道の東側に移つた。昭和十八年字神明に移り四本木駐在所となつた。字相原町に引越した後も旧称の中島を用ゐた。字相原町二番地。

鳴海町農業協同組合　なるみちやうのうげふけふどうくみあひ

昭和二十三年発起人代表に榊原清彦がなり創立総会を開いた。認可後初代組合長に花井寿太郎が就任し、翌年花井徳重に代つた。昭和二十六年下郷家の敷地に二階建の事務所を建設し、昭和三十九年まで用ゐた。字相原町二七番地。

禰宜屋敷　ねぎやしき

弘治三年（一五五七）今川義元より鳴海八幡宮神主久野保清二郎左衛門宛に朱印状が出され、八幡及び東宮（成海神社）に神田及び禰宜屋敷の土地が寄進された。

両宮の神田は豊臣秀吉により全て収奪され、多くの社人が路頭に迷ふ事になつた。但し禰宜屋敷は二郎左衛門の後裔の久野氏が居住してゐたので没収を免れた。

朱印状に「禰宜屋敷壱軒」とあり、菊屋の所である。後年字前之輪に引越した。字相原町二八番地。

字有松裏　ありまつうら　鳴海東南部

有松裏停車場　ありまつうらていしやば

愛知電気鉄道（略して愛電）は大正六年三月に笠寺まで開通してゐた。五月に字有松裏まで路線が延び、有松裏停車場が出来た。開業後二週間乗車賃を半額とし、大賑ひだつたと云ふ。有松裏から知立まで開通したのは大正十二年である。昭和十八年に有松裏駅の名を約めた。

藍染川　あゐそめかは

鎌研（鎌研場）川の上流の通称が藍染川である。『尾張名所図会』に字米塚の天満社前の「虹蜺橋」（虹橋の漢文風の名）に「アイソメ川」とある。

鳴海音頭　作詞　寺島源吉　作曲　小股　久

一番　なんとなあ　何と云ふても　鳴海は絞

萌える若草藍染川に　干した晒に

干した晒に　春の風ソレ

「ナンナン鳴海は良いとこな

良いとこ鳴海は良いとこな」

御日塚　おひつか

『東海道分間延絵図』に「御日塚」の記入がある。鎌研川の北に記してあるので、字有松裏である。他に所伝を知らないが、犬山市字追分に御日塚神社がある事から考へると信仰により築いたものである。御日塚神社は『愛知県神社名鑑』に拠ると、祭神は保食神で、慶長三年（一五九八）の創建と云ふ。保食神《うけもちのかみ》は伊奘諾《いざなぎ》、伊奘冉《いざなみ》の二神の御子神であり、五穀を掌る。恐らく太陽信仰による塚であり、太陽の遙拝所としたのであらう。熱田区伝馬町の神明社は『尾張徇行記』に、

　天道石トテ古ヨリ石一ツアリ、コレヲ祈リテ効アル由

とあり、天道社、御天道と呼ばれ、各地に太陽信仰が根強く広がつてゐた。御日塚も天道石の類か。

御嶽教日出教会　おんたけけうひのでけうくわい

　大将ヶ根の頂上にあつた記念碑を区画整理の時に移した。大正十年梶野禄文が東宮殿下御渡欧安全祈願記念碑を建てたもの。字有松裏一二九―一番地。

清澄院　せいちようゐん

　浄土宗薬師山。本尊阿弥陀如来。開基亮庵尼が新海池畔の字薬師山に来て、明治十九年西方庵を結んだ。大正十五年二世亮称が東京の深川から清澄院の寺号を移した。昭和十二年に現堂宇を建立した。字有松裏一三八―一番地。

俘虜収容所　ふりよしうようしよ

昭和十八年十二月に大阪俘虜収容所第十一分所を字有松裏に開設し、大東亜戦争の俘虜を収容した。昭和二十年四月に名古屋俘虜収容所第二分所になつた。

　友達と一緒に見に出掛けた事がある。俘虜収容所は緩い岡に平屋の建物が数棟並んで建つてゐたのを眺めた覚えがある。

　収容所の跡地に日本車輌の住宅が建つてゐる。俘虜が働いてゐたのは熱田区三本松町の工場で、城山三郎「捕虜の居た駅」（「小説中央公論」夏季号　昭和三十六年七月）に描かれてゐる。

字雷　いかづち　　鳴海中南部

雷貝塚　いかづちかひづか

　昭和二年野村三郎氏が雷貝塚を発見した。この発見をきつかけに考古学研究は飛躍的に進歩した。氏の功績は日本考古学史上輝くものである。縄文土器多数、人骨三十体以上、石鏃、石斧など多量の遺物が出土した。猪、猪、鹿、犬、亀、鯨の骨まで出土した。鹿の骨は極めて多く、北の字鹿山辺に群棲してゐたのであらう。昭和二十九年に獣骨を米国に送つて放射性炭素測定の結果、三千百二十年前から二千六百二十年前との報告が得られた。我国の放射性炭素利用の早い時期の例である。

　貝塚の位置は今の字文木や字矢切を含む。主な

部分は今字矢切で鳴海小学校の北である。耕地整理前の地籍では西半分が字矢切、東半分が字雷であり、主要部分が字雷であつたので、雷貝塚とした。各地からの見学者は引きも切らず、昭和二十年代の前半には雷貝塚の大きな案内標識が平針道の交叉点に立つてゐたほどである。

雷貝塚　昭和

　もしそれなくば今日鳴海の原始を知るどころか、東海地方の原始を語り出すことさえできなかつたであろう。

と記すのは『鳴海のあけぼの』（文化財叢書第四十二号）の序である。野村三郎氏の考古学界への学徳を顕彰した一書で、雷貝塚の詳しい研究を纏める。

雷社　いかづちのやしろ　いかづちしや

　字砦の最高地点の二十六・五米には劣るものの、ここは海抜十九・五米と高く、落雷も多かつたであらう。雷の落ちた所に社を構へ雷神を祀る事は各地に多い。『大日本国郡誌編輯材料』（なるみ叢書　第四冊　鳴海土風会）に、

　古へ此ノ森ニテ四月カムトキ祭トテ、雷除ノ祈禱執行ノ旧地ナリト申伝アリ

とある。「カムトキ」とは『和名類聚抄』や『色葉字類抄』に見える古語で、「神解」で雷が落ちること。「いかづち」の「いか」は「厳」で、「いかつい顔」「いかめしい軍装」の「いか」で、「づ」は「天つ風」「国つ神」の「つ」で「の」を表す。「ち」は「みづち（水霊）」「おろち（大蛇）」の「ち」で、神や自然の霊の意である。「いかづち」は地名でもあり、神社の鎮座の古きを知る。

　雷の光を「稲光」「稲妻」と呼び、雷神が水を恵む神として稲作と結びつく。稲が穂を孕む時の雷を特に稲妻と呼ぶ地方があるが、実は雷に依り空中窒素が固定し稲作の豊穣をもたらす訳で、百姓の雷神信仰は現代科学で裏付けられるに至つた。

　雷社に須佐之男社を合祠する。古称は天王社。

　津島祭は神葭《みよし》神事と川祭とが主であり、神葭神事に天王川へ流した神葭は鳴海潟の各地に流れ着き、その場所に天

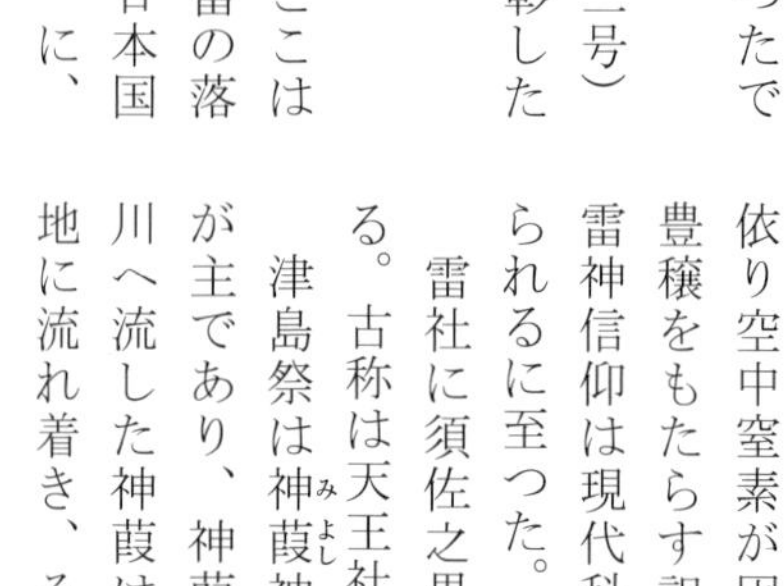
雷社

王社が建立される事があつた。『鳴海旧記』（なるみ叢書第三冊　鳴海土風会）には元和九年（一六二三）、天和三年（一六八三）、延享五年（一七四八）、寛延三年（一七五〇）に神葭が岸に着いたことを記す。
室町時代頃に神葭が流れ着いたので天王社を祀ったのであらうが、雷社の方が鎮座は古いと考へられる。字雷一番地。
祖母の話
町内で代表（惣代）を立てて津島さんへの御札を貰ひに行き、夏の間三月、夏病《や》みをしないと言つてお祭する。町内〳〵で祭つた御札を最後の日（九月十五日）にここに収める。送つて行く時に町内からここまで高張提燈を点して送つて行つたが、今は止めになつた。子供の時神社の建物は「おしやと」だけで雨覆は無かつた。各町内の天王さんに対して、ここを奥天王と言ふ。

字池上　いけかみ　鳴海中北部

秋葉社　あきはのやしろ　あきはしや
熱田の円通寺から勧請した伝治山地区の秋葉社。平成二年池の東北に移して建立した。境内に力石があり、以前は重さ約八十瓩《キログラム》との掲示があつた。担ぎ上げられるか力競べをしたもの。大高字江明にもある。文化財に指定してゐる所があるほど貴重なものである。

歌塚　うたつか
新海地東南の林中に歌塚が建つ。加藤徹三「茶話」（「なる美新聞」昭和二十九年七月四日号）に、

鳴海に歌塚を作るといへばこの古い歴史のある拾玉会が中心になつてやらうといふ事になつて、当時の会員や故人の子孫等が若干づつ拠出をして、新海池畔の私の控山に昭和十三年の秋に建てたのが「歌塚」である。

とある。元は亭があり庭になつてゐた由。今は庭石が運び出され歌塚だけが建つ。裏に故人の榊原春村、久野輝彦、加藤鑑一ら、現存会員として久野壽彦、加藤徹らの名を刻

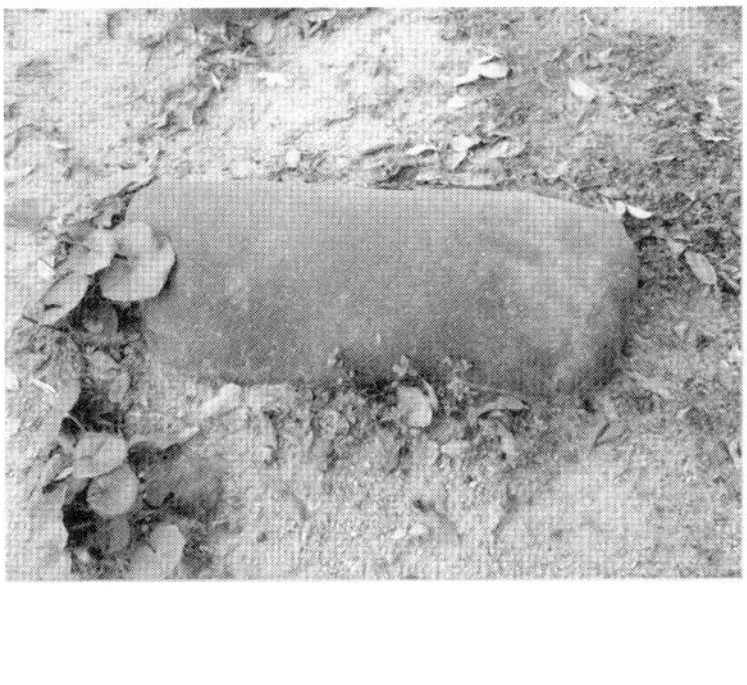
力石

歌塚

む。拾玉会は鳴海の和歌の会で、この年『拾玉会歌集』を刊行した。

御茶屋ヶ根　おちややがね

『鳴海旧記』（なるみ叢書　第三冊　鳴海土風会）の「御茶屋ヶ根」の条に、

右新海池東之山上に右茶屋ヶ根といふ処あり　二間四方少し小高き所人手かけ有　古きもの申伝候

とあり、字池上の東部、万場山の西部辺に茶屋の跡があつた。嫁ヶ茶屋と共に古東海道の茶屋である。

古東海道の道筋として良く知られてゐるのは相原郷の浄連寺後から西の後山墓地の前（墓の前）に至る道筋である。これは更に西に進み薬師山や宿地方面に至る。新海池（古くは真池）の東を通る道筋は更に古いものである。

地蔵　ぢざう

新海池の西南の道端に字三高根（通称赤塚）の墓場から移つた。嘉永三年（一八五〇）丹下の坂野氏建立。

地蔵堂　ぢざうだう

伝治山地区の地蔵堂を平成二年に池の東北に再建した。明治二十年頃子供の供養のため建立した由。

新海池　にひのみいけ

高嶋金毛『甘辛録』に、寛永十一年（一六三四）鳴海村に雨池が十二ヶ所出来た。新海池は簓《ささら》摺《すり》の新海五平次が当地を見立てた、その功に依り田主より稲一把宛を明治元年の頃迄貰つたとある。五平次が築いたなどは誤。元ここに真池《まいけ》と云ふ大きな池があり、周囲に拡充した。名古屋市内で牧野ヶ池に次ぐ大池になつた。

鳰《にほ》鳥の沈む静かなりおもむろに
　拡ごる波紋岸までは届かず　加藤徹三

なるうみのにひのみ池の松嵐
　ゆふべはさびし人影もなく　坂野旅人

にひのみの近きさざなみ暫し消え
　黄なる夕べとなりにけるかも　榊原邦彦

火の見櫓　ひのみやぐら

池の東北の消防団詰所の傍らにある。昭和二十九年建設。高さ四十尺。今や桶狭間の一基と併せて緑区内に二基が現存し、防火意識の高揚に役立つてゐる。

堀越川　ほりこしかは

字高根の焼山清水が源流で字万場山と字池上との境を流れ、深海池の東北に流れ込む川。『愛知郡村誌　鳴海村誌』には高根溝(川)とし、長拾町拾間とある。

『鳴海旧記』に和合村、傍示本村より成海神社の祭に馬を出し、帰りに弁当の唐櫃を堀越川で洗ふ事になつてゐて、櫃に残飯があれば不吉だと恐れたとある。

真池　まいけ

新海池の前身。元禄七年『鳴海村杁書上帳』の新海池の条に、寛永十年（一六三三）杁の伏替をしたとある。新海池の築立は翌年の十一月であるから、これは新海池の前身の池の杁である。

『慶長十三年鳴海村検地帳』に「池の上」、「いけの下」の字名がある。後に「の」を省き「池上」、「池下」となったもので、大きな池が無ければ、これらの地名は発生しない。新海池から流れ出る川は字池下を通り南下し、西に曲がり流れる。寛政十二年（一八〇〇）の『覚』に、「真池川」とある。西流して東海道に達すると、暫く北に流れてから西に向ひ、田圃中に真の尾の地名がある。

真池川は真池から流れ出る故の名であり、真の尾は真池の下流の意である。これから考へると荒井村、牛毛村の別称鳴尾は鳴海の下流の地の意である。

字池下　いけした　　鳴海中南部

水道水源　すいどうすいげん

愛知電気鉄道（愛電）は鳴海荘住宅地への給水の為、字薬師山に水道塔（水道揚水塔）を設け、字池下に井戸を掘つた。昭和六年竣工した。昭和二十六年に水源地が落盤し、今までより約百米南に井戸を新設した。これまで千五百六十石を汲み上げ六百戸に給水してゐたが、今回地下五百尺掘で一万石を汲み上げた。名古屋市の水道が来て切り替へた。

地獄沢　ぢごくさは

『地蔵菩薩霊験記』に尾張国司藤原元命《もとなが》が鳴海の女に通ひ、「地獄沢ト云フ小河ノ辺」を通る折に卒塔婆を橋として渡つたとある。鳴海には往古より鳴海小町と呼ばれるやうな美人が多かつたらしい。地獄沢は新海池の前身真池から字池下を南へ流れる真池川の沢を云ふ。地獄廻間とも云ふ。京都七墓の随一鳥辺野の墓場は風葬の屍から地獄谷と呼ばれた。ここも同じで墓場であつた。後に地獄の地名の所に埋葬するのを忌み、赤塚（字三高根）の墓場に変へた。

字石神堂　いしがみだう　　鳴海東部

相原道　あひは（ば）らみち

相原では細根道と云ひ、細根では相原道と云ふ。『下里知足日記』延宝五年（一六七七）六月四日条に「有松相原道」とある。古くは野道で狭い。

有原橋　ありはらはし

相原道の扇川に架る。『天保十二年相原村絵図』に橋を描く。有松と相原とを結ぶ道の橋である。

昭和二十五年に橋の整備不良から消防自動車が転落する事故が起き、工費十八万円で改築した。

水車小屋　すいしやこや

扇川から北へ小川で水を引き、水車小屋があつた。昭和初年頃の事で、米を搗いた。相原道の西。

定井　ぢやうゐ　ぢやうゐい

本多桂一氏の教示に拠ると、字石神堂には有原橋の近くと相原橋の近くとの二ヶ所にあつた。立切とも云ひ、川を板で仕切り、扇川の水を農業用水として用ゐた。当地方では「ぢやうゐ」を訛つて発音した。

鳴海澱粉工場　なるみでんぷんこうぢやう

扇川沿で相原道の西側有原橋の手前に大東亜戦争後に薩摩芋から澱粉を作る工場が出来た。昭和二十六年の理事長は花井徳重。工場前の広場では盆に盆踊を行つた。

加藤徹三『陶工』　昭和二十七年

汗あへて澱粉工場に吾が運ぶ
　藷一車にて千円ばかり

火の見櫓　ひのみやぐら

相原道の東側で田の中にあつた。白土道の南。

義経烏帽子掛松　よしつねえぼしかけまつ

『今昔鳴海潟呼続物語鉄槌誌』に

相原にては川口屋　こん屋町　かめや丁　石神道
源義経のゑほうしかけたる松もあり

とある。「石神道」は相原道。字石神堂三三―三で一坪。相原道のすぐ東に塚が田圃の中にあり、木が一本生えてゐた。明治十七年『地籍帳』以後に分筆したのは塚を重んじての事であらう。

字石田　いした(だ)　鳴海西部

石田の里　いはたのさと

『夫木和歌抄』の里の条に「いはたのさと」(尾張)として、「文応元年七社百首」の藤原為家の歌

いまよりやいはたのさとの秋かせも
　夜さむにふけは衣うつらん

を収める。『蓬州旧勝録』に、

石田《イハタ》の里　鳴海西の入口　山王山下松原行当り南也
　と里老の云

とあり、『海邦名勝志』『尾張旧廻記』『尾原集略』『尾張名勝地志』に同じ内容が見える。

『萬葉集』、『伊勢集』の『石田《いはた》』は京都市伏見区石田《いしだ》内里町で、伏見も鳴海も地名は「いした(だ)」で、和歌では歌語として「いはた」とする。

義経烏帽子掛松

古東海道は字赤塚辺より北の野並に向ふ道路（上野の道）と西の笠寺に向ふ道（浜道）とに分れる。石田は浜道に近いから旅人の耳目を惹く事が多かつたであらう。
又石田は江戸時代の東海道の道筋である。その道筋の相原町（古称中島）には延長（九二三―九三一）頃に長者屋敷があり、作町には弘安（一二七八―一二八八）年間より如意寺があり、或程度旅人の往来があつたであらう。
榊原邦彦『枕草子及び平安作品研究』（和泉書院）「尾張国の歌枕　二　石田の里」参照。

三の坪杁　さんのつぼいり

新海池から流れ出る真池川は字石田と字枯木との境を流れ、字石田の西端近くに杁があつた。寛永十七年（一六四〇）『鳴海村杁書上帳』に見える。『壬申年御見分記』に「一　杁長弐間」とある。『地方品目解』の「杁」に、

　杁は水之多小、堤之大小に応じ作り立、堤下に伏せ候而、用水、悪水を通し申候。修復いたし候を伏替と申候。

とある。用水を取る杁を懸杁と云ひ、悪水を落とすのを落杁、捨杁と云ふ。ここは懸杁で真池川の北岸にあり、字枯木の用水を取入れた。
三ノ坪は字石田の北部の字名で、古代に全国に亙つて施行された条理制に基づく地名である。

字後山　うしろやま　　鳴海北部

経塚　きやうつか

本多桂一氏の話に拠ると、鳴海中学校への坂の途中左側に経塚があつた。高さは人の丈くらゐで皆が経塚と呼んでゐた。

古東海道　ことうかいだう

浄蓮寺のすぐ後を通り、後山墓地の前（字墓の前）を通る道筋が伝へられてゐる。しかし『第二区鳴海村全図』は遙か北方を東西に通る道筋を「鎌倉街道」と記し、これが最古の道筋を伝へたものであらう。

字姥子山　うばこやま　鳴海東南部

開拓地　かいたくち

「なる美新聞」昭和三十三年一月二十六日号に拠ると、開拓地は字姥子山三十町歩、字神ノ倉二十町歩、字大清水八町歩、字鏡田五町歩、字藤塚三町歩、字横吹一町一反とある。

敷田川　しきたかは

扇川の支流。字姥子山と北の字敷田との間を流れてゐた。一帯の山には狐が多く棲み、いい湯だなと風呂に入つてゐる積りであつたところ、敷田川で水を浴びてゐて、狐に騙されたに違ひないといふやうな話がよくあつた。

聖願寺　しやうぐわんじ
　華厳宗光耀山。本尊不動明王。松尾精山尼が夢でお告げを聴き、この地に霊泉を発見し、昭和八年に聖願和尚の力添を得て不動堂を建立し、昭和二十三年に聖願寺となつた。霊泉は不動滝と云ひ今も僅に水が滴り落ちてゐて、「南無清瀧不動」の幟が数多く立つ。境内に多くの石仏がある。

立弘法　たちこうばう
　道路が曲る高台に弘法大師の立像があり、立弘法と呼ばれる。前面に「厄除弘法」と刻み、昭和七年に柴山市十郎が建立した。

中京競馬場　ちゆうきやうけいばぢやう
　字姥子山から豊明市に掛けてある。中京国営競馬場の候補地は守山、春日井、一宮、大府があり、昭和二十四年より地元で期成同盟会を組織して誘致活動をし、実現を見た。昭和二十六年に建設地として決定し、昭和二十八年に開場した。昭和三十二年鳴海と豊明とで二町競馬組合を設立した。

鳴海団地　なるみだんち
　字姥子山、字尾崎山、字細根に跨り広がる。昭和三十三年に起工式を行ひ、翌年から入居が始つた。

細根郵便局　ほそねいうびんきよく
　昭和三十四年に開局し、後に名古屋鳴海団地内郵便局に改めた。字姥子山二二一―一番地

字上中　うへなか　　鳴海中南部

浄泉寺　じやうせんじ
　真宗高田派木林山。本尊阿弥陀如来。『浄泉寺と我家系』所収「浄泉寺縁起」に、
　文明年中に、左近三郎入道浄空と云う人、始て其趾を闢き、其の子釈蓮乗法師ついて住持す。同十五年、高田の寺務真慧上人より、手記の証状を賜りて、法幢これより盛なり。是に依て、浄空を開基とし、蓮乗を始祖と崇めり。初め此の寺、今の寺趾を距ること、三町ばかり北、森山と云う処にあり。
とある。森山は字砦で、文明十二年に今の地に引越した。旧地は字砦の南側中央に現存する。当初は道場で文明十五年に浄泉寺となつた。字上中町九番地。

字上ノ山　うへのやま　　鳴海中北部

上ノ山貝塚　うへのやまかひづか
　昭和初年に野村三郎氏が発見した。縄文早期後半の形式で上ノ山式と名付けられた土器を出土した。貝は灰貝が多い。古代人が目の前の鳴海潟から得たものである。

八幡社　はちまんしや　やはたのやしろ
　元は八幡社が字古鳴海にあり、今八幡社がある所には

神明社があつた。両社とも備前検除であり、室町時代の創祀であらう。明治四十二年に神社合祀の為、神明社の所に八幡社を遷した。本殿が八幡社となり、境内社に神明社があつたが、今は本殿に合祀した。字上ノ山五番地。

字漆山　うるしやま　鳴海南部

石塚　いしつか

『明治初年鳴海村絵図』字漆山の南端中央と大高村との間に「石ツカ」とある。村境の塚である。同図には他に字下汐田及び字柿木にも大高村との境の塚を描く。

隔離病舎　かくりびやうしや

伝染病隔離病舎。古くは避病舎と云ひ、明治三十年字薬師山に新築した。

昭和三年字漆山に移つた。昭和十年『鳴海町全図』に拠ると、頂上近くの南北の道の東沿である。敷地一反五畝八歩、建坪八二・四二坪。昭和六年の決算三一六円。

昭和二十七年に十床増して二十床とした。昭和三十七年廃止して東市民病院に収容する事にした。

緒川道川　をがはみちかは

鳴海から大高を通り、三ツ屋、大府を経て緒川に至るのが緒川道で、道沿の故に名がある。大高町字北八州川より字上小川、下小川を流れ、鳴海町に入つて字漆山の西端を北流し、字鴻之巣の西北端で手越川に合流する。

『名古屋市河川図』に「太鼓田川」とするのは誤。太鼓田川は手越川から流れ出て緒川道川を伏越で越え、字丸内に流れてゐた。耕地整理で無くなつたから他の川の名にするのは妥当でない。諸ノ木川を水広下池とするのも誤で、杜撰極りない。

字御茶屋　おちやや　鳴海東南部

御茶屋　おちやや

字名。ここことは別に古東海道の最古の道筋に「御茶屋ヶ根、茶屋ヶ根」の地名があり、字池上東部、字万場山西部辺である。ここは江戸時代の東海道の道筋である。明治初年以降は東海道は字四本木や字鎌研を通るが、江戸時代の字御茶屋は東海道の南にまで及んでゐた。

『地方史事典』に、

将軍や大御所が宿泊や休憩のため設けた施設を御殿とし、休憩のみの施設を御茶屋と呼んだ。

持福院　ぢふくゐん

真言宗宗豊山。字御茶屋二三―一番地。昭和四十五年に本堂の建物のみあり無住となつてゐた。

字大形山　おほか（が）たやま　鳴海東部

庚申堂　かうしんだう

天保十二年（一八四一）の手水鉢があり、この年に建立したのであらう。明治維新で取払つた。明治三十八年旧地に新築する事になり、旧地の乾田に土盛して建立した。幕末の相原村扣に「庚申堂敷地　一　壱斗五升」とあり、慶応二年（一八六六）『寅年検見引之帳』に「庚申前　一
　壱割三分」とある。庚申に因み猿の石像を安置する。

鎌倉海道　かまくらかいだう

この辺の古東海道は、前期は北方の山を通り、中期は前期より南方の山の中腹を通り、後期は平地の旧白土道を通つた。庚申堂前の五十米程の細い道を鎌倉海道とするのは後期に限り当嵌り、全時代の道ではない。

『鳴海旧記』（なるみ叢書　第三冊　鳴海土風会）に、

　是（相原村）も昔の相原宿より山下へおり申候と相
　見へ申候

とある通り、村が平地に降りてから旧白土道が村人や旅人の道筋となつた。

明治二十六年の『二万分一地形図　熱田』に拠ると、白土道はかなり屈曲してゐる。後年直線化したり拡幅したりして整備し、その際白土道の旧道が残つたのが庚申堂前の道である。

諏訪社　すはのやしろ　すはしや

『蓬州旧勝録』に「諏訪大明神社　相原村　鳴海前ノ庵社人　久野左門扣」とあり、鳴海八幡宮が管掌してゐた。

『名古屋史跡名勝紀要』に元禄年間の勧請とあるけれども、『寛文村々覚書』に前々除とあり、慶長以前の創祀であり、元禄ではない。

本多右馬允助定が足利尊氏の命に依り志村氏を討取り尾張国の粟飯原郷と横根郷（大府市）とを賜つた。建武三年（一三三六）の事である。

諏訪社は狩猟神としての性格が強かつたところから武神として信仰されるやうになり、鎌倉時代以降武士から強く信仰された。従つて本多氏が粟飯原（相原）に土着してから諏訪社を勧請したものと推測し得る。勧請は建武三年より降る。沓掛村の諏訪社は応永三十二年（一四二五）沓掛城主藤原義行の勧請。字諏訪山の諏訪社は応永三年（一三九六）瑞松寺の鎮守として創建されたと考へられる。字大形山四五―一番地。相原村の本来の氏神は字神之倉の熊野社である。近時徳重の氏神として熊野社を譲つた。

智鯉鮒明神社　ちりふみやうじんしや

蝮除の霊験あらたかである事で名高い。

岡本綺堂『半七捕物帖』の「お化師匠」に、

　有名な池鯉鮒様のほかにいろいろの贋《まが》ひものがあつて、その符《ふだ》売りは蛇を入れた箱を頸にかけて、人の見る前でそのお符で蛇の頭を撫でると、蛇は小さくなつて頸を縮めてしまうんです。ほんたうの池鯉

鮒様はそんな事はありませんが、贋ひ物になるとふだんから蛇を馴らして置く。なんでもお符に針をさして置いて、蛇の頭をちょいちょい突くと、蛇は痛いから首を縮める。それが自然の癖になつて、紙で撫でられるとすぐに首を引込めるやうになる。その蛇を箱に入れて持ち歩いて、さあごらんなさい、お符の奇特はこの通りでございますと、生きた蛇を証拠にしてお符を売つて歩くんだと云ふことです。

と贋者がでるほど江戸で池鯉鮒明神が有名であつた事を述べる。熊本県の阿蘇地方でも池鯉鮒大明神と唱へ言が行はれてゐたほど全国に知れ亙つてゐた。

智鯉鮒明神社　昭和

明治時代池鯉鮒神社で働いてゐた人が版木を持つて来て字相原郷の中に堂を建て祀つた。昭和初年に諏訪社の隣に移した。知立で癒らない人でも癒ると言ふので知多郡から札を受けに来たと云ふ。字大形山五六番地。

相原消防団詰所と相原郷公会堂との間の奥に大きな堂があつた。平成十七年堂を取壊し、諏訪社境内に小社を建てた。

鳴海中学校　なるみちゅうがくかう

昭和二十二年に開校し、鳴海小学校西校舎を仮校舎とした。昭和二十三年米子海軍少年航空隊の兵舎の払下げを受け字大形山に移つた。校地の大部分は字下旭出にあり、字大形山は一部である。山の上に建ち、通学路の坂道は真中に一米もの溝が雨水で出来てゐた。周囲は灌木や竹藪の山で、勉強の事はともかく、休み時間に山を遊び廻つて楽しかつた事が想ひ出される。郷土室が設けられ、片葉の蘆が展示された。昭和四十四年字六条に移つた。

校訓　質実剛健　勤勉努力　親切奉仕

校歌　作詞　榊原清彦

一　汐見が丘に映ゆる陽に
（緑芽吹ける　この土に）
守れのびゆく　この心（緑）
胸にたたんだ　希望の瞳
開け濃尾の　大平野
あゝ鳴中
われらの　われらの母校

括弧内は校地の移転に伴ふ昭和五十三年の改作。

字大清水　おほしみづ　　鳴海東部

おひじり様　おひじりさま

　字大清水の鎌倉海道の道端に「おひじり様」と呼ばれる聖観世音菩薩の石像が立ってゐた。天保七年(一八三六)と古いだけでなく大きく立派な立像である。今は少し引込んだ所に移り、石造の雨覆に守られてゐる。

大清水川　おほしみづかは

　『無年紀相原村絵図』に「大清水川」とある。寛政十二年（一八〇〇）の相原村『覚』に堤長百七拾間とある。田圃の中を流れて扇川に注いでゐたが、地表から姿を消した。

潮見坂　しほみさか

　『海道記』（榊原邦彦他編『尾張三河の古典』鳴海土風会に収む）に、

　　潮見坂といふ処をのぼれば、呉山の長坂にあらずとも、周行の短息はたえず。歩を通して長き道にすすめば、宮道、二村の山中を遙かにすぐ。

とある。字大清水、字八ツ松辺。

田楽ヶ窪　でんがくがくぼ

　『尾張名所図会』に

　　田楽ヶ窪　相原村と二村山の間に、田楽狭間と呼ぶ地あり、是なり。

とあり、『名所方角抄』に、

　　又鳴海の里を行ハ藍原宿を過て田楽《でんがく》か窪《くぼ》と云野を過て沓かけを下て

とあり、紹巴の『富士見道記』に、

　　くつかけといふ城をも出羽守知れる所なれば。十里に少し不ㇾ足道。こゝろの儘にて。田楽がくぼとて。おだしからぬ山の峠などに。迎勢多侍せけるをもかへして。三河の堺川を前なる祐福寺に入て。

とある。

　田楽ヶ窪は濁池一帯で、間米村の百姓が田楽を催した故に地名になつた。榊原邦彦『桶廻間合戦研究』（中日出版社）「第四章　桶廻間合戦の「桶廻間」「田楽」地名」参照。

天神社　てんじんのやしろ
てんじんしや

　昭和二十六年『鳴海史蹟ハイキング案内』（鳴海文化協会）の「細根山」に、

　（湛然堂は）頽《すた》つたので明治十三年に蚕州居士が改築した。旧建物は井岡家下郷金三郎が貰つて、大清水の天神社になつた。

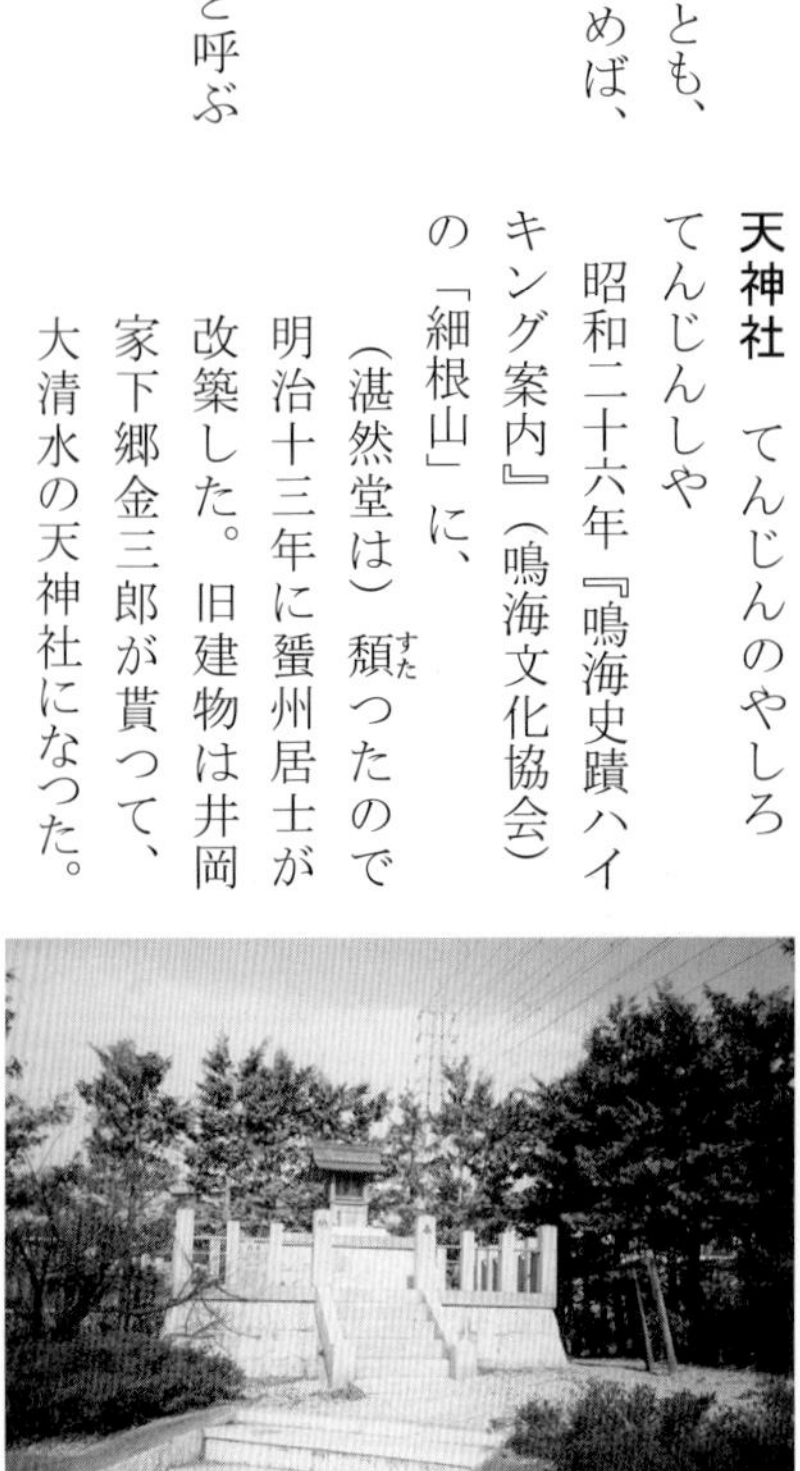

天神社

とある。「なる美新聞」昭和二十八年三月二十二日号に、平手の青年会、消防団、子供会が主体となり春祭を行ふとある。平成二年四月大清水小学校の建設に伴ひ、旧地より約五十米西に遷座した。

濁池　にごりいけ

今は池の北の岸まで字大清水である。『張州府志』に間米村の池とするものの『明治初年鳴海村絵図』では北半を鳴海地とする。池だけ奇妙に飛出て間米村の地である事から考へると、鳴海村地に間米村用水池を築くに当り、初は一部分のみ間米村とし、後に全池を鳴海村から譲り受けたのであらう。『尾張国愛知郡誌』に「土人云水常ニ濁レルヲ以テ池ニ名クト」とある。

平手陣地　ひらてぢんち

大東亜戦争の戦況が深刻化するに連れて国土防衛の為の軍事施設が鳴海のあちこちに築かれた。大清水に陣地を築いて敵機の本土侵入に備へた。第十六照空中隊平手陣地の分隊である。近くの民家が兵隊の宿舎と弾薬庫とになつた。水広下池から南への道は陣地構築の時に設けた。

二村山　ふたむらやま

標高は海抜七十二米で、頂は豊明の地になり、麓は大清水に及ぶ。古東海道の名所として『後撰和歌集』の

清原諸実

くれはとりあやに恋しく有りしかば
　ふたむら山もこえずなりにき

以下多くの和歌に詠まれる歌枕となつた。峠の地蔵がある。中学生の頃には、西南に鳴海潟と東南に衣ヶ浦との二つの海面が白く光つて望めたが、今は見えにくい。

二村山は三河国にあつたとの謬説が一部にあるにつき、尾崎久彌「二村考（一）（二）」（「國學院雜誌」第十四巻第六号、第七号）に結論として、

鎌倉時代末頃までの二村山は、全部尾張二村山であるべきこと。即ち之が本来の歌枕としてのものであること

とし、室町時代永享頃より三河国の説が出たとある。平安時代、鎌倉時代の二村山は尾張国であり、後世に三河国とする誤つた考へが生じたとする卓説である。

榊原邦彦『枕草子及び尾張国歌枕研究』（和泉書院）及び『みくにことば』（中日出版社）参照。

字大根　おほね　　鳴海中北部

大根貝塚　おほねかひづか

森達也『黎明期の鳴海』（なるみ叢書　第十冊　鳴海土風会）及び『尾張天白川流域の諸遺跡』に詳しい。

蛭（ひいる）谷の谷口で字大根二十四番地。縄文前期中葉頃の貝塚で、石匙、土器、牡蠣、灰貝などが出土した。

大根塚　おほねつか

『尾張志鳴海村書上』に「村北　字大根塚」とあり、江戸時代から知られてゐた。

森達也『尾張天白川流域の諸遺跡』に拠ると、「大根古墳」として字大根の中ほどにあつた。

蛭谷　ひるたに　ひいるたに

『大日本国郡誌編輯材料』（なるみ叢書　第四冊　鳴海土風会）に蛭谷を三王山の旧字とする。明治初年の字名制定の砌、一時字大根の区域を三王山とした事がある為で、本来字大根の中である。字上ノ山に三七・九米の高地があり、その南の谷が蛭谷で東西の小道があつた。

永井勝三『古代の鳴海地方考』（なるみ叢書　第十五冊　鳴海土風会）に「両側は今と変らぬ急傾斜の山坂であつた」とあり、祖母の話では、崖になつてゐる恐しいやうな所で、清水がちよろく出てゐた由である。

梅の名所であり、下郷月齊（杏造）の「鳴海十二景」『みくにことば　第二輯』の蛭谷探梅の漢文に記されてゐる。

元治二年（一八六五）『愛知郡鳴海村御見取所御案内帳』にある「ヒル谷」が古称で、「ひいるたに」は通称である。「ひる」は湿地湿原を指す。蛭が居るから地名になつたのではなく、湿つた谷だから結果として蛭が居た事はあらう。

字鏡田　かがみた　鳴海東部

愛知用水　あいちようすい

字藤塚、鏡田、笹塚、大清水、諸ノ木を流れる。農業用水を主目的とし昭和三十六年に完成し通水を始めたが、今や工業用水、上水道にも重要な用水となつてゐる。鳴海町では農業用水を不要とし、昭和三十八年鳴海町水道工事完成式を執り行つた。

鏡田　かがみた

字名。熊野社の神田。「京田」は鏡田を音読したもので同意。鳴海八幡宮の神田。

鏡田池　かがみたいけ

『無年紀相原村絵図』に「鏡田池」とあり、江戸時代からあつた。字鏡田五四番地で一町四反四畝一六歩。『鳴海村雨池数留帳』に「鏡田又吉池」とあり。池主は又吉。

字柿ノ木　かきのき　鳴海南部

大谷川　おほたにかは

寛政十二年（一八〇〇）『覚』に「大谷川」とある。字柿ノ木と大高町字北平部との間を流れる。名前通り大きな谷があり、『午歳東西組々免割帳』に「大谷」とある。桶廻間川（通り廻間川）に合流する。字柿ノ木二番地の池が源流だが今は無い。

字籠山　かごやま　鳴海東部

石川香山宅跡　いしかはかうざんたくあと

石川香山の家は三河から出て鳴海の字籠山に住んだ。名古屋まで六里の道を往復して漢学を学び、三年間一日も怠らなかつた。明倫堂督学兼継述館総裁となり、三百石を得た。著書数百巻に及び、田部井鉚太郎『愛知郡史談』『愛知県愛知郡志』（愛知郡教育会）に偉人として載る。『天保十二年相原村絵図』で白土道の北側に「石川小屋」とするのが香山の家であらう。

籠山川　かごやまかは

鍋山上池を源流とし鍋山下池に流れ、南に流れて扇川に注ぐ川。字籠山の西端を流れるので名があり、寛政十二年（一八〇〇）『覚』に籠山川、長七拾間とある、今は地表から姿を消した。

神明社　しんめいしや

平手新田の縄入は承応二年（一六五三）であり、その氏神として神明社が勧請された。棟札に慶安四年（一六五一）とあるのに『寺社志』に承応二年とあるのは実際の創始は早かつたものの、尾張藩が公式に承認した年を示す。

神職は鳴海八幡宮の久野氏が代々掌り、弘化四年の久野越後の書上に拠ると、木鳥居と萱葺の拝殿とがあつた。明治九年には神殿、横三間、縦二間の拝殿、鳥居があつた。明治二十六年造営の拝殿が老朽化した為昭和六十二年に本殿、拝殿を造営した。社も寺も木造が少なくなつてゐる中で、立派な木造の社殿が出来上つたのは素晴らしい。字籠山七番地。

境内末社は山神社、津島社、秋葉社の三社。

字片坂　かたさか　鳴海中南部

上中地蔵堂　うへなかぢざうだう

江戸時代に西三河より背負つて辻（字片坂、上中、会下の境）まで来て重くなり下したので、辻の小さな堂に祀つてゐた。昭和五年堂を起工し、昭和六年に落成した。延命地蔵の他に香煎《かうせん》地蔵と云ひ、風邪や咳が治らない時香煎を舐めてお参りする風習がある。

地蔵の石仏の他、観音の石仏二体があり、一体に文化十三年とある。柘植智「上中地蔵の由来」に詳しい。

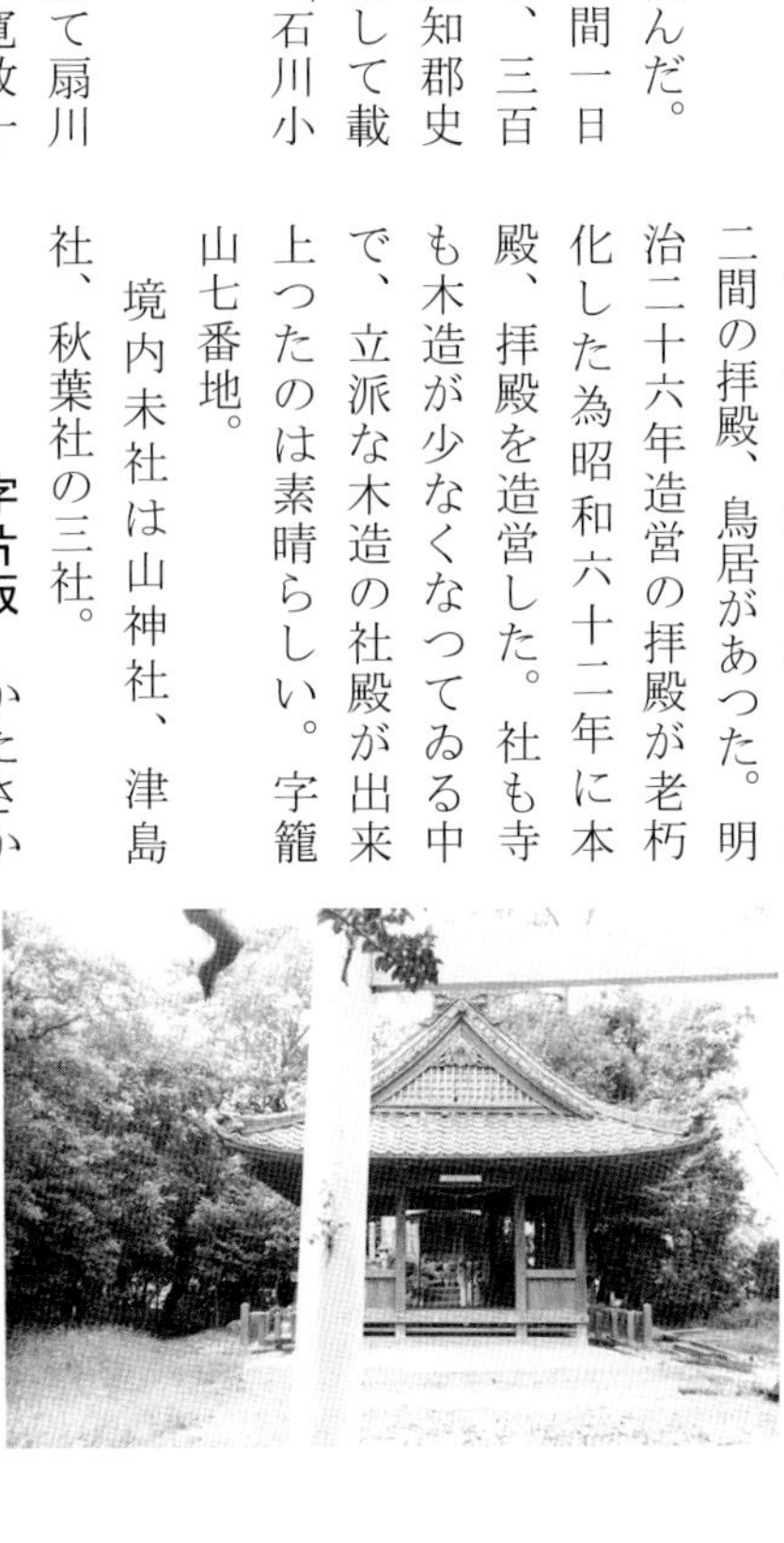
神明社

大かいと　おほかいと

『慶長十三年鳴海村検地帳』に「大かいと」とあり、古い地名である。村絵図に拠ると字片坂西部。「大海戸」「大海道」「大貝戸」「大海東」と村方文書や村絵図に見える。海道などは無関係であり、「垣内」が語源である。即ち最初は屋敷内を指す言葉で、順次拡り、数戸から十数戸ほどの人家の集合を云ふ事になつた。或程度狭い地域を指すので、明治初年に字名にならなかつた。鳴海には字文木に「しまかいと」、字伝治山に「恒内」（かいと）があつた。

字鎌研　かまとぎ　鳴海東南部

鎌研　かまとぎ

字名。古くは鎌研場で、鎌研は新しい。『下里知足日記』寛文十年（一六七〇）八月十五日条に「かまとぎ場御見分」とある。山仕事に入る前に水場で鎌を研ぎ準備する場である。大高にも「鎌研」の字名がある。他地方にも見られるが「鎌研場」は県内に無く、貴重な史料である。

鎌研川　かまとぎかは

古称は鎌研場川で、『東海道分間延絵図』に、

鎌研川　流末八丁程ニテ扇川エ落ル

とあり、鎌研川が江戸幕府の公式名称であつた。

手越川の名は『千代倉家日記抄』の享和二年（一八〇二）条に見えるのが古い。今は専ら手越川が用ゐられるが、明治初年の『堤書上』に緒川道川より上流を鎌研川とし、下流を手越川とする。伝統の川名は重んずるのが望ましく、上流は鎌研（鎌研場川）、下流は手越川と呼ぶのが良い。

鎌研橋　かまとぎはし

東海道に架る橋の故に多くの書に見えるものの、内容はまちまちで『鳴海宿諸事留書帳』に石橋とあるのに、『東海道巡覧記』『増補東海道巡覧記』に板橋とあり、『東海道分間延絵図』に土橋とある。明治時代は土橋であつた。長さも様々で、『鳴海宿諸事留書帳』は三間とあり、『鳴海宿書上帳』『東海道宿村大概帳』に五間とあり、『東海道巡覧記』『東海道分間絵図』（元禄三年版、宝暦二年版、明和九年版とも）に六間とあり、『江戸道中ひとり案内』『増補東海道巡覧記』に八間とある。半永久橋は昭和七年と昭和四十八年とに改築した。今は五間半である。

鳴海一里塚　なるみいちりつか

東は阿野村、西は笠寺村に一里塚があり、真中が鳴海一里塚である。鎌研橋のすぐ東で、東海道の西側にあつた。

北　鳴海町字鎌研五番地　弐畝拾九歩

南　鳴海町字鎌研四番地　弐畝九歩

東海道の一里塚は慶長九年に徳川家康が秀忠に命じ、

大久保忠安が指揮して作つた。道の両側に一対で高さ一丈、方五間の塚を築き、目印の木を植ゑた。木の種類は『東海道宿村大概帳』に拠ると六割が榎で、三割が松であつた。鳴海町字鎌研の一里塚は元禄三年『東海道分間絵図』に北が「松数々」、南が「松一榎一」、延享三年『東海道巡覧記』に北が「小木数多」、南が「榎」で、江戸時代後期は両側とも榎であつた。

明治維新後もそのまま残り大正時代野村三郎氏が史跡保存の為に一里塚の官有地払下を陳情したところ、史跡など保存しなくて良いと云つて県庁の役人は破壊を目的とする別人に払下げてしまつた由、見識の無い役人など有害無益である。

『緑区誌　区政二十周年記念』

鳴海町字鎌研四、五番地に両側に完全な榎の植つた一里塚があつたが、大正13年払い下げられ民地となりなくなつた。

傍示杭　はうじくひ

鳴海一里塚と鎌研橋との間、東海道の南側に、拙著『鳴海宿書上帳』（なるみ叢書　第十九冊　鳴海土風会）に「志水甲斐守鷹場殺生場」とある傍示杭が立つてゐた。字平部町にもあつた。『尾張徇行記』に拠ると、徳川家康が大高城に登り、自ら指図して志水甲斐守に鷹場を与へたもので、明治維新まで続いた。鷹場とは鷹狩の為に設定された特別な狩猟の場で、傍示杭で境界を示す。

字上朝日出　かみあさひで　鳴海中南部

朝日出池　あさひでいけ

江戸時代の字朝日出は明治初年に上中下と三分割され、最上流が上朝日出である。字朝日出には『鳴海村雨池数併間数覚筋』に「旭出次郎八池　同所蛇目池　龍蟠《リウハン》池　同所から池　同所すり鉢池　同所栢木池」の六つの池が記されてゐる。

朝日出池のみが修景池、調整池として残つた他は滅失した。『鳴海宿諸事留書帳』に寛文拾年（一六七〇）として次郎八池がある。龍蟠池は瑞泉寺の持池。

旭出川　あさひでかは

朝日出の池の水を集めて扇川まで流れ、『愛知郡村誌鳴海村誌』に「其長二拾二町四拾九間」とある。字下旭出より、字繰穴、字早稲屋、字六条、字下焼田、字会下と流れ、二ツ杁で扇川に入る。区画整理で流路が変つた。

字神沢　かみさは　鳴海東部

要池　かなめいけ

『鳴海宿諸事留書帳』に「寛文拾戌五月改　一　要池」とあり、寛文十二年（一六七二）に縄入した鳴海伝馬新田の用水とし二年前から用意した。要池から要池川を通り扇川に入り、下流で天白川を伏越して鳴海伝馬新田に着く。当時の技術水準の高いのに驚かされる。花井徳重氏の話では、扇川の名に因み扇の要と云ふ事で要池とつけた。三町五反歩の広い池であつたが、一部埋立てられ狭くなつた。字神沢三八番地。

要池川　かなめいけかは

『第二区鳴海村全図』と『愛知郡村誌　鳴海村誌』とに「要池溝」とある。神沢池から要池に流れ、扇川に合流する。『名古屋市河川図』は「神沢川」とするが、要池までのみを神沢川とするのが良い。

神沢池　かみさはいけ

『鳴海村杁書上帳』に「滝ノ水　神沢振替」とあり、神沢池の古称は滝ノ水池である。『寛文拾戌年改写雨池堤間教之覚』に明暦元年（一六五五）本多久兵衛が見立て取立てたとある。本多久兵衛は大代官で承応二年より寛文五年まで在任した。高嶋金毛『甘辛録』天保十年条に、「滝ノ水雨池」とある。広さ一町五反。字神沢一一番地。

黒石郵便局　くろいしいうびんきよく

昭和五十九年字神沢六―三番地に黒石郵便局が開局。

字上十貫目　かみじふくわんめ　鳴海西部

緑産婦人科　みどりさんふじんくわ

昭和四十四年新築開院した。院長伊藤敬。手術の腕前が良いとの評判で、各地から多くの婦人が詰掛けた。

字上汐田　かみしほた

石橋曲馬団公演跡　いしばしきよくばだんこうえんあと

大浜街道沿の東側。名鉄線路すぐ南。昭和二十四年十月十日より七日間、毎日午前十時より夜迄、大浜街道沿の空地に天幕を張り、石橋曲馬団の曲馬が開演された。鳴海で曲馬が興行されるのは珍しく、十年振であるだけに、大天幕に満員の観衆が詰掛けた。空中人間飛行、高等馬術、綱渡り等を美しき天然の曲の調べの中で熱演し、大人も子供も大喜びで楽しんだ。入場料金は大人五十円、小人三十円、小学生十円。字上汐田二七六番地。

うな忠　うなちゆう

うなぎや忠兵衛が安政五年に字作町に借家して住むやうになり鰻屋を始めた。後にうな忠と縮めた。字作町で開き、後に扇川南岸に移つた。全盛期の主人は下郷林之助で明治十四年家督相続し、明治三十八年頃天龍画伯を十二年も滞在させた日本画好きの人で、昭和初年まで続いた。店は扇川畔にあり、水のきれいな扇川に突出た桟《さ》敷《じき》で客は涼風に吹かれながら芸者を呼んで宴会を楽しんだ。小舟もあつた。榊原清彦『鳴海茶話』（なるみ叢書第十八冊　鳴海土風会）に、

加嶋屋、中たつ、鳥竹、うな忠の名は他所にもひゞ

いてゐて、吉井勇が「うな忠」の座敷で、夜つぴて酒を酌んだ頃である。客を見て、扇川につるされた魚籠《びく》から取出したうなぎを焼いてくれる煙は旅情をそゝるものであつたらしく、うな忠のうなぎは東海道の名物であつた。

とある。字上汐田四三番地。

加嶋屋は大正末期字根古屋町の本陣跡にあつた料亭で、大東亜戦争後は鳴海駅の西北にあつた。中たつは字作町の北、東海道の西側にあつた。大村達雄氏の教示に拠ると、鳥竹は大正時代鳴海駅近くにあり、昭和の初め鳴海橋近くの西南に引越した大きな料理屋であつた。戦後は名古屋造船の寮となり鳥竹荘の名となつた。昭和二十二年に字下汐田で旅館の鳥竹が営業してゐた。

大浜街道　おほはまかいだう

大浜街道は三等県道として大高村から大浜村の道を言ひ、鳴海から八丁畷《なはて》を経て常滑村までは二等県道の常滑街道であつた。鳴海橋からの道が新設され、名前が変つた。道路は大正十三年開通で鳴海橋は大正十五年に半永久橋を架けた。昭和四十九年改築した。耕地整理以後八丁畷は廃道となつた。

上汐田跨道橋　かみしほたこだうけう

国道一号線の字上汐田と字京田とを跨ぎ、昭和三十八年に跨道橋を建設した。緑区内の一号線では初めて。幅員一・五米、高さ四・五米。

県営住宅　けんえいぢゆうたく

昭和二十年代国道一号線沿中央發條の東に二十四戸が建設された。

汐田懸杁　しほたかけいり

『地方凡例録』に、

是ハ川より井路《イロ》筋《スジ》へ用水を引入れ、又ハ悪水を落し、又ハ堀より川へ引入るゝ為に用ゆる物にて、其仕立方は、落し口ハ板にて差回して堤へ伏込ミ、戸を明け立する様に作りたるものなり。

とある。杁とは樋の口のことで、水の出入口である。木で一枚戸、二枚戸、三枚戸などを作り、必要な時に開閉して水の量を調節する。各所に大小の杁が多く、字上汐田の扇川左岸定井の手前に汐田懸杁があつた。

長栄座　ちやうえいざ

昭和二十四年まで芝居小屋で、後に映画館になり、昭和四十三年まであつた。椅子席の映画館として昭和二十八年に改築されるまでは二階建の芝居小屋であつた。木戸で下足札と引替へに下駄を預けて入る。一階は枡席で花道がある。一階の脇と二階とは平席に坐つた。芝居が替る時はチンドン屋が町を練つて広目をした。鳴海駅西。

中央発條　ちゆうあうはつでう

昭和十四年に鳴海耕地整理組合が誘致を決め、昭和十六年に鳴海工場が完成した。東邦瓦斯《ガス》は瓦斯を供給した。戦争中は軍需工場として鳴海国民学校高等科の生徒始め多くの生徒が動員され生産に携つた。字上汐田六八番地。

東海自動車学校　とうかいじどうしやがくかう

昭和三十五年に開校した。平成元年西側に名古屋第二環状線開通に伴ひ、校地に変更があつた。字上汐田二一一番地。

鳴海青物市場　なるみあをものいちば

大正五年に設立し、昭和二年鳴海駅南に移り、昭和七年字上汐田の現在地に移つた。当時の会長は青山弥吉、会員九十名である。出荷物を市場係が競り売で販売した。今は鳴海青果地方卸売市場と云ふ。字上汐田二三四番地。

鳴海郵便局　なるみいうびんきよく

昭和四十九年開局、局長は山口幸忠。字向田にあつた郵便局が前年字六条に移つた為の不便を解消した。字上汐田五二―二番地。

鳴海映画劇場　なるみえいぐわげきぢやう

昭和三十一年に開館した。略称鳴海映劇。建坪百三十坪、二階建で、座席は階下の二百五十席、暖冷房完備であつた。翌年に鳴海東映と改称した。鳴海橋の西南。字上汐田四七三番地。

武者山　むしややま

八丁畷の西方にあり、山と云つても塚の程度であらう。『鳴海旧記』（なるみ叢書　第三冊　鳴海土風会）に、「武者山は歩射山の誤にて候」とある。『成海神社古実聞書』に、

自其未申ニ当歩射山有　是則正月廿五日歩射神事執行之旧地也

とあり、ここで歩射を執行したとする。一方『鳴海旧記』には的神事（歩射）の祭礼料として田地を寄付した印とある。『鳴見致景図』『鳴海名所八景和歌　織田今川古戦場図』に武者山と記すのみであるのに、蓬左文庫蔵『桶峡間圖』に「初合戦の場也」とするのは字面だけを見て曲解した浮説で、何の根拠も無く誤である。『鳴海村古事記』に「武者山歩射山の誤也」とするし、諸書も同じ。榊原邦彦『国語表現事典』（和泉書院）の「バ行音とマ行音との交替」で触れた通り、「ぶ」が「む」に交替して武者山と誤つた訳で、『徒然草』の「煙　けぶり」が今「けむり」と発音するのと同じ現象である。

徒歩で的を射るのが歩射で、毎年正月に熱田神宮で行はれる。馬を馳せながら鏑矢《かぶらや》で的を射る流鏑馬《やぶさめ》が騎射で昔鳴海八幡宮で行はれた。上汐田は明治初期田圃が殆ど

であつた。大武屋の西の辺の元畑地が跡であらう。

字上焼田　かみやけた　　鳴海中南部

御検見道　ごけんみみち

代官が年貢高を決める折に見廻る道。旭出、滝ノ水、十貫目、上汐田、中汐田にもあり、代官道とも云つた。字上焼田と字下焼田との境の道。

『地方凡例録』に、

検《ケン》見《ミ》道《ミチ》とて村々に極め置き、小溝に八橋をかけ案内いたし、

とある。

字亀ヶ洞　かめがほら　　鳴海東部

亀ヶ洞古窯　かめがほらこえう

亀ヶ洞古窯は四ヶ所あり、平安時代以降の須恵器や灰釉陶器などを出土した。ここで特筆すべき事は一ヶ所から碗や皿などの緑釉陶器や黄褐色釉陶器が見付かつた事である。これは地上窯であつたと推定されてゐる。新技術に依り焼成された製品である。吉田富夫『名古屋の遺跡百話』の第六九話に、

鳴海では、ことに平安の優秀な遺品が出ており、亀ヶ洞出土の蓮弁を薄い肉彫りに表出した碗や、四弁の唐花《からはな》文を内面に彫刻した碗などは、すばらしい。また同じく亀ヶ洞には県下で数ヵ所しかない、緑釉陶器を焼いた特殊な窯も知られていて、そのすぐれた技術を誇つている。

亀ヶ洞橋　かめがほらはし

橋名は仮称。『明治初年鳴海村絵図』に扇川に架る絵がある。東部の橋は当時稀であつた。

陣地　ぢんち

大東亜戦争中に照空隊陣地があつた。

字亀井　かめゐ　　鳴海西部

曲之手　かねのて

北に向ふ東海道が曲つて西に向ふ所。『往還筋橋所之覚』に、

山王北　曲之手南　一　石橋　長弐尺　巾五間

とあり、『鳴海宿諸事留書帳』に「曲手」とある。字亀井、鉾ノ木、三王山、山下の境。

亀井　かめゐ

字名。松岡栄治「成海神社の水占」（「奈留美」（鳴海土風会）第九号）に、

当社北方約六・七丁の処元境外末社日吉天白社鎮座の三王山の麓には亀井の地名今に遺り清泉尚涌出してゐる。

とある。字亀井の南字枯木の片葉の芦には常時大量の水が湧出る泉があつたので、この地に泉があるのは肯ける。

山王橋　さんわうはし

東海道の百々川《どうどう》に架る橋。字亀井、字山下、字北熊、字天白の四字の境。百々川は一筋ではなく橋の南北では主流が二筋に分かれてゐたが、ここだけ一筋になつてゐた。江戸時代初期の岩瀬文庫蔵『尾州鳴海邊』や元禄三年『東海道分間絵図』に長さ五間とあり、江戸時代後期には長さ三間となつた。『東街便覧図略』に橋が描いてある。橋名は東方の山王山に鎮座する山王社に因む。天白川の名は山王山に鎮座する天白社に因むもので、天白川の岸に天白社があつた訳ではない。共に或程度離れた神社が名の由来である。

成海渡　なるみのわたり

『尾張旧廻記』の「成海渡」の条に、

　里民の説に、笠寺村天王社の東の坂を狐坂と云ひ、此所より三王山の下の間さして、鳴海わたりと云ひしとそ。

とある。『下里知足日記』元禄十五年十月二日条に、

　往還天白より西ノ方切ル　三日程舟にて杁辺より一つ家の西辺所舟ニて越

とある。明治十七年の『地籍帳』では字亀井で一番地及び二番地のみ宅地となり、一軒家が二軒家になつてゐた。山王山の曲の手の百二十米程南である。昭和三十八年の『新住宅宝典』には人家が三軒となる。

即ち字亀井一番地二番地の西が臨時の船着場となつたのであるが、鳴海潟の船着場が再現された。

字枯木　かれき　　鳴海西部

片葉の蘆　かたはのよし

『尾張国地名考』に、

　往昔は広き蘆野なりしが漸々に田に耕とりて　今は僅に三十歩計り残れり

とある。字枯木三一番地で二十五坪あつた。東海道より七十米程西。『倭名類聚抄』に「葭　蘆　葦」とあり、「芦」とも書く。

文献の多くは「ヨシ」であり、筆者の祖母の話では、島田から鳴海の高等小学校に通つてゐた時に、名所だと云ふので山王山の下まで見に行つた事があり、カタハノヨシの地は当時二十五坪もなく、もつと狭い感じであつて、皆片葉であつたが、片方に葉が寄つたのは、まひまひ風に因るのだと言つてゐた。

片葉蘆　明治大正

『枕草子』六七段「草の花は」の段「葦の花」は「あし」である。拙著『古典新釈シリーズ　枕草子』（中道館）参照。『名語記』に、

　あしといへるが悪のよみに通へる故に祝ひていへる也

とある。人名も「芦田」より「吉田」が多い。

猿投神社の『遷宮式』に、西宮遷宮の時は神官が牛毛荒井村浜辺の猿投垢離場と唱へる丹後場へ赴き、垢離を為し、東宮遷宮の時は鳴海村の片葉の蘆へ赴き、垢離を為すとある。寛政七年（一七九五）丹後江新田が出来た。

猿投神社の祭神は大碓命《おほうすのみこと》で、小碓命《をうすのみこと》（日本武尊）の兄である。この地の近くに日本武尊が東征を終へ鳴海に凱旋して憩ふた字鉾ノ木や、伊勢神宮の倭比賣命《やまとひめのみこと》より授つた火打を納めた火打島（字丹下）があり、片葉の蘆を神秘の物として、鳴海潟の東岸の浜辺で水垢離をしたもの。後に鳴海潟が後退したので代りに浜辺の丹後場も用ゐたが、片葉の蘆の地には泉から滾々《こんこん》と水が湧いてゐたので、引続き垢離場としたのであらう。

拙著『緑区地方史』の「片葉の蘆」参照。

こき草の浜　こきくさのはま

『尾張国地名考』に「こき草の浜　一名片葉の蘆」とある。片葉の蘆を「こき」と呼んだ。

　なるみかたしほひにみゆるおきのくさ
　　いくしほそめてこきといふらむ
　　　『氷上宮御本起之書紀』　宮簀媛命

榊原邦彦『東尾張歌枕集成』（なるみ叢書　第二十六冊鳴海土風会）参照。

「こき」を詠むので「こき草の浜」と名付けられた。

『尾張方言』の「こき」の条に、

　難波の蘆　伊勢の浜荻　鳴海のこき　三所名をひとしく得たり　皆芦ニして其形状等小く異り

嘉応二年（一一七〇）『住吉社歌合』に「浜をぎ」「あし」「よし」は地方による異名とする。『日本植物名彙』に「コキ　アイアシ」とあり、「こき」は藍蘆とする。『原色日本植物図鑑』と付き合せると、

　こき＝藍蘆（藍蘆属）
　よし＝あし＝浜荻（荻ではない）
　をぎ（荻）

となり、三種は似てゐるものの別種である。

こきの田　こきのた

『千代倉家日記抄』安永七年（一七七八）三月二日条

　丹下松原小橋と山王之間こきの田之通り南境

とある。「丹下松原小橋」とは東海道の真池川に架る藪下橋で、「山王」とは曲手である。

猿投神社垢離場　さなげじんじやこりば

猿投神社宮司白鳳秀夫氏の教示に拠ると、遷宮の前日猿投垢離場へ趣き垢離をする。東宮遷宮時の片葉の蘆は

海川等アル所ニアラス、小ナル清水湧出ルノミ、此の所ノ蘆ハ片葉ニ限ル

汐くみの里　しほくみのさと

『尾張旧廻記』に、

又此所（片葉の葭）を汐くみの里と云ふ由　往昔塩屋有しか

とある。天白川を越すと星崎の塩浜があり、南の大高町菩薩遺跡から製塩土器が出土してゐて、ここに限らず鳴海で塩が作られた可能性は大いにある。

阿仏尼の『うたたね』に、

鳴海の浦の潮干潟音にきゝけるよりもおもしろく、浜千鳥むらくに飛びわたりて、あまのしわざに年ふりにける塩竈どもの、おもひくにゆがみ立てたるすがたども、見なれずめづらしき心地す

とある。

大坂池　おほさかいけ

字神之倉　かんのくら　　鳴海東部

字神ノ倉三―二四六番地で九六二三平方米の池であつた。昭和二十五年『鳴海町全図』に見えず新しい。開拓に当り築いたものか。

神ノ倉御林　かんのくらおはやし

『鳴海宿諸事留書帳』に延享三年（一七四六）新しく御林（尾張藩有林）になり、七拾五町は下草を年に一度許される山で、七拾五町は御留山（不入御林）とある。

明治六年『官林』に更に七十五町が官林とあるが、明治十二年『愛知郡村誌　鳴海村誌』に「反別百五拾四町五反」が官林とあり、食違ふ。

熊野社　くまののやしろ　くまのしや

応永十六年（一四〇九）の米良文書に鳴海庄一円の旦那場を売渡した記録があり、鎮座は室町時代初期には為されてゐたであらう。熊野社の祭礼は船で渡したとあり、鳴海潟が山の方にまで入込んでゐた。又黒末川で祭の児の舞扇を落したのが嘉吉年中（一四四一―四四）と伝へる。

元来は相原郷（相原村）の氏神であり、今は徳重方面の氏神となつた。字神之倉二番地。

近くに「奉射ヶ嶺」（ぶしやがみね）の地名があり、神事として奉射（歩射）が行はれた事を伝へる。

鳴海八幡宮の宮司管掌の神社で、久野越後の書上に拠ると、江戸時代末期社殿が大板葺で木鳥居があつた。今の社殿は昭和四十七年の建立。

毘沙門天　びしやもんてん

道から左手に登つた所に毘沙門天の石像が立つ。入口の標石は平成五年と新しいが、「毘沙門天建立記念」「大正十年十一月」とある。

毘沙門天

字北浦　きたうら

鳴海中心部

商人宿　あきんどやど

鳴海宿の旅籠屋は字作町、根古屋町、本町の三町のみにあつた。これとは別の場所で主として行商人を泊めるのが商人宿で、常連が多く遊山の客は泊らない。宿賃は安かつた。元治元年（一八六四）北浦町の東海道東側に商人宿山岡屋冨三郎があつた。御陣屋道の南十三軒目である。

一石五輪塔　いちせきごりんたふ

昭和五十二年字北浦一番地の八百森前の東海道で下水道工事中に一石五輪塔が発掘された。

八百森の森賢一氏の話では、地下約三米の所で機械が掘当てた。道の上の方は泥で、下の方は白い砂であつた。この辺は往古鳴海潟の砂浜であつた事が判る。

カネ梅農具製作所　かねうめのうぐせいさくしよ

昭和二十三年には経営者が鳴海町町民税第一位の額を納めた。農機具の唐箕《とうみ》を作るので唐箕屋と呼んだ。東海道の東側の八百森小路の南北に唐箕屋があり、工場は奥（東）にあつた。南の建物は残り、八百森の物置に使つてゐた。港区戸田川緑地の農業科学館に「カネウメ式折畳三重萬石小形巾廣唐箕」が展示してある。字北浦二番地。

北浦　きたうら

字名。天正年中（一五七三―九二）に北方の高地（字清水寺など）より引越し、字丹下町と字北浦町とを丹下と称した。本来丹下は字清水寺北方の地名で、住民の引越と共に地名も引越した。人家が増えたので元禄五年（一六九二）北部を丹下とし、南部を北浦とした。鳴海城の北裏の意味。

北浦の範囲は広く後に花井町となる西問屋は北浦会所と言ひ、後に三皿町となる下郷善右衛門家（笹印）は喜多浦家と言つた。善右衛門の向へも北浦であつた。

一名を横町（よこまち）と云ひ、この方が古い言ひ方である。父や祖母の話では大正時代専ら横町と云つた由。今は祭の時に使ふ。

町内を吉組（きちくみ）と云ひ、森賢一氏の話では半田から山車を買つた時に付いて来た由。

町内、枝村に組頭が居て、丹組　吉組　ヨ組　ミ組

作組　子《ね》組　本組　相《あひ》組　下組　平組　前《ぜん》組　小組

吉組石橋　きちくみいしはし

字北浦と字花井町との境の用水路に架り、江戸時代は長さ五尺の石橋であつた。『往還筋橋所之覚』に「丹下町次郎吉前」とある。即ち古くここは丹下であり、北浦は丹下に含まれてゐた。

鳴海焼　なるみやき

鳴海及び周辺には古窯が極めて多い。文献に古田織部が作らせた鳴海手や鳴海織部があるものの窯はどこか判らない。降つて明治の鳴海焼がある。榊原清彦『鳴海茶話』（なるみ叢書　第十八冊　鳴海土風会）に、

この窯は明治二十六年ごろ北浦で鈴木文助翁が、瀬戸から加藤古山といふ陶工、常滑から生素なる陶工を招いて焼かせたものであつて、画は瀬戸の梅山に描かせた。下郷百松、阪野与右衛門、稲熊杏二の三氏が出資して東京あたりまで製品を売りに出たが、業としては思はしくなかつたらしく、数年にして窯を閉じたのであつた。土は滝ノ水や小坂から採つたものに瀬戸の土を混ぜたものであつた。その作品には「なるみ」と印が押してあるので良く判る。

とある。日清戦争が始つて不景気になつたのが原因で売れなくなつた。字北浦六四番地。

八百森　やほもり

字北浦一番地。明治四十年半田から森松四郎が移住して八百屋を開いた。青果物に限らず自家製の魚の干物まで販売し、近辺唯一軒の八百屋として三代目店主森賢一が営業してゐたが、惜しくも近頃閉ぢた。昭和二十四年に鳴海町連合婦人会が鳴海町主婦の店選定投票を行つた折に蔬菜の部では八百森が入賞した。

字京田　きやうでん　鳴海南部

京田　きやうでん

字名。「経田」の宛字の所もあらう。ここは鳴海八幡宮に今川義元が寄進した修理田《しゆりでん》があり、宮田の地名もあり、「鏡田」の宛字で神社に寄進した田の意。字鏡田《かがみた》は訓読でここは「きやうでん」と音読した。

信号機　しんがうき

昭和三十五年　国道一号線と大浜街道との交叉点

昭和四十一年　国道一号線と県道松本名古屋線との交叉点

昭和四十二年　国道一号線と中京競馬場への道路との交叉点

昭和四十四年　東海道と県道松本名古屋線との交叉点。

字熊之前　くまのまへ　鳴海東部

聖観音堂　しやうくわんおんだう

石仏で天保四年（一八三三）に建立された。熊野社の参道入口にあり、道標を兼ね、「右あすけ道」「左くまのごんげん路」とある。「あすけ道」は白土道で、「くまのごんげん路」は熊野社の参道である。昭和六十一年に近くから移した。

昭和二十七、八年頃、自転車で通り掛つたところ大雨に遭ひ、参道入口の大杉の下で雨宿をした事がある。この大杉は伊勢湾台風で倒れた。

比丘尼屋敷　びくにやしき

中世以降熊野の御師が熊野信仰を興隆させた。山伏が先達として参詣者の旦那を熊野に案内した。

御師や山伏の妻となり尼形の巫女《みこ》として熊野比丘尼が布教に携つた。頭に白布を巻き、熊野牛王《ごおう》の宝印札を売り絵解きをした。花井徳重氏の話では、

昔は熊野社の守を比丘尼がして居り、比丘尼屋敷があつた。神社の管理は八幡社の久野さんがして居た。

との事。場所は参道の左手奥である。

鳴海村の江戸時代後期の書上に「社僧屋敷跡」があり、或時期には比丘尼の代りに社僧が勤めた。

字黒石　くろいし　　鳴海東部

愛知高等薬学校　あいちかうとうやくがくかう

昭和六年字黒石に開校した。敷地の一部は字滝ノ水に掛る。愛知県には明治十七年より大正十年まで愛知薬学校があつたけれど、法律の改正で廃止になり、卒業生や薬業関係者が種々運動を試みたものの実現しなかつた。『愛知県薬学史』に、

幸いなことに鳴海町の西尾銀次郎氏から、鳴海町黒石にその敷地の提供を受け建設工事に着手した。この敷地のあつせんについては、その当時の名古屋市立衛生試験所技師北川錠次郎氏の絶大な支援と努力に負うところが多い。

と学校敷地全部を無償で提供した西尾銀次郎氏と尽力した北川錠次郎氏とを絶賛してゐる。修業年限三年で卒業すれば薬剤師試験の受験資格が得られた。入学資格は五ヶ年の中等学校卒業者又は検定合格者である。

御小屋　おこや

『明治初年鳴海村絵図』に於て平針村境に接した字黒石の中心部は「不入御林」と記し、小屋を描き「御小屋」とある。御林の山守が用ゐた番小屋である。

享保十一年（一七二六）林奉行が置かれ、愛知郡の山林を管掌した。配下に山林見廻の案内役があり、山方御案内と呼んだ。天保年中の鳴海の山方御案内は長谷川武右衛門である。

文政五年（一八二二）『尾張徇行記』に拠る鳴海村の山

林は一三五七町歩で、内訳は左の通り。
御林　二〇四町歩　平山　九五三町歩
砂留山　二九町歩　定納山　一七一町歩

御林　おはやし

字黒石は殆どが御林であつたものの一度になつた訳ではない。『鳴海宿諸事留書帳』に拠ると、寛文四年（一六六四）に十二町七反四畝歩、寛文九年に四町二反六畝歩、延宝七年（一六七九）に九町を御林、即ち尾張藩の藩有林とした。村民が入つて下草を刈る代として御林下草銭を出す御林と、立入を禁じて厳重に保護した不入御林とがある。

黒石　くろいし

字名。各地に多い。黒石は山を指し、神沢は川や池など低地を指す地名であるのに混ぜこぜにし、不要な台まで添へて黒沢台としたのは適当でない。北に「島田黒石」があり、「鳴海黒石」とするなど伝統の黒石を生したい。

新池　しんいけ

昭和二十五年『鳴海町全図』の字黒石東北端、「だだぼし池」の西に「新池」とある。字黒石二―一三六番地、一町三反二畝八歩。

神田池　しんでんいけ

『明治初年鳴海村絵図』の神沢池西に「神田池」とある。『天保十二年鳴海村絵図』に「神田上池」とある。神沢池は「神田下池」。字神沢は江戸時代の用例が見当らず、神田と云つた。『大日本国郡誌編輯材料』（なるみ叢書第四冊　鳴海土風会）に神田は神沢の旧字とある。「しんでん」には低湿地の意があり、地元の人の話では腰ほどまでの深い田で「しんでん」と云つた由。字黒石二―一二二番地。

ゾレ池　ぞれいけ

昭和二十五年『鳴海町全図』の字黒石中央に「ゾレ池」とある。字黒石二―一六一番地、六反五畝一歩。「ゾレ」とは山などの土が崩れ落ちて、崖になつた所を云ふ。

ダダボシ池　だだぼしいけ

昭和二十五年『鳴海町全図』の字黒石東端、神沢池の北、新池の東に「ダダボシ池」とある。「だだぼうし　だいだぼうし　だいだらぼつち」等と云ひ、一晩で琵琶湖や富士山を作つたと云ふ伝説の大男。字黒石二―三九番地、八反五畝二五歩。

榊原清彦『鳴海茶話』（なるみ叢書　第十八冊　鳴海土風会）の「巨人譚」に、

かつて私が鳴海町の農地改革に関係してゐた時、全町の農地を実地踏査したことがあつて、ずい分溜池の多いのに驚いたのであつたが、昼食の話の間に、部落の古老からあの池とこの池はダダラボッチの足跡だと聞かされて、この町にも最近まで巨人伝説が語り伝へられたことを知ったのであった。
ダンテの「神曲」を持ち出すまでもなく、巨人の存在は世界各地で信じられてゐた様で、さまざまの伝説民話に残されてゐるが、日本のダイダラボッチ(大太法師)の伝説もこの系図に属するものである。

陣地　ぢんち

大東亜戦争中に字黒石二―一五〇番地に防空陣地が作られた。土台の土盛作業は附近の住民が勤労奉仕した。

富沢池　とみさはいけ

昭和二十五年『鳴海町全図』の中央西寄り、ゾレ池の西南に「富沢池」とある。字黒石二―一三六番地。六反二畝二十歩。上記の池は今は無い。

名古屋薬学専門学校　なごややくがくせんもんがくかう

愛知高等薬学校は昭和十一年名古屋薬学専門学校に昇格し、薬専の略称で人々に親しまれた。戦後学制改革で昭和二十六年の卒業生を最後に移転した。学校が無くなる際敷地は個人で寄附した西尾銀次郎に返すとの約束があつたのに守らず、ごみ捨場に使用したのは適正でない。公園の名前を西尾記念滝ノ水公園として顕賞すべきである。

字光正寺　くわうしやうじ　　鳴海中南部

光正寺　くわうしやうじ

字名。『慶長十三年鳴海村検地帳』に「光正寺」とあり、『鳴海旧記』(なるみ叢書　第三冊　鳴海土風会)に「光照寺」とある。『大日本国郡誌編輯材料』(なるみ叢書第四冊　鳴海土風会)に南野村へ移り光照寺と号するとある。

『愛知県歴史全集・寺院篇』の光照寺の条に、建保元年(一二一三)山田次郎重忠が妻建昌院の為建昌寺を建立し真宗高田派であった。末裔岡田重孝が永禄五年(一五六二)が寺に銀を寄進したとある。二年前の桶廻間合戦がきつかけで鳴海村から南野村へ移ったのであらう。但し鳴海には建昌寺の名は伝はつてゐない。

光正寺貝塚　くわうしやうじかひづか

森達也『黎明期の鳴海』(なるみ叢書　第十冊　鳴海土風会)に、縄文時代中期の貝塚で灰貝や蜆が出土し、石鏃や黒燿石、土器などが出土したとある。

鎌倉時代の蓮華文軒丸瓦が出てゐて、光正寺のものか。

東宮明神御涼木　とうぐうみやうじんおすずみき

『鳴海旧記』に、

東宮森より前南之台一本大松有　是を世話に東宮明神御涼木といふ　光照寺畑の台島に唯今松有

とある。小高い岡があり、大きな黒松が一本生えてゐたが、昭和四十六年に松は伐られ、岡は削られて平地になつてしまつた。神様が涼みにお出掛けになつたら、涼み所はどうなつたのかと戸惑ひなさるのではないか、気がかりである。字光正寺十二番地、一畝二四歩である。

二本木秋葉　にほんきあきは

右の岡は『愛知郡村誌　鳴海村誌』に、

東西七間三尺　南北六間三尺　面積四拾九坪

とあり、字光正寺十二番地、一畝二四歩である。

文化三年（一八〇六）『東海道分間延絵図』に「二本木秋葉」とある。五米程の高さの岡に大きな黒松が一本立ち遠くからも目立つてゐた。岡の東北角に雨履の付いた秋葉社が鎮座してゐた。昭和四十六年に岡を削つてしまつた。

花井郵便局　はなゐいうびんきよく

昭和四十四年に字花井六三番地に開局し、平成二年字光正寺四一—二番地に移つた。

字小坂　こさか　　鳴海東部

石神堂　いしがみだう

石神堂は字石神堂の地名の起源で、「いしがみだう」の他『大日本国郡誌編輯材料』に「いしかめと」と読む。『慶長十三年鳴海村検地帳』に「石神戸」とあるから「堂」より「戸」が古いのであり、ここに堂が建つてゐたのではない。

近頃どんどん塚と呼んでゐたのは、明治初年に字整理をした時字石神堂が少しずれたので石神堂と呼ばなくなつたのであらう。青山義勝氏の教示では一度盗掘されたから中には何も無いと思ふとの事で、昭和六十三年に撤去した時、何も出なかつた。

名古屋市見晴台考古資料館『「ドンドン塚」発掘調査現地説明会資料』に、

江戸時代の焼き物の破片がでており、その頃に作られた可能性が高いと思われます。

とあり、『新修名古屋市史　史料編　考古二』に、十五世紀後半から十六世紀前半の破片が築造中に盛土に混入したとある。池田陸介氏の教示では鎌倉時代の陶器片が見付かつたとの事であり、築かれた時代もその頃であらう。また御礼もあつた由で、近頃まで信仰の対象になつてゐた。

小坂ノ池　こさかのいけ

『国土基本図』に「小坂ノ池」がある。字小坂六五番地が二反四畝一四歩、六六番地が八畝四歩で続いてゐた。

明治四年『鳴海村雨池数幷間数覚留』に「小坂上池」「小坂下之池」とある。

道標　みちしるべ

白土道（足助道）と間米道（鎌倉海道）との別れ道に

「右くつかけ道」「左あすけ道」と刻んだ道標の地蔵があつた。いまは二代目の地蔵が鴻仏目交叉点にあるけれど、道標は刻んでない。

字古鳴海　こなるみ　　鳴海北部

相原道　あひは（ば）らみち

藤川橋南から聚落真中の辻を通り南に向ふ道。古鳴海停車場線が開通する迄、鳴海中央や相原方面に向ふ道であつた。

古東海道　ことうかいだう

池田長三郎氏の話では北から古鳴海火の見櫓の所に上つて来た由。上野の道である。

古鳴海の辻の所に火の見櫓が立つてゐた。『蓬東大記』に「野並の里の汐干を待ちて古鳴海の上なる山にかゝり」とあり、古くは古鳴海と野並との間の藤川は鳴海潟の入江で汐が満ち引きしてゐた事を伝へる。

野並村字上野に聖《ひじり》松があり、南に八剣社があり、藤川との間に並松があり、道が通つてゐた。

祖母の話では、この聖松は明治の末頃、野並の村の裏山の梅林の中にあり、枝振の良い野並の松として名高く、傍に鳴海町萬福寺の建てた大師堂もあつたが、松は松食虫の害を受け、何時の頃か松も堂もなくなつたと云ふ。

古鳴海公園の西の藤川に堰があり、並松杁の名残である。ここに橋があり、辻の方に道が延びてゐた。今藤川近くは道が無くなつたが、四十米程南から細い道が辻の直ぐ東まで今もある。辻からは細い道が続き古鳴海公会堂の東を通り八幡社に至る。上記の橋は『天保十二年野並村絵図』に描いてある。橋名は記入してない。

古鳴海　こなるみ

字名。「小鳴海」と「古鳴海」とを混用した。古鳴海は善（前）之庵と共に鳴海の枝村で、組頭が居た。相原から古鳴海迄の古東海道沿の人家は、室町時代末期に南に移つた。相原は一部残り、古鳴海は移らなかつた。

古鳴海遺跡　こなるみいせき

池田陸介他『緑区の考古遺跡』に、「小貝塚が小谷の北向斜面裾に存在し」とある。祖母の話では、

ぶんろくさか。子供時分、藤川橋の南で古鳴海の方へ上つて行く坂。沢山貝殻があつて、ここまで海だつたと云つてゐた。ここから高みになつてゐる。

古鳴海道　こなるみみち

『下里知足日記』寛文十年（一六七〇）に「小鳴海道」とあり、拙著『鳴海宿書上帳』（なるみ叢書　第十九冊　鳴海土風会）にも見える。東海道が曲折する山王山の下の曲《かね》の手から古鳴海への道。明治時代平針道と云つた。古鳴海からは鳴海道と云ふ。山裾を通り今も殆どが残る。

仙人塚　せんにんつか

延享三年（一七四六）の『東海道巡覧記』に、

仙人つか八半道斗左小鳴海と云所に有と云

とある。本書薬師堂の条。及び拙著『鳴海地方史』第五章参照。読物「二　役の行者」参照。

並松杁　なみまついり

藤川南岸の懸杁。字古鳴海八八番地。今段差一米以下の堰がある所。『千代倉家日記抄』貞享二年（一六八五）七月、八月条に「藤川一ノ井」の名で野並と古鳴海との論所になり、代官や郡奉行が見立に来たとある。並松からの道の脇なので後に並松杁と呼んだ。寛政六年（一七九四）『鳴海村杁橋書上帳』に、「一　同（杁）長五間半

元四間半」とある。

八幡社　はちまんしや　やはたのやしろ

字古鳴海十四～十六番地に鎮座してゐたが、明治四十二年字上ノ山の神明社と合祀し移り、名は八幡社とした。

八幡社の跡地は竹林として残つてゐた。昭和初年に売払つたところ、購入者の遺言に拠り、戦後に遺族より土地が寄進せられ、八幡社の社有地に戻つた。しかしながら土地価格が高騰したので再び売払つてしまひ、昔神社のあつた面影は無い。神社の鎮座地は神聖なものであるから学校など公共に役立てる場合を除き、利益を得ようと売払つて良いものではない。鎮守の森として永久に護持すべき存在である。ひどい例には信仰上必要だからと尾張藩から払下げを受けて社地としながら、不動産業者に売払ふといふ罰当たりな社もある。

火の見櫓　ひのみやぐら

聚落の真中の辻にあつた。昭和三十年に三十尺の火の見櫓を新設した。今は無い。

藤川橋　ふぢかははし

『天保十二年野並村絵図』に藤川橋を描く。但し名前は無い。他に藤川の橋は古東海道（上野の道）の橋のみを描く。『愛知郡村誌　野並村誌』に「其長六間　幅壱間　但木製」とある。昭和二十七年に長六間、幅三間で架け、昭和三十九年に架替へた。これまでは木製であり、昭和四十七年に半永久橋に架替へた。

藤川橋　昭和

道標　みちしるべ

藤川橋南の鳴海道（鳴海西部、山王山方面）と相原道

（鳴海中央、相原方面）との分岐に立つてゐた。今は桂林寺境内に移した。「右なるみ」「左あいはら」と刻んだ道標の地蔵である。

薬師堂　やくしだう

曹洞宗薬師山。本尊薬師如来。字古鳴海四七番地。

古くから薬師堂で、桂林寺は宗教法人名である。「阿弥陀如来尊像御縁起」に拠ると、治承年間清盛が福原に遷都した時、衆人に抜ん出て高く鍬を振上げて働いた鳴海の工夫があり、帰国の折に賞として清盛より阿弥陀如来像を授り、薬師堂に収めたところ、種々の功徳があつた由。

桂林寺　役行者堂

江戸時代より役《えん》行者を祀つた。境内に西面の役《えん》の行者堂があり、役行者像を祀つてゐる。古鳴海の仙人塚はここにあり、行者堂に変つたのであらう。

字鴻之巣　こふのす　鳴海南部

大高緑地公園　おほだかりよくちこうえん

琵琶ヶ池を中心に大高町にも広がる。昭十五年から緑地として計画が進められ、二百三十名の地主より土地を買収の上、昭和三十一年より整備した。昭和三十八年に県営都市公園となり、昭和四十二年に明治百年記念事業対象公園となつた。

鴻ノ巣川　こふのすかは

『堤書上』に、

鴻の巣川東片堤　一　同（長）　四拾六間

改四十九間五尺

とある。高嶋金毛『甘辛録』天保七年八月十三日条に、鴻ノ巣川、緒川道川、手越川の洪水で堤が切れ、平部の東部や本川端は水入となつたとある。

地蔵　ぢざう

琵琶ヶ池の水死者の冥福と水難防止とを祈り、昭和三十年池の西岸に石地蔵を建立した。高さ三尺五寸、台座二尺。鳴海参拝団が建てた。昭和五十年地蔵が風雨で傷んだので善明寺墓地へ移し、新しく作り直した。

琵琶ヶ池　びはがいけ

高嶋金毛『甘辛録』に寛永十二年（一六三五）鳴海村に十二の池が出来たとあり、その一つに含まれる。谷間に築いた池なので深く、泳ぐには危い池とされ、入水心中まで起きた。『新板鳴海心中数哥一ぶし』（榊原邦彦

『鳴海地方史』 鳴海土風会に所収）が明治時代に出版された。

池の中に島があり、鳴海村と大高村との境になつてゐて、明治九年に池全部を鳴海村地とした。中島に弁財天と八角龍王神とを祀つてゐた。八角龍王は池に大きな龍が棲み、時々池から出てきて村人を怖がらせた、困つた村人が相談して中島に祀つたところ出なくなつたと伝へられる。

琵琶ヶ池

「緑区民新聞」昭和五十三年七月～十二月号に拠ると、弁財天は昔から祀られてゐて、昭和初年に上野不忍池東叡山等覚院の弁財天分身を勧請して毎年奉祭して来たが、伊勢湾台風以後荒廃したので、弁財天と八角龍王神とを併祠する社殿を新築した。弁財天像は無くなつてゐたので地元の彫刻家榎田治三吉氏が琵琶を弾く弁財天像を新しく彫つて奉納した。

字鳴仏目　こぶつめ　鳴海東部

ししがき

山野の猪（ゐのしし）と鹿（かのしし）とが田畑へ侵入するのを防ぐもの。小川鉱平氏の話では、土地区画整理する迄字鳴仏目と字小坂との境に高さ一米ほどの土を積んだ「しし除け土手」があつた由。

「しし」は獣の意で猪にも鹿にも云ふ。字鹿山（ししやま）の地名があるほど昔の鳴海に鹿が多く棲息し、尾張藩主は度々鳴海山で鹿狩を行つた。雷貝塚から鹿猪の骨が多く発掘され、猪の牙で作つた勾玉が出土するほど猪も多かつた。野並では「ししがき」「ししどゐ」と云ふ。江戸時代から「嫁に行くなら猪の居ない所へ」と云ふほど被害が多かつた。

水車場　すいしやば

明治十一年『共武政表』に鳴海村の水車三とあり、明治四十年『徴発物件表』に鳴海町の水車場七とある。扇川右岸の砂田橋上流に水車場があつた。今は駐車場となつてゐる。

定井　ぢやうゐ　ぢやうゐい

「定井」は本来「ぢやうゐ」であるが、当地では「ぢやうゐ」「ぢやうゐい」と云ふ。「立切《たてきり》」と同じ。

本多桂一氏の教示に拠ると、滝ノ水川と扇川との出合のすぐ上流に「まつばぢやうゐい」があり、字石神堂の有原橋に一つ、相原橋（流が変り今は橋が無い）の近くに一つ定井があった。手前に懸杁があり、必要になると取水した。

字小松山　こまつやま　鳴海中北部

阿仏の塚　あぶつのつか

雪川『熱田日記』寛保三年（一七四三）六月八日条に鳴海訪問の記事があり、

八日鍋盛に引かれて上野に遊ぶ。蕉翁の塚、阿仏の塚など臥拝ミて千鳥塚に至る。

とある。阿仏尼と鳴海と関る所は地蔵寺であり、跡に塚があったかと考へ仮にここに載せたが場所は不明。この塚につき何か御存知の方はお知らせ乞ふ。

伊副神社　いぶきのかみのやしろ　いぶきのじんじゃ

『延喜式』第九の愛智郡の神名に「伊副神社」を収めて『特選神名牒』に「イフキ」とある。

『張州年中行事鈔』に地蔵を「伊福の神社の傍に安置せし」とあり、『張州府志』に如意寺は恐らく伊福神社の本地仏かとある。他の地とする説は全て江戸時代の文献が無く、『特選神名牒』に否定する。同書に「応永二年（如意）寺を遷すとき神社も遷てありし」とある。

鳴海八幡宮は伊副神社を継承して熱田社の大宮司が近くの地に建立したものと考へられ、流鏑馬《やぶさめ》の神事を引継ぎ催した。

海蔵寺　かいざうじ

『張州雑志』の熱田海国寺の条に、

旧在㆓鳴海ニ㆒　開山移ス㆓此地ニ㆒　天文八己亥年創建

とある。『鳴海旧記』（なるみ叢書　第三冊　鳴海土風会）海蔵寺の条に、

此寺先年熱田へ引越　今程は海国寺と号候　海蔵寺跡畠に罷成申候

とあり、『大日本国郡誌編輯材料』（なるみ叢書　第四冊　鳴海土風会）に海蔵寺の所在は字小松山とある。引越した年は天文八年（一五三九）であらう。

地蔵寺　ぢざうじ

『地蔵菩薩霊験記』『地蔵霊験記』に尾張国司藤原元命《もとなが》と家臣為家とが地獄に陥ちた後蘇り、為家は東海道の傍に地蔵寺を建立したとある。青鬼山地蔵寺と称し、青鬼は地獄の青鬼に因む。『愛知郡鳴海頭護山如意寺縁起』に康平年中（一〇五八―六五）の建立とあり、現存する鳴海の寺では最古である。如意寺の古称。

『塩尻』に地蔵は伊副神社の側とし、字小松山にあった。『鳴海頭護蛤地蔵縁起』に弘安五年（一二八一）長母寺無住国師が現在地に移転したとあり、頭護山如意寺を称した。

『春能深山路』に地蔵寺につき、

なるみの宿につきぬ。このぢざうだうには安嘉門院の左衛門佐哥かきつけたればみまほしけれど。あまり風吹さむくて。人わぶればみですぎぬ。

とある。「左衛門佐」は「右衛門佐」の誤であるが、阿仏尼を指す。阿仏尼の作品『十六夜日記』や『うたたね』に見えないものの、当時京の歌人の間では有名な話であつた故に飛鳥井雅有が記したのであらう。

鳴海寺　なるみてら

『続《しょく》古今和歌集』巻第十　羇旅歌

鳴海寺にてかきつけ侍ける　　藤原光俊朝臣

あはれなり何となるみのはてなれば
またあくがれてうらづたふらん

『続古今集総索引』に拠る。

阿仏尼が地蔵寺（如意寺の前身）に和歌を書付けたのは、当時地蔵寺が鳴海の寺の代表として最も名高かつた故であり、光俊が鳴海寺として記したのは如意寺である。

榊原邦彦『枕草子及び尾張国歌枕研究』（和泉書院）「第十章　尾張国の歌枕　六　鳴海寺」に詳しく述べた。

字境松　さかひまつ　　鳴海東南部

国道一号線　こくだういちがうせん

昭和十年、国道改修工事に伴ひ愛知電気鉄道との立体交叉工事が完成した。昭和三十年大慶橋、汐見橋の半永久橋が完成し鳴海町、有松町内が完全舗装された。中京競馬場前駅より東は旧東海道であつた。同年境川橋迄四粁を幅員十二米で建設する為工事を始めた。工費九千万円、工期二ヶ年の予定である。昭和三十三年中京競馬場入口附近の国道一号線の舗装が完成した。これで大慶橋からの一号線は全面舗装された。

境松　さかひまつ

『愛知郡村邑全図　鳴海村図』に境松の絵を描く。五軒屋新田との境に「サカヰ松」として一本の松の絵がある。本図は寛政（一七八九―一八〇一）の作図であるが、既に『慶長十三年鳴海村検地帳』に「さかいまつ」があり、松は室町時代に遡る。東海道より数丁北の地点である。

『天保十二年沓掛村沓掛新田沓掛中嶋村三ケ村絵図』に「鳴海境松」として松の絵を描くのは同じ地点であらう。

境松郵便局　さかひまついうびんきよく

昭和四十九年開局。

境松池　さかひまついけ

字境松は本田として古くから田になつてゐた。字境松と字大将ヶ根とには水利の為多くの池が築かれた。今はすべて滅失した。

『鳴海宿書上帳』（なるみ叢書　第十九冊　鳴海土風会）に三ヶ所の境松池を挙げ、『尾張徇行記』に「境松池四ヶ所」とある。

中京競馬場前駅　ちゆうきやうけいばぢやうまへえき

中京競馬場の開場に伴ひ昭和二十八年に新設された。昭和五十四年駅舎を改築した。

松原　まつばら

東海道の筋違橋《すぢかひ》より東方秋葉社の辺までを松原と云ひ松並木が多く残つてゐて、松見茶屋があつた。松原は東海道の字神明と字清水寺との松並木でも云つた。

万菊　まんきく

字境松の東端に万菊本店があつた。尾張酒造業の中心であつた鳴海の造り酒屋が幕末に店を畳んだ後、昭和三十六年創業と歴史は新しいものの鳴海で唯一軒良酒を造つた。銘柄は万菊が中心で普通酒、本醸造酒の鬼ころし、吟醸酒の特吟、原酒がある。英傑、ドラゴンズの銘柄もある。発売は昭和四十九年にドラゴンズが優勝した前年であるから時機に合つた。今は店を閉ぢた。字境松七一―一番地

万菊

桶狭間駅　をけはざまえき

愛知電気鉄道の駅として昭和六年に新設した。中京競馬場前駅の二百米程西にあつた。桶狭間の人の話では季節駅の由。『愛知電鉄沿線御案内』に拠ると、昭和十年八月より昭和十一年四月の間にはあり、その後廃止した

字左京山　さきやうやま　　鳴海南部

左京山駅　さきやうやまえき

昭和十五年字神明、字坊主山方面に高級住宅建設で実績のある同潤会が住宅を建設する話が持上つた。話が進む中に大東亜戦争が始り、同潤会は日本住宅営団に切替り、労務者住宅を建設する事になつた。それに伴ひ鳴海駅と有松裏駅との間に名古屋鉄道が駅を建設する事になり、昭和十七年左京山駅を開設した。

鳴海高等学校　なるみかうとうがくかう

昭和五十一年に開校した。

鳴海高校校歌　作詞　榊原清彦

広く明《さや》けき　この心
生命《いのち》と共に　天翔《あまが》けよ
厳しく　我に真向いて
はばたく理想　秘めていよ
栄えある鳴海　鳴海高校

字作之山　さくのやま　鳴海中南部

鳴海陣地　なるみぢんち

大東亜戦争中、字作の山に第十六照空中隊の分隊の鳴海陣地があつた。大鉄傘を軍に献納した鳴海球場は弾薬置場になり、戦後に弾薬箱を近くの人々に払下げた。縦三十四糎、横七十九糎、深さ三十一糎の木箱である。学徒動員されて勤労奉仕した横井寿治氏の話では弾丸が不足すると空砲を射つてゐた由。

字作町　さくまち　鳴海中心部

熱田港船改所出張所　あつたこうふなあらためしよしゆつちやうしよ

明治維新後、熱田に熱田港船改所があつて、鳴海の扇川の入港、出港を管理し、県の雑税として船税を取立てゐた。鳴海の船の利用が多い為、明治六年に出張所を鳴海に作る事が許された。船改所掛は榊原清右衛門がなり、鳴海詰として明治八年より自宅で執務したが、榊原清右衛門は副戸長、一等用掛、第二中学区一等学校係などに任ぜられ多忙であつたので間もなく辞任した。

郵便差出箱　いうびんさしだしはこ

鳴海郵便局が設けられた時よりの郵便差出箱なので、緑区最古のものである。但し形や大きさは何度か変つた。

永楽屋　えいらくや

味の良い事で評判のうどん屋。叔父重彦の話では昭和初年に素うどん四銭、素きしめん五銭で昼に毎日通つた。葱と油揚とが入ると五銭と六銭とになり、種物は無かつた由。麺は手打で、七味は一米位の長い竹筒に入つてゐた。大東亜戦争後迄続いた。建物はある。字作町七九番地。

御茶壺道中跡　おちやつぼだうちゆうあと

字作町五二番地。『鳴海史蹟ハイキング案内』（鳴海文化協会）に、

野村三郎氏談では年々通過は日時がきまつてゐて、この鳴海宿の通過は夜半に当つた由。この場所で村役人が提灯を立てゝこのお茶壺の御通りを「御苦労千萬」といつて送迎したところの由。

とある。「関宿案内図」に拠ると、大名行列の一行を村役人が出迎へ見送る所を御馳走場と云ひ四ヶ所あつた。

「年中行事控」（「奈留美」八号、九号　鳴海土風会）に拠ると、五月中より上り通行、上りより二十四日目下り泊り」と鳴海宿の幕末の状況を記す。

郷蔵　がうくら

『地方品目解』の「郷蔵《ゴウクラ》」の条に、

是は、村方にて蔵を建置、村中の年貢米を庄屋に取集納置、夫より名古屋御蔵に運送仕候。

とある。『寛文村々覚書』に、

一　蔵屋敷　弐反五畝弐拾歩　但弐ヶ所　備前検除
とあり、慶長年間より除地（免税地）であつた。

『東海道宿村大概帳』に三ヶ所とあり、枝村善之庵や字花井町などにもあり、時代により変動した。

作町の郷蔵はすぐ前の扇川の土場から船積するのに便利で、鳴海の郷蔵の代表であつた。「作町郷蔵」「西の端郷蔵」と云つた。『下里知足日記』に「村蔵」とある。明和四年（一七六七）の『善右衛門日記』に長さ拾弐間、横弐間半のが三棟あつたとあるが、明治以降建つてゐたのは一棟で、祖母の話では、

　平屋で瓦葺、家の蔵のやうに白壁で、あちこちに窓が付いてゐた。（知立の谷田郷蔵の写真を見て）これより大分大きい建物で、高く横に長い。道から少し引込んでゐた。前は広場になつてゐて、（土場から）船で米を運ぶのに都合良く出来てゐた。


との事。

明治初年『郷蔵屋敷図』に拠ると、字作町四二、四四、四五、四六番地であつた。天保十五年（一八四四）『愛知郡鳴海村墨引図面』に郷蔵を描き、東南角に「郷蔵番安兵衛」とある。

高札場　かうさつば

『地方古義』に拠ると高札は寛永十年（一六三三）に建てられたやうである。『東海道分間絵図』元禄三年（一六九〇）、宝暦二年（一七五二）、明和九年（一七七二）に作町の曲かね北側に描く。後に相原町の曲尺之手《かねのて》に移り、更に本町札の辻に移つた。『東海道分間絵図』の後版は現地調査をしたのではなく、前の版の踏襲らしい。

『千代倉家日記抄』文化四年（一八〇七）条に、

　又尺ノ手ニモ有之由

とあり、最初は横町（作町）に出来、次に曲尺之手に移つた事を記す。

初期の高札場

小路　こうぢ

字作町には小路が多く皆名前が有る。

扇屋小路　あふぎやこうぢ　東海道の北側で字作町と

字根古屋との間の小路。扇屋は旅籠屋。元禄十五年には小路の西側一軒目にあり、文化八年には小路の東側一軒目にあつた。旅籠屋の移転はかなりある。

五兵衛小路　ごべゑこうぢ　東海道の南側で字作町二三番地。五兵衛は宝暦五年（一七五五）に旅籠屋であり、明和七年（一七七〇）までに敷地が小路となつた。本陣小路から西小路まで道が無かつたので新しく設け、新小路とも云ふ。俗称では小路の東の旅籠屋の名に因み輪違屋小路、西の旅籠屋の名に因み沢潟《おもだか》屋小路とも云つた。東海道から扇川に架る作川橋まで通つてゐた。大浜街道開通後廃止。

作町小路　さくまちこうぢ　明治初年『一札』に「作町小路」とある。古老の言では子供の時五兵衛小路で遊んでゐると叱られたが、この小路では（広いから）叱られなかつたとの事で、如意寺への寺道で如意寺道とも云ひ、他の小路より広い。如意寺は弘安年中（一二七八―八八）に地蔵山から作町に移つたので、それ以来の古い道である。

西小路　にしこうぢ　曲かねの北の東海道より西の郷蔵方面への小路。天保三年（一八三二）『千代倉家日記抄』にある。通称紺屋小路。

本陣小路　ほんぢんこうぢ　字作町と字根古屋町の本陣との間の小路。本町の仮本陣を廃し寛永十年（一六三三）に西尾伊右衛門が本陣を建てたので、それ以後の名前。

紺屋　こんや

『千代倉家日記抄』宝暦十一年三月廿二日条に、「よこ丁こんや源四郎」とある。「よこ丁」は作町の別名。弘化五年『尾州濃州紺屋惣帳』に拠ると、尾張国に千五十二軒、愛知郡に五十五軒、知多郡に百五十四軒、鳴海村に五軒、相原村に一軒、大高村に二軒、有松村に二十五軒あつた。明治九年には作町の石川忠助の他に鳴海村に七軒あつた。『地方凡例録』の「紺屋役《コンヤヤク》」の条に、「上方、関東とも、藍瓶《アイガメ》の数へ掛て役銭（税金）を出す」とあり、紺屋の数の把握が厳密になされた。「こうや」は「こんや」の転で『日葡辞書』にあり、古くから云つた。

石川よし子氏の話では、紺屋は江戸時代に始めて昭和三十年代まで続いた。糸染が主で、客は自分で織り、主に野良仕事の作業着とした。織らない人は近くの機屋（はたや）で織つて貰つたとの事である。昔は自分の着物の布は自分で織るといふ事で、我家にも高祖母の機《はた》小屋があつたが、物心付いた時には機は無かつた。字作町四九番地。

作川橋　さくかははし

字作町二三番地の五兵衛小路の扇川に架る橋。鳴海橋の五十米上流。『幕末扇川堰図』に橋の図があり、『御祭礼入用覚帳』の大正十四年の条に「作川橋」とある。渡つた堤の道南に「うな忠」があつた。鰻屋。

佐久間御殿　さくまごてん

丹下砦のあつた字清水寺に『字名覚』に拠ると「御殿邸」の字があつた。丹下砦は『東照軍鑑』に永禄二年（一五五九）八月に築いたとあり、以後守将が住んだもの。

『元禄六年本田新田名寄帳』に後酉《のちとり》新田として「御殿屋敷」がある。『文久三年鳴海村絵図』に拠ると後酉新田は字本町の西北部であり、ここに安原備中守が応永年中に居住した事になる。字本町の北部に御殿屋敷に隣接して武士屋敷の御添地《おそへち》があつた。

『尾張志』に鳴海城につき記し、城主は、

佐久間右衛門尉信盛　其子甚九郎正勝

とする。佐久間父子が御殿屋敷を建て居住したので佐久間町と呼び、後に佐久町、作町となつたと思はれる。古くは横町（よこちやう）が多く用ゐられた。

佐久間座　さくまざ

明治二十一年作町小路に出来た芝居小屋。明治三十四年の真夜中に出火全焼し無くなつた。『御祭礼入用覚帳』に、

焔々彌々猛烈ニシテ燃勢天ヲ焦カ如クシテ消防必ラズ人力ノ及フ処ニ不有

其中他ノ消防ニシテ非常ナル働キ為セシハ西ノ火口ニテ荒井組ナリ

として旧荒井村の消防の奮闘を記してゐる。

作町　さくまち

字名。別名は横町（よこちやう）、「よこまち」は北浦町の別名。横町は応永二年（一三九五）以降の鳴海城築城後、鳴海城の横の町の意で地名となり古い。明治大正時代鳴海東部の人は作町に行く事を横町と云つてゐた由。

『下里知足日記』寛文十三年（一六七三）六月廿一日条に「よこ丁」とあるのが最古の記録である。作町は鳴海城主佐久間氏に因む地名で、『鳴海旧記』（なるみ）叢書第二冊　鳴海土風会）に「享保之頃横丁」とあり、最古例は享保六年（一七二一）で、多く横町を用ゐた。

自笑宅跡　じせうたくあと

岡島自笑は通称佐助。小刀、剃刀の名手として名高く、高級品の鳴海名産として鳴海絞と共に進物にされた。貞享四年（一六八七）十一月廿日「面白し」の連句を自宅で興行した。「元禄十五年鳴海宿街通り住者図繪」（「奈留美」第十号　鳴海土風会）に拠ると、扇屋小路の西二軒目に「佐助」とあり、自笑宅である。文化八年（一八一一）

には丸屋助九郎の旅籠屋であつた。住居を諸書に根古屋とするが、横町（作町）である。宝永元年（一七〇四）の史料に横町の組頭が見える。字作町六番地。

人力車会所　じんりきしやくわいしよ

明治三年に東京で人力車の営業を始めると忽ち全国に拡がり、明治五年に鳴海村の人力車曳が十四人居た。明治十年には人力車曳本業の者五十三人、兼業の者二十七人と増えた。明治十一年に字作町に人力会所が出来た。

大正末期には字作町三九番地に俥屋があり、屋号を「常丸」と云つた。

丹下駐在所　たんげちゆうざいしよ

明治四十四年熱田警察署丹下駐在所が字丹下にあつた。大正時代字作町七一番地に移り、名前は変へないままであつた。大東亜戦争後駐在を廃止してからは鳴海警察署長公舎として昭和二十六年迄使ふなど警察官舎とした。

定飛脚宿　ぢやうひきやくやど

天保年間に西小路北方にあつた。定飛脚の代理店。古くは名古屋や宮の飛脚問屋に頼んだ。

定井　ぢやうゐ　ぢやうゐい

『地方品目解』に、

定井《ジャウヰ》　是は川通りに石をつみ並べ、杭木を打、せき留め、水かさを持せ用水をかけ候を申候。年中取払ひ不申、水をせき候付、定井と申候。

立《タテ》切　是は用水を懸候とて川中に柱を建、戸を附け水をせき留め候を申し候。

とあり、とりわけ区別があるとは読取れない。今の上汐田橋上流十米程の所に低い堰があり、定井の跡である。定井の上に二本の材木を縛つた橋があつたが、堤と水面との低い所に架けた橋なので、出水の度に流れた。

明治初年『鳴海村書上』の「扇川通作町裏立切」に、「横六間　高四尺五寸」と立切と云ふが、近頃の古老は定井と云ひ、同一物二名である。

伝馬用水杁　てんまようすいいり

『東海道分間延絵図』に東海道から西小路沿に扇川に流れる用水を描く。西小路の北側を流れてゐて今は暗渠になつた。耕地整理までは最中川がこの伝馬用水と合流して扇川に伝馬用水杁で水を落した。

東光院　とうくわうゐん

江戸時代初期よりあつた修験。大峯山に出掛けて修行し、秋葉に代参した。明治時代は真言宗に属した。

土場　どば

船着場。『下里知足日記』に「船場」とある。江戸では「揚場」と云つた。郷蔵の前。『地籍字分全図』や『扇川堤図』に拠ると下流にもあつた。

榊原清彦「鳴海十景　藍染余情」（『鳴海名所図会』なるみ叢書　第二十冊　鳴海土風会）に、

江戸時代の末まで、郷蔵に蒐められた年貢米は、作川の土場から船積みされたし、生活物資の多くも、船で運んできて陸揚げされた。大正の末期までは、石炭の船が上つてきたし、汐湯治の団体船が、今のバスのやうにこの川から多くの客を運び出した。

とある。鉄道布設以前は土場からの舟運が盛んで、四日市、桑名、熊野、鳥羽方面へ船が出た。四日市へは毎日出航した。船賃は桑名まで一人八銭、四日市までは一人十銭であつた。東海道線の鉄道開通後、定期便は廃止された。昭和初期まで扇川が深かつたから、土場から鳴海八幡宮御旅所前まで扇川に小舟が往来した。昭和初年まで三十人乗ほどの船が土場から海水浴に出掛けた。

船の待合所　定期便の運行がある間、船の待合所が作町小路にあつた。汐の満ちるのを待ち出航した。

船の数　元禄四年の鳴海村の船の数は二十九艘で二百二十石であつた。明治八年には鳴海村の五十石以上の船は五艘あり、その内二艘は山口信次郎の持船であつた。信次郎は炭屋である。

中立楼　なかたつろう

明治三十三年に中立楼の名で後に「中たつ」とした。昭和初年まで営業し歴史が長かつた。うな忠と並び鳴海の料理屋の双璧であつた。榊原清彦『鳴海茶話』（なるみ叢書　第十八冊　鳴海　土風会）に、

政友会の政客は主として「中たつ」の二階座敷からはすの花を眺めて飲み明かした。こゝには名妓がゐて鳴海のお旦那衆を手玉にとつたものである。

とある。この蓮は店の西側にあつた大きな池に咲いたもの。字作町七八番地。

加藤徹三「濹東綺譚」（「なる美新聞」昭和三十五年十一月二十七日号）に、

「中立楼」といっても今の人は知らないが鳴海町作町の小笠原劔一氏の家で明治、大正年代の鳴海の料理屋であつて小笠原氏の伯母のお辰というのが女将であった。久一郎氏の「中立楼」と書いた額がかゝって居る事を知っている。自由党華やかな時代久一郎氏が政客等と遊んで「お辰」にもぢり超党派の意味を含めて揮毫したもので、それから屋号を「中立楼」といった。

とある。文中の久一郎は荒井の永井で、永井荷風は久一郎の長男である。

名古屋金鯱軍下宿　なごやきんこぐんげしゅく

日本職業野球連盟が結成され、昭和十一年二月九日か

ら三日間名古屋金鯱軍と東京巨人軍との日本最初の職業野球が行はれ、名古屋金鯱軍が二勝一敗で勝越した。名古屋金鯱軍の選手は民家の二階に下宿し、鳴海球場に通つた。下宿の建物は字作町七十番地に現存する。

名古屋瓦斯　なごやがす

明治四十四年名古屋瓦斯会社が鳴海町、笠寺村を供給区域に編入し、続いて有松にも供給した。九月名古屋瓦斯会社鳴海出張所が大村薪炭店（今の大雄株式会社）に出来、鳴海町で約二百世帯が瓦斯を利用した。

第一次大戦で原料の石炭価格が高騰し採算が取れなくなり、大正十年六月鳴海、有松、瀬戸への廃止を申請し、八月に認可され、出張所は閉鎖した。鉄材の価格が高騰したので瓦斯管は皆掘出してしまつた。祖母の話、

鳴海の瓦斯燈と電燈とは明治四十四年に競争して同時に引けた。家は瓦斯燈を三つ、電燈を一つか二つ引いた。毎晩家族が一ヶ所に集まつて仕事をした。瓦斯の街燈を名古屋から工夫が点《つ》けに来た。踏継《ふみつぎ》を持ち燐寸《マッチ》で素早く次から次へと点けて行つた。名古屋から鳴海有松まで引いた。瓦斯は鳴海で何軒も引かなかつた為か暫くして止めてしまつた。

昭和十五年軍需工場として中央発條鳴海工場へ東邦瓦斯が瓦斯を供給した。昭和二十六年より鳴海の一般家庭への瓦斯供給を開始した。天然瓦斯への転換は昭和五十六年から行つた。字作町四一番地。

名古屋電燈　なごやでんとう

電気は明治四十四年名古屋電燈会社が許可を得て募集を始め、翌年二月十一日の紀元節に鳴海、大高、有松などに点燈した。大正十五年に企業合同で東邦電力となつた。東邦電力の出張所は字作町一三番地。

成田湯　なりたゆ

銭湯。根古屋町の東海道の北側にあり、昭和五年に作町に引越した。扇川沿の道の北側。平成十一年廃業。字作町一六一番地。

鳴海郵便局　なるみいうびんきよく

明治六年一月に鳴海駅郵便取扱所が設置された。一月の郵便差立数、郵便配達数は共に三百通以下であつた。配達区域は鳴海、大高、有松、豊明、天白、南区の笠寺以南と広い。明治八年鳴海郵便局と名を改めた。榊原重義、安彦、清彦と郵便局長を三代勤めた。明治四十二年局舎を新築し、昭和二十四年まで用ゐた。字作町六五番地。

重義は高嶋篁川に漢詩を学び、「日本新聞」俳句欄の常連として活躍した。大正十二年刊『輟耕俳句抄』があり、「奈留美」第十五号（鳴海土風会）に復刻した。

安彦は明治から大正に掛けての「新潮」に春村の号で

鳴海郵便局　昭和

四百首を越える短歌を出詠し、特選欄の筆頭歌人として歌壇の注目を浴びた。又明治三十九年より四十五年まで「心の花」に多数の短歌が掲載された。共著の歌集『木曽川』『伊服岐』の他、『春村歌集』がある。輟耕、春村は『現今俳家人名辞書』（紫芳社）に掲載された。

清彦は土筆会を主宰し句誌「土筆」を一七五号まで発行した。童謡の著書『あの子誰だろ』、随筆『鳴海茶話』（なるみ叢書　第十八冊　鳴海土風会）がある。

輟耕俳句抄　「解釋學」　第八十九輯
榊原春村歌集　「解釋學」　第九十輯　第九十二輯
榊原清彦句集　「解釋學」　第八十九輯
あのこ誰だろ　「解釋學」　第九十一輯

に掲載した。

空車通る冬野の広さかな　綴耕

青葡萄つみて帰れば野路すでに
日暮れてうすく月の影さす　春村

寒卵凛々として座を収む　清彦

鳴海電報電話局　電信は、明治三十三年、電話は明治四十二年に鳴海郵便局に於て開始した。昭和二十四年鳴海郵便局内に鳴海電報電話局を開局した。当時鳴海から名古屋への電話回線は三回線しか無く繋がりにくかつた。昭和二十七年にそれまでの四回線を六回線にした。昭和三十八年字京田に移転した。

如意寺　によいじ

曹洞宗頭護山。本尊如意輪観音。弘安年中（一二七八―一二八八）に無住国師が地蔵山（字小松山）から作町八五番地に移した。青鬼山地蔵寺の名を応永二十年頭護山如意寺と改めた。正月に歩射をし蛤を放生したことから蛤地蔵の名が出来、尾張六地蔵の第四番である。文英和尚は如風の名で俳諧を嗜み芭蕉の弟子となつた。翁塚は芭蕉の歿した一ヶ月後に翁忌があり、その時如意寺に建てられた。後に誓願寺に移した。安永八年（一七七九）には誓願寺にあつた。

正徳二年から享保九年まで時の鐘があり毎日時を告げてゐた。榊原清彦『鳴海茶話』（なるみ叢書　第十八冊　鳴海土風会）に、

正徳二年（一七一二）七月如意寺に鐘楼を築いて鳴海宿中に時をしらせたのが始めであつた。正徳と

いへば荒井白石の文治政治の華やかであつた平和な時代であるが、「時の鐘」も彼の文化行政の一つであつたと思はれる。さて鳴海の時の鐘は、時の御国奉行藤原徳則らが水野太郎左ヱ門といふ鐘匠に作らせた高さ三尺ばかりのものであつて、時が来れば鳴海の人々に時を知らせてゐたのであつたが、享保十年（一七二五）どうした理由でか常滑の浄土宗正住院に身売りをしてしまつたのであつた。

時の鐘　昭和

とある。

　本堂の隣にある地蔵堂に一丈六尺の座像の地蔵菩薩を安置する。像の頭に一尺四寸の地蔵を籠め眉間《みけん》籠《こもり》と云ふ。藤原元命《もとなが》の持仏堂の本尊の由。明治初年に信者が一体宛寄附した千体地蔵が両横の棚にある。江戸時代以来境内にあつた十王堂は今山門の外にあり、六尺三寸の立像の地蔵が中尊となり、道服姿の十王像が並ぶ。十王とは『十王経』に基き、冥府の判官を言ふ。閻羅《えんら》王（閻魔王）他十王がある。

　大正十四年如意寺本堂を利用し鳴海幼稚園を開設し園児三十六名を収容した。大高の子供の家創設の四年後と早い時期の開設である。その後建坪四十坪の園舎を建設し、昭和三年託児所の認可を得た。指導科目は手工、図画、唱歌、遊戯、童謡など。鳴海及び有松の幼児が通つた。今は鳴海保育園と名を改めた。

地蔵堂　本尊

坊ヶ墓　ばうがはか

　西小路の北側に江戸時代から坊ヶ墓と呼ばれる所があり、高祖母の話では坊主の墓があつた由。大正の頃住宅地となつてゐて、近くの人々が費用を出し合ひ石の地蔵を置き鞘堂を作つた。昭和四十八年に撤去した。

旅籠屋　はたごや

　鳴海宿の旅籠屋は字作町、根古屋、本町に限られた。拙著『東海道鳴海宿』（中日出版）「第二部第六章　旅籠屋」参照。

信高騒動　安政二年（一八五五）信高の倅定次郎が多く

の人々に切付けた事件。枡屋（作町二七番地）、山田屋（作町二六番地）、桔梗屋（作町五三番地）の旅籠屋の人が犠牲になつた。加藤徹三『鳴海宿信高騒動記録』（なるみ叢書　第二冊　鳴海土風会）参照。

伏見屋心中　伏見屋（作町二〇番地）での心中。

　安政四年十二月五日の鳴海の宿は、朝もやに包まれて眠りから醒め様としてゐた。

で始まる榊原清彦『鳴海茶話』（なるみ叢書　第十八冊　鳴海土風会）「鳴海情史」参照。

最後の旅籠屋　鳴海宿最後の旅籠屋が輪違《わちがひ》屋（作町二一番地）である。

　野村三郎「扇屋の火事」（『奈留美』第十一号）の文化八年（一八一一）の史料に「輪違屋平左衛門」とあるのが最古である。江戸時代後期には尾州清気講、関東講、秋葉神社敬神講などに加入し、有力な旅籠屋であつた。昭和四十年代まで旅館の営業を続け、昭和五十一年に建物を取壊した。

曲かね　まがりかね

　大浜街道が出来て三つ角になつた。それまでは東海道が曲尺のやうに曲つてゐるさまを「曲かね」と云つた。『千代倉家日記抄』宝暦六年五月廿三日条に見える。鳴海の最初の高札場が北側にあつた。

字笹塚　ささつか

鳴海東部

笹塚池　ささつかいけ

『天保十二年鳴海村絵図』に「笹塚池」とある。字笹塚一七番地、一反八畝二二歩。

重池　しげいけ　「かさねいけ」かも知れない。

『鳴海村雨池数留帳』に「笹塚西」とある。字笹塚三八番地。一反四畝。

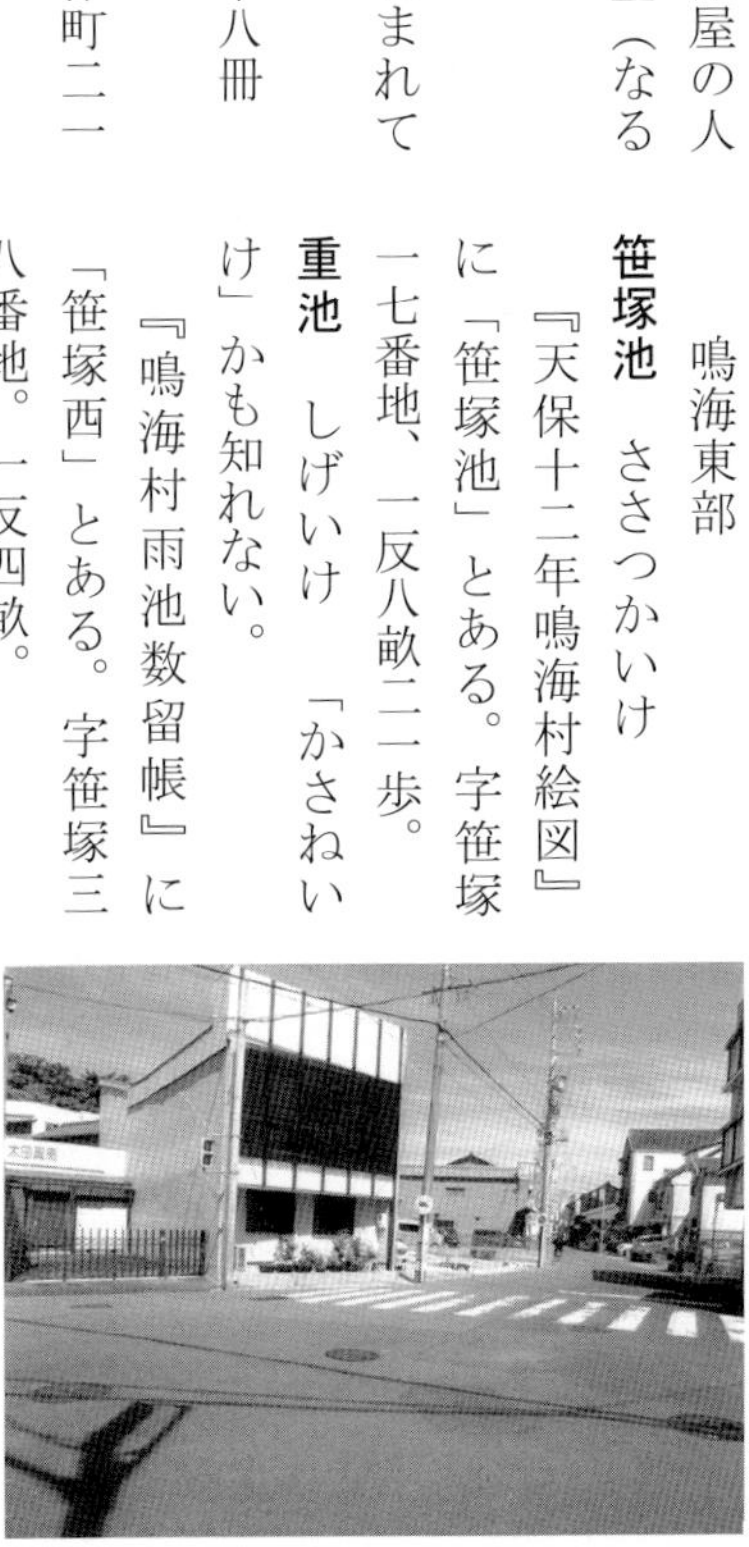

曲かね　高札場跡

勅使池　ちよくしいけ

池は江戸時代以降字笹塚の鳴海地と沓掛地とに分れ、名古屋市との合併の時に豊明に編入した。入鹿池に次ぎ尾張国第二の大池である。大永八年（一五二八）に後奈良天皇が左中将経平を勅使として祐福寺に綸旨を下した。経平は桟敷を組んで池の工事を監督し、桟敷の字名や勅使池の名が付いた。翠錦渓の別名がある。

陣地　ぢんち

大東亜戦争後字笹塚に自転車で遊びに出掛ると陣地跡といふ所があつた。道の左側の小高い山に攀《よ》ぢ登ると山の上に浅い濠が掘つてあり、残骸は何も無かつた。第十三照空中隊の分隊の徳重陣地である。

字三角　さんかく　　鳴海南部

鹿嶋杁　かのしまいり

天白橋脇の金右衛門杁から金右衛門溝を流れる用水の扇川への落杁。上流に十貫目杁があつた。「鹿嶋」は「鹿ノ子嶋」と同じ。往古天白川と扇川との流が合ひ鹿の子斑に砂州が出来た。南野村東部に拡がり、稲荷社（久太稲荷）を鹿之島稲荷と呼ぶ。

猿尾　さるを

『地方品目解』に、

猿尾　是は、川通り水当強き所には土築之堤を出し、水を受け刎《はね》させ申候。

とあり、扇川右岸にあつた。「十貫目堤先猿尾」と云ふ。

字三高根　さんたかね　　鳴海中北部

赤塚の墓場　あかつかのはかば

赤塚はこの辺の汎称。往古は字薬師山と池下との間の地獄沢（地獄廻間）が墓場であつた。赤塚合戦の死者をここに葬り、地獄と名のある所に葬るのを忌んで替地したと云ふ。祖母の話では明治三十年代には道の両側に墓があり、新道で道の西側だけになつた由。字三高根九四―一番地。

字三王山　さんわうやま　　鳴海中北部

西行坂　さいぎやうさか

『蓬州旧勝録』に鳴海の西行坂を記す。西行は東国に下向した折に古東海道の鳴海を通行した事は確かで、近くの片葉の葭には伝西行の和歌がある。赤塚から山王山迄の根川道の西側の坂であらう。『今昔鳴海潟呼続物語鉄槌誌』に「三王山と潮見坂石田の辺に」とある潮見坂とも云つた。榊原邦彦『枕草子及び尾張国歌枕研究』（和泉書院）「第九章　尾張国の西行伝説」参照。

山王社　さんわうのやしろ　　さんわうしや

『鳴海旧記』（なるみ叢書　第三冊　鳴海土風会）の慶長十三年（一六〇八）備前検除に「山王山」とある。山王社は日吉社とも云ふ。「山王山」が正しく「三王山」は宛字である。蓬左文庫蔵『桶峡間圖』に「三ツノ山」として山を三つ描くのは『信長公記』などの「三ノ山」から誤つたもの。この図は詳しいものの誤が目立つ。

山王社は山王山の西側の中腹字三王山二一番地にあり、東海道から山王社道の参道が延びてゐた。『鳴海宿書上帳』（なるみ叢書　第十九冊　鳴海土風会）に往還より廿一間余とある。父の話では愛知電気鉄道の天白川から扇川迄の路盤の土盛は、山王山西側面の土砂をトロッコで運んで使つた由。その為山の西側面は抉《えぐ》られている。

「山王」の読は本来「さんわう」であつた。『名目鈔』

に「仁王会、にむなうと云ふべきなり、是連声なり」とあり、下字の頭音がア行、ヤ行、ワ行の時、上字の音尾の影響でア行、ヤ行、ワ行の音がナ行、マ行、タ行の音に変る連声《れんじょう》が中世に生じた。榊原邦彦『国語表現辞典』（和泉書院）の「連声」の項参照。

千鳥塚　ちどりつか

貞享四年（一六八七）『笈《おひ》の小文』の旅で芭蕉は鳴海を訪れ、十一月七日根古屋町嘉右衛門邸で俳諧があり、

星崎の闇を見よとや啼く千鳥　芭蕉

を発句とした。鳥酔『風字吟行』に、芭蕉が山王山にて

翁ミづから身後のかたミに千鳥塚といふものを築んとて小石を拾ひ重ね給ふ

とあり、芭蕉自身が小石を拾ひ重ねて千鳥塚と名付けた。

今山王山の頂に建つ塚には表に「千鳥塚　武城江東散人」とあり裏に「千句塚　知足軒寂照　寺嶋業言　同安信　出羽守自笑　児玉重辰　沙門如風」とある。

千鳥塚　昭和

森川昭氏『下里知足の文事の研究』（和泉書院）「第二部論文篇　千鳥塚の建立」に拠ると、享保十八年（一七三三）細根山に塚を建て、宝暦十四年（一七六四）に山王山に移したのが今の千鳥塚である由。

千鳥塚一帯は公園となつてゐるが、千句塚公園としたのは怪訝である。万人の知る千鳥塚の名を冠し千鳥塚公園と早急に改めるべきである。字三王山三三番地。

天白社　てんば（は）くのやしろ　てんば（は）くしや

山王社の左隣に鎮座してゐたが共に廃社となつた。

「天白」は「天漠」と書く事があり、「てんはく」の他「てんばく」と濁音に読む。半濁音ではない。「関白」も平安時代には「くわんばく」と濁音に読んだ事を榊原邦彦『古典新釈シリーズ　枕草子』（中道館）の第一二九段「関白殿、黒戸より出でさせ給ふ」の段で述べておいた。これは連濁であり、詳しくは榊原邦彦『国語表現事典』（和泉書院）の連濁の条参照。

『鳴海旧記』（なるみ叢書　第三冊　鳴海土風会）に、

慶長十三申年伊奈備前守様御検地御縄除
一山王山同　長十六間　横十間
丹下　助大夫
天白神社此所に有

とあり、江戸時代の最初期より天白社は山王社のある山王山に鎮座した事を尾張藩が公式に認めてゐる。川沿の

字天白に天白社があったのではない。字天白は海岸近くの低湿地であり神社の鎮座する地でない。天白社の多くは河川に近い高地にあり、祠は川の方向に向けて祀ってあるとされ、当地の天白社に適合する。字三王山二一番地。

村雨の里　むらさめのさと

『尾張旧廻記』の山王山の条に、

むら雨の里と云名此辺ニ有里俗の談にむら雨の里とハこの森の松より日毎に雨少しつゝふる故名とす

とある。この松とは昭和七年「神社に関する調査」緒畑稲荷条に、

老松（千三百年程前ノモノ）　社の後方　高さ六丈周二丈余

とある山王山北端の老松であらう。緒畑稲荷社のすぐ北側。老松の写真は拙著『緑区地方史』にも収めた。

村雨の里　明治

緒畑稲荷社　をばたいなりのやしろ　をばたいなりしや

『緒畑神社之由来』に「抑《そもそも》当社の其宝物御魂櫃にわ永正元年の記載ある処より」とあり、永正元年（一五〇四）の勧請で、当地の稲荷で最も古い。次に古いのは鳴海八幡宮の鳴海稲荷で、寛政二年（一七九〇）の勧請。

緒畑の名は伊勢国小俣《をばた》村（伊勢市小俣町）の豊受大神宮摂社小俣神社に由来する。

緒畑稲荷社　昭和

字宿地　しくぢ

しゆくぢ　鳴海中南部

喜徳稲荷　きとくいなり

大東亜戦争後に豊川稲荷を勧請した。元は屋敷内に祠つて居て外に出した。字宿地一五一番地。

宿地　しくぢ　しゆくぢ

字名。『尾張国地名考』に、

里老曰　村より西一町半に宿地《シクヂ》とよぶ畔名があり
是往昔の宿の所也といひ伝ふ

とあり、古東海道の宿があった。「宿」は「しゆく」と拗音に発音するのであるが、関東ではウ列拗音を欠き、「新宿《しんじく》」などと発音し、愛知県も同じ。沓掛村に「宿」があり、日本全国に「宿」の地名が多く「しく」と発音する所がある。大垣市に宿地町がある。

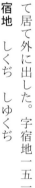

内藤吐天宅跡　ないとうとてんたくあと

字宿地一六〇番地。俳句雑誌「早蕨」を主宰し、昭和二十一年より刊行した。昭和五十一年没。

鳴海荘　なるみさう

昭和四年に愛知電気鉄道が鳴海住宅の第一回分譲を開始した。鳴海荘の名であり、後に戸数が増え、北半分を北荘とし、南半分を南荘とした。北荘は薬師山、白山《しらやま》、文木、矢切《やきり》で、南荘は宿地、砦、石畑。

字鹿山　ししやま　鳴海中南部

金さん銀さん出生地　きんさんぎんさんしゆつしやうち

明治二十五年百姓で山守もしてゐた矢野熊吉、ゆかの間に生れた。山の上にある一軒屋で、隣の家は一町も離れてゐた。井戸は谷底にあつたから、天秤棒を担いで毎日水運びをした。明治三十三年鳴海尋常小学校に入学して四年間通つたが、家事や子守の為二人で一日置に登校した。百姓はどこも養蚕をやつてゐて、繭を育て糸繰機で十本の糸を縒《より》を掛けて一本の糸にし、機《はた》で反物を織上げ、作町の紺屋《こうや》へ持つて行つて染上げ、夜なべ仕事で着物を縫つた。きんさんは四男七女、ぎんさんは五女に恵まれた。平成三年数へ年百歳で二人はテレビに初出演し、一躍お茶の間の人気者となつた。

綾野まさる『聞き書き　きんさん・ぎんさん一〇三歳「面白いことがいっぴゃーあったなも」』に拠る。

鹿山　ししやま

字名。「しかやま」は誤。『愛知郡村邑全図　鳴海村』、『愛知郡鳴海村田面絵図面』『天保十二年鳴海村絵図』に「シ丶山」とある。『鳴海—四十年のあゆみ』（東海郵政研修所）の昭和三十一年の記事に、鹿山寮につき、

初め「しかやま」と呼ぶのかと思いきや「いや違う『ししやま』というのが正しいんだよ」といわれた。

とあり、正しく伝へられてゐる。

「しし」は獣で、とりわけ「ゐのしし（猪）」「かのしし（鹿）」を云ふ。「鹿」の字は宛てただけで碧海郡山崎村では「猪山」と書いて「ししやま」と読む。雷見塚から猪と鹿との骨が大量に出土し、両方を指した事が実感される。

字篠之風　しののかぜ　鳴海北部

風出池　かぜでいけ

『寛文村々覚書』の雨池拾弐ヶ所公義より修覆とある中に「風出池」がある。他の史料に全く見えない。『鳴海宿書上帳』（なるみ叢書　第十九冊　鳴海土風会）に「篠の風池」とあるのに当る。字篠ノ風三〇番地。四反四歩であつた。

山伏池　やまぶしいけ

『尾張徇行記』の今十六ヶ所とする池に「山伏池」がある。字篠ノ風三番地。三反二畝一〇歩。

熊谷鳩堂宅跡　くまがいきうだうたくあと　**字四本木**　しほんき　鳴海東南部

尾張藩は天保十四年（一八四三）熊谷理三郎に銭切手発行の引受を命じ、弘化元年（一八四四）熊谷治太郎に米札売買の取締役を命じ、熊谷家は尾張藩御用達の豪商であつた。しかるに明治維新の為調達金が返されず、納屋町の店を畳んで字四本木に移住した画家である。明治二十五年の作品「細根山十四景」の一部を榊原邦彦『鳴海名所図会』（なるみ叢書　第二十冊　鳴海土風会）に収めた。榊原清彦『鳴海茶話』（なるみ叢書　第十八冊　鳴海土風会）の「なるみ焼」に「鳩堂の絵など全く絶品であると思ふ」とある。

字下十貫目　しもじふ（じつ）くわんめ　鳴海西部

百々落杁　どうどうおちいり

扇川へ百々川の悪水を落す杁。『寛永十七年愛知郡鳴海村杁書上帳』に「長三筒」とあり、幕末には「長　九間半」とある。字下十貫目と字最中との境にあつた。

百々川　どうどうかは

藤川の並松杁と底杁とから用水を取り、裏田圃全域に配水した。真池川が流れ込んでゐた。あちこちに配水する為分流が多かつた。

耕地整理後、裏田圃の真中に主流を作り、新川と呼んだ。百々杁は今までと同じ所であつた。扇川に流れてゐた最中川は新川に合流するやうに変へた。

字下汐田　しもしほた　鳴海南部

大杁　おほいり

『愛知郡村誌　鳴海村誌』に「大川」を説き、字中汐田に起り、南流して扇川に入るとある。大高に近い字下汐田に大杁（善之庵落杁）があり、扇川に入つた。その上流に「大杁先」と呼ぶ猿尾があつた。『地方品目解』に、

猿尾　是は、川通り水当強き所には土築之堤を出し、水を受け刎させ申候。

黒末川橋　くろすゑかははし

『千代倉家日記抄』元文三年（一七三八）条に「黒末川橋」とある。知多郡道の橋で、国道一号線の汐見橋の南八十米程の所である。上流は扇川と呼び、下流は黒末川と呼んだので名がある。江戸時代伊勢湾北部は鳴海潟と呼び、川口から字作町の土場まで舟が行き来する必要がある為、本式の橋は架けなかつた。通常は黒末渡しの舟があつた。

享保十六年（一七三一）に尾張藩主の母の通行の為仮橋を架けた。寛政（一七八九―一八〇一）には冬の間荒井村の百姓が賃橋を架けた。

細野要斎『感興漫筆』安政五年（一八五八）条に、

扇川をわたり　松を以て橋となす　小川也

とあり、一本橋が架つてゐたのであらう。汐見橋は鳴海町となつてからの明治三十三年に架けた。

黒末渡　くろすゑわたし

『大日本国郡誌編輯材料』（なるみ叢書　第四冊　鳴海土風会）の「黒末渡」に、

所在　本村字下汐田ヨリ字天白川ニ達ス。里道宮道ニ当り扇川ニ係ル
広　十五間
深　最深ハ二間　最浅ハ三尺
舟　常備船舟一艘
雑項　設置年月不詳、黒末渡シト云ハ往古扇川ヲ黒末川ト云フニ依テ号ス。

とある。現在の汐見橋より八十米程下流。

村境の塚　むらさかひのつか

『明治初年鳴海村絵図』の汐田と大高村との間に塚を描き、塚の上に松の木を描く。

字下中　しもなか　　鳴海中心部

梶川平左衛門塚　かぢかはへいざゑもんつか

中島砦の跡、字下中一三番地の裏庭にあつた。

『尾張志』に「いさゝかなる塚」、『尾張国愛知郡誌』に「一小塚」とある。

昭和二年鳴海町長久野壽彦の文になる中島城址碑を建てた。旧観の写真は榊原邦彦『桶廻間合戦寫眞集』（なるみ叢書　第二十二冊　鳴海土風会）参照。

猩々湯　しやうじやうゆ

銭湯。字下中二三番地。明治十年創業。大正十五年改築して薬湯にし、草津温泉と改めた。昭和五十年に廃業したが建物は近頃迄残つてゐた。

高嶋家宅　たかしまけたく

高嶋家は医を業とし、代々文人として知られた。特に高嶋（島）柔水、金毛、篁川の三代は名高い。字下中一〇番地。

水きはのたつや汐干の都人　　柔水

金毛は母への孝を弘化四年（一八四七）尾張藩主から賞された。漢文、俳諧を善くした。渡邊華山は金毛を訪ねて「主人の言貌安定し、長者の風有り」と記す。著書の主なものは『此君園家訓・此君圓漫筆』（なるみ叢書　第七冊　鳴海土風会）に収める。

夕立の跡をしつめる小雨哉　　金毛

筆川は沓掛新田の伊藤両村に漢學を学び、江戸の秋元厚載に医を学んだ。後に大垣の江馬春齢に医を、細香に漢学と詩とを学んだ。医は漢方の他蘭方をも習得した。医業の傍ら漢学を教授して日々二三十名を教へ、小学校開設後も教を乞ふ者が多かつた。文化二年生、明治十五年歿。

　戊申歳日　　高嶋筆川

丙申人遇於申年　老健頑仙又懶仙
米汁百杯増気力　一揮酔筆墨如烟

　書下文

丙申の人申年に遇《あ》ふ　老健頑仙にして又懶仙なり
米汁百杯気力を増す　一たび酔筆を揮《ふる》へば墨烟《けむり》のごとし

元治元年（一八六四）長州征伐に尾張藩の軍医として従軍した。紀行文の代表作『小山園観楓記』は著者他『尾張三河　文藝讀本』（鳴海土風会）、『尾張三河の古典』（鳴海土風会）、「解釋學」　第九十輯に収めた。天保七年生、明治四十三年歿。

高嶋家宅　昭和

　筆川の詩集に『高嶋筆川翁詩集』（なるみ叢書　第二十七冊　鳴海町字作町六六　鳴海土風会）がある。服部擔風の撰になる。

　日本画家の永井幾麻は千駄ヶ谷で空襲を受け、字下中の高嶋家へ寓居し、扇川に臨むところから鳴海流扇居と号した。後に薬師山に移つた。武者絵に秀でた。

知多郡道　ちたぐんだう

　字下中（中嶋）と字平部との間の東海道より車路橋を渡り字善明寺、字丸内を経て鳴海八幡宮の東南角に至る古い知多郡道。尾張藩家老志水甲斐守の公式の通行に伝統を重んじ、遠廻りでもこの道を用ゐた。東海道から車路橋迄を葬殮《さうれん》小路と呼び、善明寺迄葬式の行列が通つた。

中島　中嶋　なかしま

　地名。往古の海進の時代には天白川の中流、扇川の中流迄が鳴海潟であつた。池田陸介他『緑区の考古遺跡』に拠ると、縄文時代前期には扇川は字小坂の辺まで海岸で、弥生時代には宿地―四本木の線が考へられるとある。

　蛸畑貝塚に貝殻の散布が見られ、鳴海潟が深く入込んでゐた事が知られる。字下中、上中、相原町が中島（中嶋）であり、瑞泉寺の高地を中島と呼んだのが最初で、地名が拡がつた。古くからの中島が上中島、下中島と分れ、上中島は上中となり、下中島は下中となつた。『鳴海旧記』（なるみ叢書　第三冊　鳴海土風会）に元禄頃下中島と云つたとある。

中島巡査駐在所　なかしまじゅんさちゅうざいしよ

明治四十四年『鳴海局市内図』に字中島（下中）南側の中程に記す。大正末期に字相原町二七番地に移つてゐて、昭和十年頃には字相原町二番地にあつたが、丹下の駐在所が作町に移つても旧称の丹下を用ゐたのと同じく中島駐在所の名であつた。昭和十八年日本住宅営団の住宅建設に伴ひ字神明に移り、四本木駐在所となつた。建物は警防団の詰所として用ゐた。

中島砦　なかしまとりで

信長が築いた時期は江戸時代の書で唯一『東照軍鑑』が明記する永禄二年八月である。字下中西北部一帯。

砦の大きさにつき、『尾州古城志』『尾陽雑記』『尾張大名古城』等に東西拾五間、南北二十間とあり、『尾張八郡古城記』に東西拾九間、南北二十間とあり、『鳴海旧記』『尾張徇行記』に引用の『知多露見』に長八十間、幅五十間とある。八十間、五十間は村絵図にもあり鳴海に伝つて来たが、鳴海城より大きな事になり過大である。

守将の梶川平左衛門を『尾張名所図会』『尾張古城志』等に梶川五左衛門とするのは誤である。五左衛門は知多郡横根村の人で、信長に仕へたのは天正八年以降で、朝鮮の役で戦死した。平左衛門は初め丹羽郡楽田城に住み、永禄十一年摂津池田城攻めの時戦死した。

榊原邦彦『桶廻間合戦研究』（中日出版社）参照。

中島橋　なかしまはし

扇川（古称黒末川）に架る。『大日本国郡誌編輯材料』（なるみ叢書　第四冊　鳴海土風会）に、

応永十五年南蛮国ヨリ大象ヲ献シ東海道通行ノ時ハ中島土橋ニテ危険ナリシ事古老ノ申伝ナリ

とある。六月二十二日に南蛮船が象や孔雀などの献上品を載せて若狭国の小浜に入港した。

桶廻間合戦の折に信長が扇川（黒末川）を渡渉したとする書がある。中島橋があり、その必要は無い。

板橋になつた中島橋を享保十四年五月五日に象が渡つた。前日清洲泊りで当日池鯉鮒泊りであるから、鳴海を通つたのは午後である。この時の象は徳川吉宗が象を見たがつてゐるといふ噂を聞付けて、呉子明が献上したもの。暹羅《シャム》産の牡牝二頭が長崎に着いて逗留中に牝が死に、牡一頭が江戸に向つた。

明治十五年に反橋を止めて直型にした。大正二年に架替へ、昭和三十二年に半永久橋にし、今の橋は昭和五十二年の改築である。

鳴海中島郵便局　なるみなかしまいうびんきよく

昭和二十年鳴海中島郵便局として榊原清彦が局長で開

局した。字下中一〇番地。合併に伴ひ昭和三十八年名古屋下中郵便局と改めた。昭和五十年字曽根田に移つた。

字修理田　しゆりでん　鳴海西部

山田織布工場　やまだしよくふこうぢやう

大正十五年に鳴海耕地整理組合第一工区内字修理田の西半分に誘致した。鳴海に於ける工場誘致の嚆矢である。工場主は山田利吉氏。一面に田圃が広がる裏田圃に異彩を放ち、何かの記念日に地元民の一人として催しを見に行つた覚えがある。山田工場として人々から親しまれた。

昭和七年の従業員は男三十七名、女百八十名、豊田自動織機百台、力織機百六十台を用ゐて生産し、輸出してゐた。戦後衣浦織布工場となり、昭和二十六年から磯貝織維工業となつた。

字乗鞍　じようあん　鳴海東部

弘法堂　こうぼふだう

弘法大師が地面を杖で突くと水が出て来て弘法水、弘法井戸と呼んだ。昔は水が溢れて田圃の用水となつた。白土道の西沿にあり、往き来する人が水を飲み喉を潤した。後に弘法堂を建てた。今は井戸の後に弘法堂がある。「なる美新聞」昭和三十八年一月十三日号、野村三郎「花の井について」の中で鳴海の有名なる井泉の一つに挙げる。

弘法水

乗鞍　じようあん

字名。「乗鞍」と書くのは誤で「常安」が正しい。『鳴海宿諸事留書帳』『文久三年愛知郡鳴海村絵図』、寛政年中『愛知郡鳴海村田面絵図』などに「常安」とし、時代の新しいものの一部に「乗鞍」と宛ててゐるに過ぎない。字明願が古称明願寺の略称であるのと同じく、常安寺の古称を常安と略した。『全国寺院大観』に拠ると「常安寺」は全国に三十八寺ある。『大日本国郡誌編輯材料』（なるみ叢書　第四冊　鳴海土風会）に「のりくら」とするのはひどい誤で、『明治十五年愛知県郡町村字名調』の「ジヨウアン」が正しい。常安は寺の名であるから音読しなければならない。

常安池　じようあんいけ

『文久三年鳴海村絵図』『弘化四年相原村絵図』や『天保十二年鳴海村絵図』に「常安池」とあり、『鳴海村雨池数留帳』に「常安池」とある。字乗鞍三〇番地、七反八畝。

常安小学校　じようあんせうがくかう

平成十年開校。緑区で二十六番目の小学校である。校名に正しい地名の常安を採用したのは歴史を重んずる意味で素晴らしく、絶賛に値する。校名命名時の関係者は立派である。

大日池　だいにちいけ

『鳴海村雨池数併間数覚留』や『池数堤間』に「大日池」とある。字乗鞍三七番地、二反四畝一六歩、常安池も大日池も土地区画整理で埋立てられた。

字白山　しらやま　鳴海中北部

白山塚　しらやまつか

『尾張志』の陵墓に「白山塚」とあり、江戸時代より知られてゐた。父の話では成海神社摂社白山社を塚の上に祀つたのではないかとの事。南区の鳥栖一丁目の神明社、鳥栖町四丁目の鳥栖八剱社、呼続四丁目の桜神明社は三社共古墳の上に社殿があるので、白山塚が古墳であつて白山社を祀つたのが地名の起源であらう。明治十七年『地籍字分全図』に塚があり、『地籍帳』に、

字乙子山　乙十六番　塚　二畝二歩

とある。この時は字乙子山が今の東方一帯を多く含み、江戸時代の字白山を包含してゐた。これが白山の塚。

白山社　しらやまのやしろ

白山比咩《しらやまひめ》神社を勧請した。名古屋市内の神社では白山が二十五社で三位である。字白山にあつた。後に字乙子山一―一番地となつた。『慶長以前尾三金石年表』に、

明応五年（一四九六）　鳴海町白山権現鰐口

がある。『張州府志』の成海神社の条に「社外有二白山天神叢祠一」とあり、全く別の神社であつた。明治九年『神社寺院絵図面』に白山社は幅一尺八寸奥行二尺七寸の社殿として森の東部に描くが、子供の頃見た覚では神殿の東南の森の中に大きな社殿があつた。今は八社合祀の社殿に入つてゐる。

「しらやまひめ」を祀るので地名も「しらやま」であり、『大日本国郡誌編輯材料』（なるみ叢書　第四冊　鳴海土風会）『明治十五年愛知県郡町村字名調』に鳴海村は「シラヤマ」とある。後書に拠ると県内の字名の一部は「ハクサン」があるが、村名は二つあり共に「シラヤマ」である。

字城　しろ　鳴海中心部

狗神神社　いぬかみのかみのやしろ　いぬかみじんじゃ

『日本書紀』に信濃国で道に迷つた日本武尊を白犬が案内したとある。鳴海まで従つて来て宮簀媛命別業（別荘）で飼はれ、後に祀つたと考へられる。成海神社建立に当り熱田社の境内に遷座し、時が経ち境外に遷したと考へられる。読物参照。

御林平針道　おはやしひらばりみち

字城と字矢切との間の八十米程の弧状の道が旧道である。中程の道沿東側に『成海神社古実聞書』に記す名水中戸井があつた。

天神社　てんじんのやしろ　てんじんしや

一　『鳴海大高史蹟ハイキング案内　二の巻』鳴海文化協會に細根山の天神社につき、

城主佐久間信盛の祭ってゐたのを譲り受けたもの〻由

とある。細根山の天神社の記事は『下里知足日記』の元禄七年（一六九四）に見えるので、それ迄に字城の天神社を細根山に遷したのであらう。菅原道真を祀る。

二　成海神社の移転後に長九間、横十間の地が御旅所になつてゐた。国つ神に対する天つ神の意の天神である。字城二八番地。

鳴海城　なるみじやう

応永二年（一三九五）三月以降に安原備中守が築いた。

鳴海城　昭和

鳴海の書は多く根古屋城とするが、根古（小）屋は城を築いた後の雑兵の泊る小屋であり、鳴海城が正しい。

戦国時代に山口佐馬助、子息九郎二郎が城主となり、信長と九郎二郎とは天文二十一年（一五五二）に赤塚で戦つた。山口父子の死後、岡部五郎兵衛が入つて守り、桶廻間合戦後は佐久間信盛、子息甚九郎が城主となつた。廃城の時期は『尾張名所図会』に天正十八年（一五九〇）八月とある。城下の東福院の建材に鳴海城の廃材を用ゐ、今も一部山門に残るのは貴重なもので素晴しい。榊原邦彦『桶廻間合戦研究』（中日出版社）参照。

鳴海城井戸守り神

成海神社　なるみじんじや

朱鳥元年（六八六）創立。狗神神社が熱田に遷つた後の創立か。神主は愛知郡牧野村から来た牧野氏が代々奉仕し、鳴海最古の家柄である。創祀したのが六月二十一日なので例祭はその日に行つて来た。

鳴海廃寺　なるみはいじ

字城の東部及び周辺一帯。瓦が大量に出土した。尾張国分寺と同笵のものがあり、奈良時代末期に創建されたと考へられる。文献の記録や伝承は全く無い。

鳴海保健所　なるみほけんしよ

昭和二十九年工費六百万円で字城の東側に建設した。昭和四十五年建替へ、平成八年に移つた。

芭蕉の塚　ばせうのつか

平成三年鳴海商店街協同組合が塚を三つ建てた。

雀塚　賀新宅　よき家や雀よろこぶ背戸の粟　芭蕉

半空塚　京まではまだ半空や雪の雲　芭蕉桃青

杜若塚　杜若われニ発句のおもひあり　芭蕉

宮簀媛命別業　みやずひめのみことべつげふ

『熱田太神宮通俗縁記』に宮簀媛命の別業（別荘）があり、成海神社をこの地に祀つたとある他、諸書に見える。

『成海神社古実聞書』に日本武尊東征の節、ここに泊つて宮簀媛命と遇ひ、この地を発ち東征に赴いたとある。字城の西北部の坂道「御坂《みさ》」から字名三皿《みさ》が発生した。

日本武尊の歌塚　やまとたけるのみことのうたつか

平成二年天神社入口に建てた。「倭武尊御歌」

奈留美良乎　美也礼波止保志　比多加知尓
己乃由布志保尓　和多良部牟加毛

字白土　しろつち　　鳴海東部

大池　おほいけ

『尾張志』に「赤松池」とある。赤松や徳重は周辺を含んだ汎称《ハンショウ》として使ふので、赤松一帯の意で使つた。更に赤松、白土、神之倉、諸ノ木方面は「奥山」「奥山廻間」の汎称で云ふ事があつた。江戸時代「赤松大池」と云ふ事が多い。字白土一—一番地で一町五反の大きな池であつた。元禄年中に修理したので築立は古い。

二つ池　ふたついけ

平針街道（主要地方道名古屋—岡崎線）の南北にあつた。「二ツ池」は近頃の通称で、二つとも「赤松奥山往還池」とする『鳴海村雨池数留帳』の名が正式のものであらう。他に北の池を「白土往還池」と云ひ、南の池を「白土池」と云ふ事があつた。南の池は字白土四五—二番地。

扇川の水源であり、細い流が大池まで流れてゐた。東郷町内の北の池は昭和四十九年に埋立てられ、鳴海町字白土の南の池は平成元年に埋立てられた。

道標　みちしるべ

白土道と平針街道との交叉点にあり、「右　ナルミ　左ヲカサキ」と地蔵像の右左に刻んであつた。自動車がぶつかり欠損したので「右　なるみ　左　をかざき」と刻んだ新しい石地蔵を隣に設置した。

字神明　しんめい　鳴海東南部

四本木駐在所　しほんきちゆうざいしよ

字神明、坊主山一帯に名古屋造船、大同製鋼等の社宅を造成した昭和十八年に中島駐在所（所在地は相原町）を移転した。字神明三〇番地であるが、汎称の四本木を称した。昭和二十九年廃止した。

神明遺跡　しんめいいせき

神明社の北方から旧石器時代の有舌尖頭器や石核が採集された。

神明社　しんめいしや

東海道北側の海抜十四・一米の岡に鎮座する。字神明八八番地。『鳴海史蹟ハイキング案内　二の巻』（鳴海文化協會）に、

　鳴海潟の時代には海岸の断崖の端で、伊勢神宮の遙拝と併せて海上安全の祈禱所であつたと云はれてゐる。

とある。字神明の北の扇川（古名黒末川）、南の手越川の沿岸は往古鳴海潟の入江である。

第十一代垂仁天皇の御代に皇女倭姫命（やまとひめのみこと）が大和国より諸国へ巡幸の後、伊勢国に到り伊勢神宮を創祀した。『倭姫命世紀』に拠ると尾張国より伊勢国に向つたとある。尾張国の滞在には中島宮が知られてゐるが、『蓬州旧勝録』に拠ると倭姫命は鳴海の神明宮の地に暫く滞在したとあり。それが基因となり古い時代に神明社がここに創始されたと考へられる。「元伊勢」の掲示がある。この辺一帯は古くから人が居住してゐた地である。神明社の裏手の畑から石器が採集されたし、近くの中新田遺跡、細根遺跡からも石器が見付かり、鳴海の先土器遺跡は神明を中心として集中してゐる。神明社は極めて由緒ある古社である。神主は菊田氏。鳴海村で神主が奉仕してゐた社は三社のみであり、鳴海八幡宮、成海神社、神明社三社は鳴海の主要神社である。『緑区神社誌』（なるみ叢書　第二十四冊　鳴海土風会）参照。

神明社

名古屋市内の神社では神明社が八十七社と最も多い。

神明茶屋　しんめいちやや

今神明社への参道は東海道の北側から真直ぐ登る。以前は西から斜めに道があり、その西側の字神明一〇七番地に大東亞戦争前より神明茶屋があつた。

『鳴海大高史蹟ハイキング案内　二の巻』に、

　尚門前の清水は旧来からのもの、今はラムネを冷してゐる。

とあるのは斜面の参道の途中、今の社務所の下にあつた清水で、神明茶屋の跡に入つた「こたけまる」と云ふ団子屋がラムネや蜜柑水を浸してゐた。

　野村松韵の「鳴海十景　神明茶屋」を『鳴海名所図会』（なるみ叢書　第二十冊　鳴海土風会）に収める。榊原清彦の文に、

　鳴海の宿の東のはづれに近い神明社は、忘れ去られた社となつたが、このあたりの畷《なはて》が、一番おそくまで東海道筋の風物をのこしてゐたものである。有松から四本木を経てきた旅人と、平部から東へ下る旅人とが、この神明茶屋あたりで落ち合つて、旅の話に興じたものであらう。向ひの田圃の中には、二位殿塚が見られ、遙かに諏訪社の森が眺められる。

並木　なみき

　江戸時代の見事な松並木の有様は『東海道名所図会』の「千鳥塚」図、『小治田之真清水』の「鳴海辺の惣図」、「鳴海十景　天白橋の朝」に見る事が出来る。三枚共榊原邦彦『鳴海名所図会』（なるみ叢書　第二十冊　鳴海土風会）に収めてある。

東海道鳴海宿を出ると、江戸方も上方も松の並木が続いてゐて、数十年前まで字境松、字四本木や天白橋の向ふ附近に残つてゐた。今や字神明の信号の西約六十米の北側に残る一本のみとなつた。大切にしたい。

日本住宅営団　にほんぢゆうたくえいだん

　字神明、字坊主山、字御茶屋の住宅は昭和十六年以降に誘致したもの。高級住宅建設で有名な東京の同潤会を誘致しようとしたところ、戦争が熾烈になり、軍需工場の労務者住宅を優先する方針で、同潤会の後身の日本住宅営団が大部分二軒長屋の住宅を建設した。加藤徹三『住宅営団（同潤会）誘致日誌』（なるみ叢書　第九冊　鳴海土風会）に詳しい。地鎮祭は昭和十七年二月に行った。

火の見櫓　ひのみやぐら

　昭和二十九年工費十八万円で高さ十米の鉄製火の見櫓を建設した。鳴海町消防団神明分団が推し進めた。

本田牧場　ほんだぼくぢやう

　字神明の東南端で、神明公園の南の地にあつた。昭和四十年名古屋乳牛共進会第二部経産牛の部に出品した牛が優等賞を得た。

字砂田　すなた　　鳴海東南部

古東海道　ことうかいだう

　『大日本国郡誌編輯材料』（なるみ叢書　第四冊　鳴海

土風会）の「間米道」の条に「鎌倉街道ト謂フ」とし、

　挙母道字石神堂ヨリ分レ、扇川ノ北堤ヲ通リ字鳥澄ノ手前ニテ扇川ヲ渡リ（木橋ヲ架ス）字八ツ松ニ至リ、山林ニ入テ、大沢村濁リ池ニ達ス。

とある。『安政以前鳴海村絵図』に、

　沓掛道　鎌倉海道ト云

とあり、沓掛道とも云ふ。

　この道筋は字砂田の真中を通り字八ツ松に向ふ。江戸時代からの新道と考へられる。字八ツ松の伊藤氏に拠ると、古道は砂田橋より上流の水車辺より字八ツ松に向ひ、新道より北寄で田圃の中を通り、字八ツ松の聚落を通り、蔵王堂（八ツ尾八幡社）の北側を通つた由。道は蔵王堂の北に少し残つてゐた。

砂田橋　すなたはし

　『天保十二年相原村絵図』に橋の絵があり、『明治初年鳴海村絵図』にもある。

義経甲懸松　よしつねかぶとかけまつ

　『鳴海旧記』（なるみ叢書　第三冊　鳴海土風会）に「一　義経甲懸松」として沓懸道端の田の中に大松が植つてゐたとある。『明治初年鳴海村絵図』に田の中の島状の土地に三本の木を描く。これは新道の甲懸松として伝へられたもので、字八ツ松の伊藤氏に拠ると、古道の甲懸松は八ツ松池の傍らにあつた。

字諏訪山　すはやま　　鳴海南部

蛇池　じやいけ

　『尾張志』に鳴海村十五池を挙げる中に「蛇池」がある。字諏訪山一二番地の六畝一一歩と云ふ十五池の中で最も小さな池なのに名が挙つたのには訳がある。

　瑞松寺の三世劫外《ゴフグワイ》和尚は蛇に戒を授けて蛇身を脱せしめたといふ話が伝はる。単なる伝説ではなく、龍蟠《リウハン》山なる山号があり、龍骨筐《かご》が龍王堂に安置してあり、蛇の棲んだ

蛇池　昭和

蛇池が字諏訪山の西の端にあつた。寺伝では蛇池を漢文風に龍蟠池と呼び、龍住松があつたとする。土地区画整理で昭和四十八年頃に埋立てられる迄池があつたが、龍住松らしい松は無かつた。

　加藤徹三『鳴海町瑞泉寺山門　附瑞泉寺歴史の一部』（なるみ叢書　第一冊　鳴海土風会）参照。

瑞松寺　ずいしようじ

『鳴海瑞泉寺史』に拠ると、永徳元年（一三八一）に大徹禅師が東遊の途中、平部山に庵を結び、応永三年（一三九六）安原備中守が伽藍を建立したとある。文明元年（一四六九）伽藍が兵火の為に焼け、今の瑞泉寺の地に移つた。

移つた年は、明応九年（一五〇〇）、文亀元年（一五〇一）、永正元年（一五〇四）の三説があり、『尾張志』呑舟和尚代の「免牘」等に拠ると、文亀元年か。

諏訪社　すはのやしろ　すはしや

平部の直ぐ東の字神明に伊勢神宮創始以前に諸国を巡幸した倭姫命《やまとひめのみこと》が立寄つた処に創建した神明社が古くからある。従つて諏訪社は古代からの神社ではなくて、安原備中守が鳴海の領主となり、応永三年に瑞松寺を建立した後に武神の諏訪社を瑞松寺の鎮守として勧請した。その証拠に瑞松寺が中嶋（相原町）に移つてからも、諏訪社の土地は寺が所有してゐた。字諏訪山一五九番地。

字清水寺　せいすいじ　鳴海中北部

団九郎の洞穴　だんくらうのほらあな

荒川久四郎氏に拠ると、江戸時代の初め、団九郎が字清水寺の洞穴に棲んでゐたと云ふ。数人の手下を引連れた団九郎は猿投山中腹の団九郎の岩屋に棲み、東海道の宿場を荒し廻つた。その隠れ処《が》が鳴海にあつたと云ふ伝へである。東海道の東側。

丹下　たんげ

字清水寺及び周辺一帯の高台を云ふ地名。山崎村字丹下も一段高い地形である。「丹家」とも書き、何かの下の意味は無い。文亀三年（一五〇三）「村松国次道者売券」に「鳴海、丹下」と併記し、かなりの人家が存在してゐた。この場合の「鳴海」は古東海道沿の地を指す。

丹下砦　たんげとりで

信長が築いた年を『尾張名所図会』は永禄二年（一五五九）三月とし、善照寺砦、中島砦は記さない。三砦とも永禄二年八月とする『東照軍鑑』の方が信憑性がある。

字清水寺の旧字に「城之内」と「御殿邸」とがあり、御殿邸に守将が居住した。榊原邦彦『桶廻間合戦研究』（中日出版社）参照。丹下砦之図や写真は『桶廻間合戦圖會』（なるみ叢書　第二十一冊　鳴海土風会）『桶廻間合戦寫眞集』（なるみ叢書　第二十二冊）に収めた。字清水寺南部で光明寺の北一帯。

鳴海陣屋　なるみぢんや

万延元年（一八六〇）に鳴海陣屋を字森下から字清水寺に移した。旧字城之内の地である。山から役所を見下せるから不都合であるとの理由。他の陣屋は旧御殿、城跡などに建てられてゐたのに、鳴海陣屋はこれまで畑の中にあつた。代官の下役には手代四人、並手代三人、足軽三四人が配属された。陣屋には白洲がある。

元屋敷　もとやしき

　源頼朝に仕へた鎌倉幕府の御家人加藤景廉の子孫が熱田加藤氏の先祖である。文明十一年の文書に「丹家之加藤図書助殿」とあり、加藤氏九世の加藤図書助宗繁が丹家に住んでゐたことが判る。丹家は「たんげ」である。尾張国の丹下は他に山崎村字丹下があるが、豪族の住んだ形跡が無い。『信長公記』に「たんけと云ふ古屋しきあり」とあるのが加藤氏の住んだ元屋敷である。

藪下橋　やぶしたはし

　東海道の真池川に架る。

　榊原邦彦『鳴海宿書上帳』（なるみ叢書　第十九冊　鳴海土風会）に、

　　藪下橋　一　石橋　壱ヶ所　長三間　横弐間

とあり、『東海道宿村大概帳』にも藪下橋とあり、公式の名前である。藪下は字名で、東海道の東側は今も藪である。『千代倉家日記抄』には「丹下端《はづれ》小橋　丹下松原小橋　町口小橋」などとある。『東街便覧図略』に描く。

字前之輪　ぜんのわ　　鳴海南部

商人宿　あきんどやど

　主として行商人を泊める宿で常連が多く、宿賃は安い。

商人宿

鳴海宿の旅籠屋は宿の中心の字作町、根古屋町、本町のみにあり、商人宿は他の場所にあつた。遊山の者は泊れない。字前之輪に文久三年（一八六三）出願の彦兵衛と嘉永五年（一八五二）出願の勘左衛門との商人宿があつた。字前之輪二三二番地が鳴海屋の跡で、七三番地が青松屋の跡である。ここは建物が現存する。

旭湯　あさひゆ

　銭湯。鳴海八幡宮の東側に前之輪の人々が協同組合で経営した。明治時代末から昭和五十年頃迄。

尼寺　あまでら

　昔前之輪南方の辻から西へ延びる道の行止りに尼寺があつた。尼さんが他に移り弘法が残されてゐたので、住民が持廻りで管理した。今は字中根の青山弘法になつた。

青峯山　あをみねさん

　鳥羽市の青峯山正福寺より勧請した青峯山観音の石仏で、扇川の黒末渡に祀つてゐたのを前之輪の会所（後に公会堂）のあつた地に移した。昭和五十九年に堂を再建した。

郷蔵　がうくら

『地方品目解』の「郷蔵」の条に、

是は、村方にて蔵を建置、村中之年貢米を庄屋に取集納置、夫より名古屋御蔵に運送仕候。

とある。凶作に備への貯穀も兼ねた。

作町の郷蔵が大きかつたが、鳴海村の郷蔵は『寛文村々覚書』に弐ヶ所、『東海道宿村大概帳』に三ヶ所とあり、時代で変つた。善之庵村蔵は『下里知足日記』の延宝九年（一六八一）条に見えるのが古い。『鳴海宿諸事留書帳』に、善之庵の郷蔵につき、

一　草葺　郷蔵　長三間　梁四間

とある。場所は会所（後に公会堂）の所であらう。

葬殮小路　さうれんこうぢ

穢れをおそれ、葬式の行列は神主宅前の道を通らず、一本南の東西の道を通つた。

志水川　しみづかは

服部長武氏に拠ると水源は大高の志水池（長命池）字前之輪と字石堀山との間を北に流れる。大高にも前之輪にも「志水」の地名があつた。

前之庵和泉　ぜんのあんいづみ

野村三郎「花の井について」「なる美新聞」昭和三十八年一月十三日号に、花の井（花井）、前之輪、融伝、乗鞍、暗骨等の志水、上中、御添地、上町、千代倉邸内の桜井戸等と鳴海の有名な井泉を挙げる中の一つ。

『千代倉家日記抄』の明和八年（一七七一）、寛政二年（一七九〇）に前之庵和泉前で尾張藩主に御目見した。

前之輪　ぜんのわ

字名。江戸時代『地方古義』に愛知郡に三十七あると云ふ枝郷で、古鳴海と共に鳴海村に二つあつた。当時は「善之庵」「前之庵」と書き「ぜんのあん」と読んだ。

牧野家文書に左記がある。

元ハ民家三四軒有て其中に念仏申の道心者ことをとり給候ゆへに此所を自から善之庵と称しとの事也

『今昔鳴海潟呼続物語鉄槌誌』に元和、寛永の頃は三拾余軒とあり、次第に増えて天保七年の『御用留』に百十九戸とある。昭和七年には周辺の字丸内などを含み百七十七戸であつた。

前之輪駐在所　ぜんのわちゆうざいしよ

昭和十二年以前から大浜街道の西側字前之輪二二三番地にあり、昭和二十九年に廃止された。

前之輪分教場　ぜんのわぶんけうぢやう

明治十一年に鳴海尋常小学校の前之輪分教場を設置し、明治二十年に廃止した。明治二十年三月の児童数は四十

五人であつた。服部長武氏の教示では場所は後に公会堂が出来た所であらうとの事。

大黒屋　だいこくや

『日本地理大系』に「土臼の製造」として写真がある土臼を製造した。「大正式籾摺機」と言ひ、竹籠を編み、土を入れて固めた円形の石臼状のものに樫の木で作つた歯を何枚も打込んだもの。昭和二十五年頃まで維持、保全をしてゐた。大黒屋として昭和十五六年頃より二十五年まで近藤吉弘が鍛冶屋を開いた。字前之輪二五番地。

辻地蔵　つじぢざう

字前之輪の辻にあつた地蔵が霊験あらたかなところから、文政九年（一八二六）大高の明忠院に地蔵堂を建てて移した。今辻に「良信」と刻んだ地蔵がある。辻地蔵を移した跡に祀つたもの。

鳴海八幡宮　なるみのやはたのみや　なるみはちまんぐう

『延喜式』巻第九神名の尾張国に愛知郡十七座があり、伊副《いぶき》神社と成海神社とがある。鳴海八幡宮は伊副神社を継承したものと考へられる。

伊副神社の所在地につき諸説あるものの、如意寺と結び付けた『張州府志』を除き典拠を欠く。尾張藩寺社奉行所の『賢木《さかき》の蔭』に鳴海村とする。如意寺の旧地は字地蔵山（今の字小松山）で、如意寺は社僧であり、伊副神社の流鏑馬の神事は如意寺に伝へられた。

『張州年中行事鈔』、『塩尻』、『尾張旧廻記』に如意寺は伊副神社の傍らにあつたとする。如意寺は康平年中（一〇五八－一〇六四）の創始であり、その縁起に拠る伝承は信憑性がある。

後に伊副神社は廃絶し、近くの八幡が継承した。『成海神社古実聞書』に拠ると、平安時代後期に熱田大宮司が八幡を勧請した。式内社の多くは衰微し、後に八幡など有力神社を勧請して再興した例が多い。

鳴海八幡宮　昭和

鳴海八幡宮では流鏑馬を行つた記録があり、古くあつた末社の北之社は前身の伊副神社を伝へたものであらう。字前之輪に移る前は北の山の方にあつたとの伝承がある。

『千代倉家日記抄』享保十八年（一七三三）十一月朔日条に、尾張藩主徳川宗春が鳴海八幡宮に参拝し、鳴海宿本陣職西尾伊右衛門らが境内で宗春に御目見した事が見える。又安永四年（一七七五）八月十九日条に拠ると、境内での御目見はしば〱行はれた。尾張藩主が当地の神社に参拝した記録は他に桶廻間村神明社の例があるのみ。

明治五年八幡社の名に変へられた。昭和四十四年に久野勉宮司、榊原清彦氏子総代会長の尽力により鳴海八幡宮の名に戻した。名古屋市内の神社では八幡は五十七社あり、市内第二位である。

社務所

本殿前の楠は室町時代前期に既に大木であつたと伝へ神木である。社務所の建物は明治三十六年鳴海町庁舎として建てられた。当時の庁舎が残るものは国内に少なく、貴重な建物である。名古屋市より認定地域建造物資産に指定された。文化財の一つ下の格付である。

神主は代々久野氏が奉仕した。牧野氏に次ぎ鳴海二番目の古い家柄である。中でも久野雅茂、久野輝彦、久野寿彦は和歌の造詣が深かつた。

　此頃は枯生の小野も時めきてもえ出初つ春雨のそら
　　　　　　　　　　久野雅茂
霜白き鳴海の浦洲うら寒く氷と見ゆる月の影かな
　　　　　　　　　　久野輝彦
かゝり火はいつしか消えて庭鳥の声に明け行く神の
広前　　　　　　　　久野壽彦

榊原邦彦『鳴海八幡宮誌』（なるみ叢書　第二十三冊鳴海土風会）及び榊原邦彦『緑区神社誌』（なるみ叢書第二十四冊　鳴海土風会）参照。拙著『緑区地方史』「第四章　尾張国愛智郡伊副神社」に詳しい。

防火水槽　ばうくわすいさう

昭和三十五年に字前之輪南部の辻の地下に工費十万円、四十立方米の防火水槽を設置した。有松裏と丹下とは無くなり、ここだけ金魚の泳ぐ姿が見られる。

火の見櫓　ひのみやぐら

会所（公会堂）の所にあり、名古屋市への合併後に無くなつた。

道標　みちしるべ

一つは鳴海八幡宮の東南端で、北からの知多郡道（常滑街道）が西に曲る所にある。石地蔵に「右ありまつ道」「左ナルミ道」とある。「ありまつ道」は古い知多郡道。

一つは字作町の如意寺墓地にある。正面中央に「南無地蔵大菩薩」とあり、右に「西うら」、左に「東うら」、右側面に「右なるみ」、「左なごや」、左側面に「安永九庚子年　三月」とある。前之輪の辻にあつたものを移したのであらう。
「西うら」は横須賀、大野、常滑方面への常滑街道。
「東うら」は大府、緒川、大浜方面への大浜街道。
「なるみ」は八丁畷、鳴海への知多郡道（常滑街道）
「なごや」は荒井、南野、本地、笠寺への知多郡道。
宮道。笠寺から熱田、名古屋に至る。

一つは辻の東で、常滑街道と新道（大浜街道）との交叉点にある。右「新四国一ばん大師（道）」、左「やごとかさでら道」とある。大浜街道が出来る迄は辻にあつた。

字善明寺　ぜんみやうじ　鳴海南部

善明寺　ぜんみやうじ

字名。廃寺の善妙寺に三河国針崎村より浄源が来て布教してゐたところ、桶廻間合戦となり、浄源は負傷者の世話をした。後に字汐田（小原、小藪）に、更に荒井村に移つた。天和二年（一六八二）に善明寺とある。古くより表方及び善之庵の墓場であつた。

善明寺道　ぜんみやうじみち

相生橋から南の善明寺までの道を云ふ。善明寺墓参道とも云ふ。昭和三十九年に鳴海駅歩廊延長で左京山六号踏切がなくなり遮断された。平成十八年十一月二十五日の連続立体交叉完成により復活した。葬式は古例を重んじ葬殮《そうれん》小路を通り車路橋を渡つた。

字曽根田　そねた　鳴海東南部

曽根田落杁　そねたおちいり　字曽根田の中川の水が扇川に落ちる杁。中島橋のすぐ東で、今もある。

字太鼓田　たいこでん　鳴海南部

太鼓田川　たいこでんかは

『愛知郡村誌　鳴海村誌』に、

手越川ノ分流ニ係リ南流シテ字丸内ニ於テ田圃ニ入ル　其長拾七町十五間　幅壱間

とある。手越川左岸の鴻ノ巣杁より取水し、緒川道川を緒川道伏越杁で通り西に流れた。

明治初年の絵図には字丸内まで流を描く。字前之輪の村井寿夫氏に拠ると、

家にもあつたが海泥採取の船を持つてゐる家が結構あり、船は八幡宮と扇川の真中あたりを流れてゐた太鼓田川にとめてゐた。太鼓田川は諏訪神社附近太鼓田から丸内、中汐田、下汐田、そして国鉄東海道線の眼鏡型トンネルを経て扇川に合流してゐた。

字大将ヶ根　たいしやうがね　鳴海東南部

清水坂　しみづさか

東側が字大将ヶ根、西側が字境松の東海道で、筋違橋《すぢかひはし》から東へ延びる坂。東海道の尾張国内は平地が殆どで、坂の名所は山崎村の長坂（呼続二丁目）、清水坂、東阿野

村の阿野坂が挙げられる。

清水茶屋　しみづちやや

　清水坂の上に清水茶屋があつた。鎌研川の上流が道端を流れてゐた。大正から昭和に掛けての頃である。田中健三『豊明郷土絵図』「東海道清水坂図」参照。

筋違橋　すぢかひはし　すぢかへはし

　天和二年（一六八二）の『下里知足日記』に「すじかへ橋」を架直したとある。「すぢかへ」は『平家物語』にあるが「すぢかひ」（斜め）が多い。

大将ヶ根　たいしやうがね

　字名。「太子ヶ根」が古称で、桶廻間合戦後「大将ヶ根」に変つた。『豊明町誌』に「大将がなまって太子になった」とあるのは逆で誤。

　海抜五十八米の抜きん出た山で、会下山《ゑげやま》とも云つた。

大将ヶ根　昭和

茶臼山　ちやうすやま

　『東海道分間延絵図』にある。愛知電気鉄道が神宮前から有松裏まで開通した時の電車開通広告（「名古屋新聞」大正六年五月十一日号）に茶臼山が描いてあり大正時代に名所であつた。「桶狭間古戦場八景」に「茶臼山の秋月」

ＢＳ映画劇場　びいえすえいがげきぢやう

　長栄座、鳴海東映に続く鳴海三番目の映画館ＢＳ映劇が昭和三十五年に開館した。敷地百三十八坪、建坪七十九坪、二階建であつた。

鎧懸松　よろひかけまつ

　『中仙道十四垣根・東海紀行』に、

　　右ノ方今川義元鎧懸松芝ノ中ニアリ

とあり、この松を描いた襖絵が堺市大安寺にあるが、義元が東海道を通つた事は無く捏造した話である。中京競馬場前駅のすぐ南に名鉄の「よろいかけの松の旧地」の標石がある。

字高根　たかね　鳴海北部

新池　しんいけ

　昭和二十五年『鳴海町全図』に「新池」とある。字高根一番地　四反七畝四歩の池であつた。

鳴子団地　なるこだんち

　昭和三十五年に起工式を行つた。字高根が中心であるからその名を付けるのが穏当であらうが、鳴古池の池名に因んだ。野並村は鳴古池と呼び、鳴海村は字藤川にあるので藤川池と呼んだ。本来鳴海村で鳴子池の呼び方は無かつた。

鳴海鳴子郵便局　なるみなるこいうびんきよく

昭和三十七年に開局した。合併後は名古屋鳴子郵便局。

忘帰園　ぼうきゑん

忘帰園は昭和初期この辺で名高い梅林であつた。元々梅の実を穫る為に植ゑたのが数百本の美しい梅林に育ち、小学校一年生の遠足先になり、時期には露天で団子やおでんを売るなど大賑ひとなつた。叔父、叔母の話では昭和十年頃は毎年紀元節に家族で出掛け、弁当持で歩いて見に行つた由。

新愛知新聞社主宰の観梅の催しがあり、

日時　昭和六年三月八日　日曜日
会費　金四十銭　愛電神宮前—鳴海駅間往復電車賃
　　　鳴海忘帰園附近間往復自動車賃
申込　愛電神宮前・堀田両駅　松坂屋　十一屋など

となつてゐる。字高根三四—五番地。

焼山清水　やけやましみづ

新海池（古称真池）の水源の泉。この水は堀越川を流れて池の東側に注いだ。字高根東南部。西側の字焼山は西焼山と云ひ、ここは東焼山と云つた。『千代倉家日記抄』の慶応四年（一八六八）条に地震の後に工事をした旨が見える。

御倹見道　ごけんみみち

字滝ノ水　たきのみづ　　鳴海東部

旭出より大坂（字黒石南部）、滝ノ水、細口への道を御倹見道と云つた。旭出道、滝ノ水通行道、融伝道とも云ふ。大坂より滝ノ水川沿に南の石神堂に至る道も御倹見道と云つた。

『日本戦史　桶狭間役　附図』に、善照寺砦を出た信長勢が御倹見道を通り、旭出、大坂、滝ノ水、石神堂を進んだとある。実際には有り得ない道筋である。榊原邦彦『桶廻間合戦研究』（中日出版社）「第十二章　織田勢鳴海から桶廻間までの進撃路」参照。

滝ノ水　たきのみづ

字名。滝ノ水にあつた滝から字名が出来た。本多桂一氏の話では、十米位の落差のある滝があり、二段になつて滝ノ水川に流れ込んでゐた。泉が水源であり、飲める水であつた由。本多桂一氏の描いた滝の絵が『滝ノ水の流れ』（滝ノ水土地区画整理組合）に収めてある。又区画整理前の滝ノ水風景も同書にある。

滝ノ水　本多桂一氏画

滝ノ水郵便局　たきのみづいうびんきよく

平成元年に開局した。字滝ノ水一一四—一番地

滝ノ水池　たきのみづいけ

『寛文村々覚書』に「滝水池」とあるのは神沢池であり、古くは滝水池と云つた。

字滝ノ水の東部に三つ小池があり、北は二〇番地、七畝四歩、中は二二番地、一反四畝九歩、南は三三番地、一反四畝であり、中の池が公園として残された。『天保十二年鳴海村絵図』に三つの池が見え、江戸時代後期の築立であらう。

滝ノ水川　たきのみづかは

上流や中流は裸山の中を流れてゐたけれども、下流の白土道の直ぐ北の所は数十米に亘つて林の中を流れてゐて詩情を感ずる風景であり、小中学生にとつて写生の好適地であつた。

『愛知郡村誌　鳴海村誌』に字篠ノ風から扇川まで拾三町五拾五間とあり、『鳴海村堤書上』に堤の長さ弐百八間とある

字蛸畑　たこはた　鳴海東南部

蛸畑　たこはた

字名。語源は「高畑」であり、「たかはた」が変化した。「高畑」の字名は愛知県内に八十以上を数へる。貝殻が散布してゐたので「蛸畑」への変化は人々に受容れられた。『鳴海旧記』（なるみ叢書　第三冊　鳴海土風会）の「蛸畑」の条に、

蛸など釣申候由申伝候。此処より上迄入海之由。山の谷間なり。此処古き貝から塚より出申候。

とあり、鳴海潟の入江であつた蛸畑の様を述べる。池田陸介他『緑区の考古遺跡』に拠ると、縄文後期には標高五—七米の線まで海水が押寄せてゐたであらうとある。

『鳴海旧記』と同内容の記事は『張州府志』にあり、古くから博く人々に知られ、『小治田之真清水』に蛸が里芋畑に上つて芋を食ふ図を収める。『本朝食鑑』に蛸が芋を掘つて食ふと記す。鳥羽市の畔蛸（あだこ）町は蛸が田の畔に多く上つて来た故の地名である由。『日本山海名産図会』に芋を掘りに上つて来た蛸を見付けると田夫（百姓）は長い竿で打つて穫るとある。『和漢三才圖會』に、「鮹（蛸）は性芋を好み田圃に入りて芋を掘りて食ふ」とある。知多半島の長浦海水浴場に大東亜戦争前より混凝土《コンクリート》製の大蛸の造り物が設けられ、付近の小学生の遠足先となつてゐた。蛸が海から上つて来て畑を荒らすので、防ぐため置いた由。大蛸を造つたのは後藤鍬五郎で、南区道徳公園の鯨池の鯨や聚楽園の大仏を造つた。

『慶長十三年鳴海村検地帳』に「たこはた」とあり、

古くからの地名である。

蛸畑遺跡　たこはたいせき

蛸畑貝塚。字蛸畑は西部が田で他は畑であつた。台地の畑の縁に貝殻が散布してゐた由。

字丹下　たんげ　　鳴海中心部

商人宿　あきんどやど

主として行商人を泊める宿で物見遊山の客を泊める事は禁止されてゐた。場所は宿の中心には無く宿賃は安かつた。元治元年（一八六四）に桑名屋松兵衛が郷宿と商人宿とを兼ねてゐた。下郷家文書に郷宿は文久三年（一八六三）に願出済、商人宿は願は出さなかつたが天保年中に宿役人に届けたとある。

郷宿　がうやど

代官所の所在地に滞在する庄屋などが泊る定宿。訴訟に出る者も宿泊したので公事《くじ》宿と云つた地がある。訴訟の実務を教へたり文書を代筆したりした。清洲陣屋には五軒あり、鳴海にも字森下と字丹下町とにあつた。

字丹下町には天保七年（一八三六）に条蔵が郷宿を勤めた。東宮大明神道の北側で字丹下町四一番地。文久三年より桑名屋松兵衛が勤めた。乗松小路の北側で字丹下町一二番地。

木戸　きど

児島米寿氏の教示に拠ると、東海道の立場の北に木戸があつた。丹下端《はづれ》にあつたから平部端にもあつた。

光明寺　くわうみやうじ

曹洞宗一国山。本尊地蔵菩薩。『蓬州旧勝録』に、古鳴海の方山王山の東にあつて、門前まで浦であつた今の地に引越したとあり、真池川が入江になつてゐたことを伝へる。弘治二年（一五五六）の創建で、瑞泉寺の剛庵和尚を開基とする。これは引越した年であらう。字丹下二六番地。

小路　こうぢ　　**道**　みち

乗松小路　のりまつこうぢ　明治初年『字名覚』にある。立場の南の東海道から西への小路。

御役所道　おやくしよみち　寛政十二年（一八〇〇）『覚』にある。東海道から真池川沿南側の道。

東宮大明神道　とうぐうだいみやうじんみち　『鳴海宿書上帳』（なるみ叢書　第十九冊　鳴海土風会）にある。東海道から東宮に至る。御役所道の一筋南。

「車道」「御陣屋道」「御陣屋小路」とも云ふ。

常夜灯　じやうやとう

寛政四年（一七九二）鳴海宿西入口の丹下町に常夜燈が建てられた。『東海道分間延絵図』には町外れの東海道西側に描く。いつの頃か東側の御役所道入口に移した。

立場　たてば

馬を立てるところから立場とも立場茶屋とも云った。榊原邦彦『鳴海宿書上帳』（なるみ叢書　第十九冊　鳴海土風会）や『東海道宿村大概帳』には字平部町と笠寺村新町との二ヶ所の立場を記す。これが公式の立場であった。

延享三年（一七四六）『東海道巡覧記』に「西立場　登り立場なり」とし、東西に立場があるとする。西立場とは東海道の北端西側で、天保年中は和泉屋平三郎が営んでゐた。元禄三年（一六九〇）『東海道分間絵図』では「小茶屋」とし、立場としてゐない。公式の立場でないので立場とする書と茶屋とする書と両方がある。

地元では立場であったと認識されてゐた。維新後は料亭を営み「青やぎ」の店名であった。字丹下一四番地。

丹下町　たんげまち

字名。『鳴海旧記』（なるみ叢書　第三冊　鳴海土風会）の「丹下町」に、「天正年中北岡より引越」とある。

元の地を『鳴海旧記』に「北岡」とし、『尾張旧廻記』に「丹下上ノ山」とする。『大日本国郡誌編輯材料』に「上野三ノ山ノ二字」とするものの、字清水寺、字鉾ノ木などを含め字丹下より北の高地一帯と考へるべきである。「丹下より北方の岡」、「丹下より上《かみ》（北）の方の山」の意である。

茶屋　ちやや

旅人に昼食や茶、菓子などを出して、もてなした。天保七年鳴海宿に茶屋が九軒あり、丹下町に三軒あった。東海道の西側北端から三軒で、和泉屋兵三郎、桑名屋松兵衛、助四郎である。拙著『東海道鳴海宿』（中日出版）「第十三章　茶屋」参照。

火打島　ひうちしま

『成海神社由緒書』に、

本社より西之方ニ当り而、火打島ト云所有、又御祓島とも云

とある。字丹下五二番地。

『古事記』に日本武尊が伊勢神宮の倭比売命《やまとひめのみこと》より御袋を授かり、相模国で御袋を開けたところ火打が有り、向ひ火を着けた話が有る。この火打とは、石と石又は金属を打合せて発火させるもので、当時は火鑽臼《ひきりうす》と火鑽杵《ひきりきね》とを用ゐてゐて、火打石を用ゐるのは新しい便利なものであった。倭比売命から授かった剣は

火打島

宮簀媛命《みやずひめのみこと》に預け、火打は鳴海潟の島に納めた。これが火打島である。『尾張志』の「燈明島」の条に、

日本武尊東征還行のとき火うち納め給へる地也とい
ひ伝へなり

とある。漢語の「燈明島」は新しく、往古の称は和語の「火打島」である。永井勝三『古代の鳴海地方考』（なるみ叢書　第十五冊　鳴海土風会）に、

字丹下の宅地裏の田の中に小塚が在つて私の子供の
時にこれが燈明島の跡だと聞いて居る

とある。『緑区の史蹟』で字石田と推定したが、字丹下と改める。光明寺の門前まで浦であつた往古には真池川一帯は入江であり、東方の光正寺貝塚は鳴海潟の海進を物語る。今は住宅地の中にある。

日本武尊に縁の深い火打島であるから成海神社では例大祭前日の祓場とし、祓島《はらへしま》と呼んだ。昔は末社の祓島社があつた。榊原邦彦『緑区神社誌』（なるみ叢書　第二十四冊　鳴海土風会）参照。

道標　みちしるべ

東宮大明神道の途中の北側に石柱の道標があり、「右こなるミ」「左みや」と彫られてゐる。

神社の森のすぐ西の道が古鳴海道で、『愛知郡鳴海村御見取所御案内帳』に「小鳴海道」とある。『安政以前鳴海村絵図』に「上野道」とあり、古くからの道である。

字長田　ちやうた　　鳴海西部

底杁　そこいり

藤川の左岸、天白川との落合近くにあり、並松杁からの水を合せて百々川に流す。『下里知足日記』の延宝五年（一六七七）に底杁の伏替を見に行くとあり、古くからあつた。

長田　ちやうた

字名。「長田」は各地にある「丁田」の宛字で一丁（町）の広さの田。十反歩、三千坪。

百々川　どうどうかは

鳴海村裏田圃を藤川から南に流れ、字最中と字下拾貫目との間の百々杁で扇川に入つた。名は耕地整理後に新川になつた。川の水音からの名。

字辻　つじ　　鳴海中南部

辻　つじ

字名。片坂道と宮道とが交叉する辻。片坂道は『字名覚』にあり、字片坂と字宿地との間、字辻と字文木との間を通り字下旭出に出る。字辻と字文木との間に昔の細い道が百七十米程残る。宮道は字相原郷から西への道で、字宿地の北端を通り、字文木と字砦との間、字矢切の真中を通る。

鳴海町民病院　なるみちやうみんびやうゐん
昭和二十四年に内科、外科、産婦人科の三科、病床二十床で開院した。昭和二十七年に眼科、小児科、皮膚泌尿器科、理学診療科を増設した。病院名は父清彦が町長に提案した。今は緑市民病院。

字鶴ヶ沢　つるがさは　　鳴海東部

梨之木池　なしのきいけ
上池は瓢簞《ヘウタン》の形をしてゐた。『鳴海村雨池数覚留』に「一　長四十三間」とある。字鶴ヶ沢二八番地、五反五畝一二歩。鶴ヶ沢池とも云つた。
下池は同書に「一　同（長）三十四間」とある。『天保十二年鳴海村絵図』に「梨之木大池」　字鶴ヶ沢三六番地。九反二畝九歩。

道標　みちしるべ
鶴ヶ沢霊園にある。元は字白土南の白土道三叉路にあつた。「右あすけ」「左のかた」とある。

村瀬牧場　むらせぼくぢやう
昭和二十一年に乳牛一頭で始めた。昔は乳が手絞なので数頭しか飼へなかつたが、昭和四十六年頃から空気圧で乳を搾る機械が入り楽になつた。お陰で昭和六十一年に乳牛は三十頭ほどに増へた。周囲の都市化で廃業した。字鶴ヶ沢一六番地。

字手越　てこし　　鳴海南部

左京山郵便局　さきやうやまいうびんきよく
昭和四十三年に開局した。字手越九四番地。

手越　てこし
字名。桶廻間合戦の諸書に共通する事は、信長が百姓に所の名を尋ねたところ、手越と答へると喜んだといふ話である。手勢が相手を越して勝つと縁起を担いだ事になる。草刈が鎌を研いでゐたので鎌研場の地名が出来たとある。

二位殿塚　にゐどのつか
昔からの細い道の西側に二位殿塚がある。昭和四十四年に移るまでは手越川から離れた北にあり、田園の中に東西に長い島状の塚があり、樹木が鬱蒼と生ひ茂つてゐた。東の石鳥居を潜ると奥に「二位殿」と刻んだ碑があつたが、下が埋つてゐたらしく、今は「二位殿塚」とある。この塚に触れると瘧《おこり》になると伝へられ、木の葉一枚取つてもいけないと戒められて大切に守られて来た。文献上の初出は寛政（一七八九―一八〇一）頃の『愛知郡村邑全図　鳴海村図』である。字手越三番地。

字伝治山　でんち（ぢ）やま　　鳴海中北部

春日社　かすがのやしろ　かすがしや
宝暦四年（一七五四）勧請。『第二区鳴海村全図』に拠

ると新海池の北方で社前に鎌倉海道が通つてゐた。明治四十二年字諏訪山の諏訪社に合祠した。

中部日本放送鳴海送信所　ちゆうぶにほんはうそうなるみそうしんしよ

昭和二十六年字伝治山一番地の鳴海送信所より放送が始つた。敷地九千坪に九十坪弱の建物を建て、高さ百十米の鉄塔を有した。後に無人化し、昭和五十三年長島に移つた。

伝治山　でんち（ぢ）やま

字名。江戸時代より表記が各種ある。

伝知山　伝次山　伝治山　伝ち山　田知山　田地山「でんちやま」「でんぢやま」と読めるが、明治時代には「てんちやま」「てんじやま」と「伝」を漢音「てん」で読んでゐる。五万分の一地図は明治では「伝次山」とし、大正には「伝治山」とした。

鳴海製陶　なるみせいとう

『鳴海耕地整理組合事業年譜』（なるみ叢書　第八冊鳴海土風会）に拠ると、昭和十一年名古屋製陶工場を字伝治山に誘致する運動を起すとある。住友金属工業から扶桑金属工業になり、昭和二十六年鳴海製陶になつた。新海地の北方にあり、池への工場排水が問題になつた。

字天白　てんば（は）く　　鳴海北部

神明社　しんめいしや

田中とか姫崎と云ひ、姫崎は天照大神に因む。明治以降字長田で、耕地整理で字天白となつた。慶長十三年の備前検除である。

天白　てんば（は）く

字名。『慶長十三年鳴海村検地帳』に「てんはく」とあり、濁つてゐない。『明治十五年愛知県郡町村字名調』の「天白」は「てんはく」十例、「てんばく」二十例で古くは「てんはく」である。半濁音の「ぱ」ではない。

三渡俊一郎他『星崎の塩浜』に、

名称の由来は、緑区鳴海町天白にかつて東海道の辺りに天白大明神の社があり、これより天白川と呼ばれると『蓬東大記』（寛保元年著）に示されているが、その後山王ノ社の境内に天白ノ社が移ったと記されている。

とし、『蓬東大記』に、

一　字天白に天白社があつた。

二　字天白から山王社の境内に移つた。

の二つが記されてゐると主張する。

国会図書館本『蓬東大記』には、

往還ノ辺ニ天白大明神ノ社有依之号天白川申候

とあり、東海道の辺に天白社がある事を記すのみで二つとも捏造である。
慶長十三年の備前検地で天白社は山王山にありとするので「往還の辺」とは東海道の東側の山王山を指す。

字天白川内　てんぱ（は）くかはうち　鳴海南部

扇川　あふぎかは
黒石の方から流れて来るので黒末川と云つた。しかし厳密に言へば、黒石の山から神沢川、要池川を流れて来るのは最上流の支流で、本流の水源は字白土の二つ池であり、今は大池が水源となつた。
熊野社の祭で舟航の折、稚児が舞扇を川へ落したので嘉吉年中（一四四一―四四）に扇川と改めたと云ふ。
急に切替つたのではない。『信長公記』は「黒末の川」と云ふ。蓬左文庫蔵『桶峡間圖』では中嶋橋下の出合より上流を扇川とし、下流を黒末川としてゐる。天白川と黒末川とは本来知多街道の手前三股で合流し中堤が無かつた。合流の後は一筋の川で黒末川と呼んだ。『友千鳥』は天白川を「くろす江川」とし扇川を「鳴海川」とし、黒末川の名が保存されてゐる。
扇川に鳴海絞の染料が流れる事が良くあつた。
鳴海の村しぼりの藍の一すぢの
冬の流れを染むるさびしさ　榊原春村

荒井橋　あらゐはし
天白川の橋。知多郡道の橋で大慶橋の約八十米下流にあつた。二枚板橋を水面直ぐ上に架けたもので、出水で度々流された。

黒末渡　くろすゑわたし
扇川は中流の字作町の土場まで船が遡上したので、知多郡道に橋は掛けなかつた。その代りに渡があり、『大日本国郡誌編輯材料』（なるみ叢書　第四冊　鳴海土風会）に川幅十五間、最深二間、最浅三尺の扇川を常備の舟一艘で渡すとあり、昔は一文で渡し、一文渡の名があつた。渡が出来たのは中堤が出来てからの事である。

国道一号線　こくだういちがうせん
昭和十七年に開通した。今なら道路敷地の売却で土地成金が出来るところであるが、汐見橋から字太鼓田までの国道敷地は全て鳴海町の地主で結成した鳴海耕地整理組合の寄附である。同組合は野村三郎、加藤徹三、榊原安彥ら発起人により大正九年に設立し、野村三郎を組合長として鳴海の耕地整理のみならず、主要道路開設、工場誘致、住宅地造成を推し進め、近代の鳴海発展の基を為した。絶大な感謝の気持ちで顕彰したい。加藤徹三『愛知県愛知郡鳴海町小作争議史概要　並に鳴海耕地整理組合事業年譜』（なるみ叢書　第八冊　鳴海土風会）参照。

汐見橋　しほみはし

知多郡道の扇川に架る橋。明治三十三年の架橋時に命名された。国道一号線開通に伴ひ昭和十九年に八十米上流に架けた。

日頃、橋は無かつたが変動がある。尾張藩主の母が通る時、仮橋を架けた事があり、安政五年（一八五八）細野要斎『感興漫筆』に「松を以て橋とす」とあり。寛政年中（一七八九―一八〇二）『愛知郡村邑全図　鳴海村』に十一月上旬より三月上旬まで荒井村の百姓が賃橋（有料橋）を架けるとあり、明治三十一年『愛知郡実測図』に橋が描いてある。

大慶橋　たいけいはし

明治三十三年に架けた。この年五月十日、嘉仁皇太子殿下（大正天皇）と九条節子姫（貞明皇后）との御成婚があり、慶祝して大慶橋と名付けた。長さ四十二間、幅二間の板橋である。荒井橋の所である。

昭和十九年に国道一号線の新設に伴ひ、八十米上流の今の所に大慶橋を架けた。長さ七十二・六米、幅九・三米。

天白川　てんぱ（は）くかは

天白川の下流域は往古鳴海潟の入江である。干満の差が著しく、平安時代の『更級日記』に干潮の折に辛うじて徒渉出来た事を記す。池田陸介他『緑区の考古遺跡』に鎌倉時代

　当時の海岸線は野並橋の附近

とある。長久手市三ケ峰を水源とする。

天白川の名の由来は『鳴海旧記』（なるみ叢書　第三冊鳴海土風会）に「往還の辺に天白明神之社依レ有レ之（これあるにより）天白川と申し伝候」とある。往還とは東海道のことで古くより東海道の字三王山に天白社があつた。

天明元年（一七八一）に天白川の堤を直線化し、扇川との間に中堤を新設して、天白川と扇川とを分流した。ほぼ今の堤の形が出来上つた大工事であり、完成後に尾張藩主の視察があつた。

鳴海潟　なるみか（が）た

愛知郡の南の海、今の伊勢湾北の海を古く年魚市《あゆち》潟《がた》と云ひ、後に永く鳴海潟と呼んだ。『尾張国地名考』に、

　あゆち潟と鳴海潟とは旧同所をいふべし。万葉集の頃までは年魚市場と詠ひ、天歴の頃より末は鳴海潟と詠有り

とあるのが正しい。

平安時代の村上天皇の御代の増基法師『いほぬし』に、

　尾張鳴海の浦にて

かひなきは猶人しれずあふことの
　はるか鳴海のうらみなりけり

と鳴海の浦を詠み、以来鳴海の浦、鳴海潟の和歌が続出する。『平家物語』巻三、大臣流罪に井戸田に流された太政大臣師長を述べて「鳴海潟」とあり、『東関紀行』では熱田の宮を出て鳴海潟の和歌を詠み、阿仏尼『十六夜日記』に、

　あつたの宮へまゐりて、硯とりいでゝかきつけて
　奉る歌五、
いのるぞよわがおもふこと鳴海潟
　かたひく汐も神のまにく

として、熱田の前の海の鳴海潟を詠む。笠寺から呼続に掛けての台地を松炬島《まつこ》と云ひ、松炬島の東も西も鳴海潟と呼んだ。伊勢湾の北部全体が鳴海潟であり、江戸時代の『万法宝蔵一切大成』にも「師崎前より桑名前迄」を鳴海潟としてゐる。

渡り瀬橋　わたりせはし

扇川の右岸に猿尾があり、天白川の東堤と猿尾との間に渡り瀬橋が架つてゐた。『天白川堤守入用』に拠ると荒井橋の少し下流の地にあつた。「わたりせ」は『古事記』に見える古語。

字徳重　とくしげ　鳴海東部

青海苔池　あをのりいけ

『愛知郡村邑全図　鳴海村』に「青海苔池」とあり、寛政（一七八九—一八〇一）以前の築立である。字徳重一九番地。二反三畝一八歩。白土道北方の林の中にあつて幽邃《ゆうすい》な感じの池であつた。淡水藻が生えてゐたのか。

地蔵　ぢざう

白土道傍らの念仏下池南堤に安置されてゐた石仏が池の埋立の為字徳重二九番地に移した。

念仏池　ねんぶついけ

白土道沿の下池と北方の上池とがあり、念仏上池は字徳重三二番地、四反五畝一四歩、念仏下池は字徳重三四番地、二反六畝一三歩。両池とも下郷家扣であつた。水難の者を供養する為下池の南堤に地蔵を祠り、念仏池と呼んだ。今は上池のみとなつた。

道標　みちしるべ

元は通曲橋の西の交叉点にあり、「右やましんでん」「左もろわ」とあつた。今は民家内に移した。

薬師堂　やくしだう

天仁元年（一一〇八）沓掛村に戒律院が建立され、天正十年（一五八二）庚申堂と改めた。明治二十九年に字徳重一四番地に移つた。大正五年に本尊を薬師如来に改め薬師堂とした。

花井徳重氏の話では、尼さんが居たが法律改正の時に廃寺になり、堂のみ残った。字徳重三四番地。若い頃牡

丹餅を一石作り皆に食はせるので作るのを手伝に行った由。薬師堂の前に道標が移されてゐた。今は民家内に新築した。

山神　やまのかみ

字徳重一八番地の北の森の中に秋葉社と並んで山神が祀られてゐた。昭和五十年代に両方とも撤去され、山神は薬師堂の前に遷された。今は民家内に新調した。

字通曲　とほりがね　　鳴海東部

口無池　くちなしいけ

『寛文村々覚書』に「通りヶ根池」とある。字通曲三八番地、六反三畝二七歩であつた。

ニツ池　ふたついけ

字通曲四五番地、六反二畝八歩の上池と、字通曲四七番地、七反六畝一五歩の下池とがあり、今は下池のみ洪水調節池となつてゐる。

字砦　とりで　　鳴海中南部

遊園地　いうゑんち

字砦の土地を名鉄が分譲するに伴ひ、鳴海絞開祖三浦之碑と砦の松との一帯を昭和二十九年に遊園地とした。字砦一四番地。

鳴海絞開祖三浦之碑は昭和九年に鳴海絞商業組合が建てた。鳴海絞商業組合『なるみ絞』に、

　鳴海絞の開祖は豊後国の人、三浦玄忠夫人である。玄忠は備中守竹中候の侍医をつとめ、慶長年中、名古屋築城の際、藩主に追従し来り、後江戸まで行き、其の帰りに鳴海宿で病を得た。彼の夫人は絞をよくするので病人看護のかたはら里人に教へた。是が抑々当鳴海絞の濫觴である。

とある。同じ内容は『なるみ絞誌』にも見える。

　夏の旅汗に鳴海の一しぼり　　柳多留

　絞結ふ少女の唄もしめやかに
　　鳴海の町に春の雨ふる　　榊原春村
　佐々木信綱編『和歌名所めぐり』所収

浄泉寺旧地　じやうせんじきうち

字砦の真中南側にある。当時ここは森山と云ひ文明十二年（一四八〇）まで寺があつた。字砦五六番地。

善照寺　ぜんせうじ

天台宗で善正寺と号し、真宗大谷派になり善照寺と改めた。桶廻間合戦で焼失し、花井屋敷と呼ばれた今の地に移つた。後に圓龍寺と改めた。字砦の西北端九六番地。墓地の所にあつた。

善照寺砦　ぜんせうじとりで

今川方の鳴海城に対抗して信長が築いた。『東照軍鑑』

に永禄二年（一五五九）八月に築いたとあり、江戸時代の書で唯一年月を記す。字砦一四番地。『新修名古屋市史』巻二に「寺跡を利用した善照寺砦」とあるのは誤。

一　「圓龍寺の由来」に「永禄三年桶狭間合戦に惜しくも焼失」とあり。

二　旧字に「善正寺後取り手」があり、寺と砦は別地である。

三　字砦の西端に墓場があり、寺があつた。砦があつたのは字砦の東端で約百六十米離れる。

四　鳴海村の村絵図には西方に「善正寺」と記し、東方に「取手」と記し別の字名である。

五　『尾張旧廻記』に「砦跡より西の方に善照寺と云字アリ」と記す。

榊原邦彦『桶廻間合戦研究』（中日出版社）参照。

加藤徹三「茶話」（「なる美新聞」昭和二十七年七月十三日号）に、

この善照寺は其後耕地にはなつたが空堀も土塁も殆ど旧態を存しているのは誠に珍しい。昭和三年頃鳴海荘の別荘地を作る時に、この附近も鳴海土地会社が全部買収したが松の生えている土塁が三日月型に町有地となつていたので、これは会社へ売らずにむしろその附近の地形をそのまゝに残して、遊園地として残す計画を立てて、松や桜を植えた訳である。

善照寺砦

砦の松　とりでのまつ

九本　明治二十年『大日本国郡誌編輯材料』（なるみ叢書　第四冊　鳴海土風会）に天保の頃まで九本とある。

七本　天保十五年序『尾張志』に古松澍七本。

六本　高嶋箑川の文に「余少時砦跡有㆓松六株㆒」とある。箑川は幕末から明治に掛けての尾張国の著名な漢詩人で『高嶋箑川翁詩集』（なるみ叢書　第二十七冊　鳴海土風会）がある。嘉永、安政頃であらう。文久三年（一八六三）の鳴海村絵図に「大松六株」とある。

五本　『明治初年鳴海村絵図』に五本の松を描く。

四五本　明治二十四年下郷月齊「鳴海十二景」（『みくにことば　第二輯』　中日出版）に「老松四五幹」とある。執筆時の本数ではなくて以前の本数を概数で記したもの。

三本　明治二十三年の高嶋箑川の文に「三株」とある。明治三十三年の榊原春村『しゝの里』の表紙絵に砦の松として三本描く。明治三十年代後半に鳴海高等小学校

に通つてゐた祖母の話では、
砦の松は子供の時三本有り、奥天王（雷社）と同じく、ここも涼しいので高小の時体操をやつた。後一本が雷で焼けた。いつかは判らぬ。

二本　明治四十三年「実業の光　桶狭間古戦場土産」第一巻第一号に「大松二本」

一本　昭和七年『町勢一班　教育施設概要』に「一株」最後の一本は砦の松として親しまれたが、伊勢湾台風で枯れてしまつた。樹齢は判らぬが桶廻間合戦の時には生えてゐたであろう。鳴海町、鳴海町文化協会は昭和三十七年に二代目の松を植ゑると共に根掘して、刳抜きの棗《なつめ》と差渡し一尺弱の丸盆とを輪島の工人に作らせた。

雨上り砦の無月虫の声　　北川二村

萬福寺旧地　まんぷくじきうち
字砦の西端にあり、歴代住職の墓場となつてゐる。桶廻間合戦の折に焼失して今の字本町に移つた。字砦八番地。

字中旭出　なかあさひで　　鳴海中南部

豊藤稲荷社　とよふぢいなりしや（のやしろ）
嘉永四年（一八五一）に伏見稲荷を勧請した。『緑区の史蹟と文化財』に「創立　嘉永初年（一八四八頃）とあるのは誤。字中旭出六四番地。

字中汐田　なかしほた　　鳴海南部

萬福寺旧地

信号機　しんがうき
昭和三十五年国道一号線と大浜街道との交叉点に名古屋市外で初めて信号機が設置された。

知多郡道　ちたぐんだう
字前之輪より黒末の渡しまで字下汐田と字中汐田との間に通じ、鳴海では宮道、汐田道とも云つた。星崎の光照寺前を通り、笠寺の一里塚の東の徳願塚の所で東海道に出た。明治時代には幅が七尺で、三日も雨が降れば一面湖の如くになり、通行が止つた。鳴海潟の再現である。

中汐田道　なかしほたみち
汐見橋南より鳴海八幡宮の森の北、字京田に向ふ直線の道が昭和十三年に設けられた。自動車の走れる道が要ると云ふことで設けたのであらう。昭和十九年に新国道（国道一号線）が新設されたので廃道となつた。

字中新田　なかしんでん　　鳴海東南部

中新田　なかしんでん　字名。鳴海村の新田に寛永二年（一六二五）の山方新田、以後の小原新田、午新田、巳新田、西新田、伊右衛門新田、後西新田、中新田、山方酉新田、享保十五年（一七三〇）の戌新田がある。
　中新田は字蛸畑、細根辺の奥新田と対応し、中新田の初出は元禄四年（一六九一）で字坊王山の一部を中新田と呼んだ。奥新田は『下里知足日記』寛文十二年（一六七二）の初出であるから、中新田も元禄以前の開発である。

中新田遺跡　なかしんでんいせき
　丘陵の北斜面から搔器、細石刃、石核、石鏃《せきぞく》などが採集された。

字中根　なかね　　鳴海南部

青山弘法　あをやまこうぼふ
　字前之輪の辻の西方に尼寺があつた。尼さんが他に移つて無住になり、弘法が残されてゐたので住民が持廻りで管理してゐた。区画整理後に堂を建立した。

東海牛乳　とうかいぎうにゆう
　昭和四十年代の東海畜産と矢野牧場とが東海畜産となり、後に東海西武乳業となり、昭和五十年代後半に東海牛乳となつた。東海牛乳の銘柄で良質の牛乳を供給した。鳴海東部に他の牧場があつたものの大会社へ出荷するだけであつたのに、東海牛乳は独自の銘柄を持つてゐた。

字長根　ながね　　鳴海北部

四郎三池　しらうさいけ
『寛文村々覚書』に「古鳴海新池」とあり、『尾張志』に「四郎三池」とある。字長根五番地、一町二反六畝一八歩の大きな池であつたが、埋め立てられ小さくなつた。寛永十五年（一六三八）に築いた。

亮光上人草庵跡　りやうくわうしやうにんさうあんあと
　亮光上人は天保十年二十九歳で字長根に草庵を結んだ。泉谷とも野花山とも云ふ。以来明治十七年に七十四歳で往生するまで念仏三昧の浄道に入り、質素な生活を続けた。
　明治時代に教導職試補となつた。道沿南側に今石碑が残つてゐる。著書に『古今西方往生記』（明治十五年）がある。『亮光上人行状記』（東海光明会）、『泉谷亮光上人伝』（なるみ叢書　第十四冊　鳴海土風会）参照。

亮光上人草庵跡　昭和

字鍋山　なべやま　　鳴海東部

籠山神社　かごやまじんじや
　江戸時代より白土道の北方に山神を祀つた。土地区画整理を機に昭和五十一年に籠山神社となつた。

鍋山池　なべやまいけ
鍋山上池　字鍋山一五番地　五反一畝一歩
鍋山下池　字鍋山一〇番地　二反七畝七歩
鍋山下池は『寛文村々覚書』に平手新田の池として籠山池とある。承応二年（一六五三）縄入の平手新田の用水池であるから築いたのは同時期であらう。
上池から下池を経て扇川の支流籠山川が流れてゐた。

字西熊　にしくま　鳴海西部

浦里郵便局　うらさというびんきよく
昭和五十五年に開局した。

字西脇　にしわき　鳴海西部

金右衛門杁川　きんゑもんいりかは
天白川の東方にあり、平行して流れた。明治に字南越が出来てから南越川と云つた。新川の西方に平行して流れるので子供時代は小新川と呼んだ。「金右衛門」は下里知足。

検見道　けんみみち
御検見道とも云ふ。西脇と大熊との間、西熊と高田との間、南越と一色との間を通り扇川堤までの道。

天白橋　てんぱ（は）くはし
池田陸介他『緑区の考古遺跡』に拠ると、縄文時代前期には標高五―七米まで水が入り、菅田橋（天白区菅田一丁目）より上流まで来てゐて、弥生時代の海岸線は平子橋（天白区福池一丁目）の辺、鎌倉時代の海岸線は野並橋（天白区古川町）の辺とある。永井勝三『鳴尾村史』に寛永九年（一六三二）に天白川に堤防を築立て天白橋を架けた。橋の下流百米程から海であつたとある。
橋の長さは『東海道名所記』に十五間とあり、『地方古義』に二十間とある。これは水面に近い仮橋。二十七間の時代が長い。

字根古屋　ねこ（ご）や　鳴海中心部

伊藤病院　いとうびやうゐん
昭和十七年産婦人科、外科の伊藤病院を開設し、昭和二十四年病室を増設して総建坪百八十坪になつた。産婦人科、外科、理学診療科。字根古屋町一番地。

芸者置屋　げいしやおきや
大正末期より芸者置屋「ひさご」があり、出先へ派遣した。芸者は芸妓の呼称、関西では芸子と云ふ。鳴海八幡宮の祭の山車に「ひさご」から呼んだ芸者が乗り三味線を弾いた事がある。後に小料理屋となつた。
加藤徹三氏に拠ると、大正の末頃鳴海には芸者が三四十人居た。字根古屋町一番地。

水準点　すいじゆんてん
明治二十八年字根古屋一番地の元の本陣前東海道南端に水準点を設置した。全国の主な道路に約二粁毎に設け、土地の高さを測る基準とした。花崗岩製。今は城跡公園に移した。

水準点

誓願寺　せいぐわんじ

西山浄土宗、来迎山。本尊阿弥陀如来。誓願寺につき、名古屋市教育委員会『名古屋の史跡と文化財』、『名古屋市の近世社寺建築』の両書共に、

土地の豪族下郷治郎八が天正元年（一五七三）に創建した。

とあり。誤が目立つ。

一　「下郷」は蝶羽が使ひ始めた。知足以前の古い時代は「下里」である。

二　「治郎八」は「次郎八」を間違へたのであらう。それにしても次郎八を称するのは延宝五年（一六七七）生れの蝶羽以降の世代で、以前は無い。

三　下里種政が鳴海に移住して鳴海下里家の祖となつた。種政は天正四年の生れであり、天正元年に鳴海に下里家の人は居ない。寺の創建に下里氏は関与してゐない。

字根古屋一六番地。

『鳴海史蹟ハイキング案内』（鳴海文化協會）に、前座仏は亮光上人の持仏を大正年代に移したとある。

芭蕉堂　『鳴海郷土史料写真集』（鳴海土風会）の解説に、

安政五年十一月九日入仏。永井士前（松右衛門）初め鳴海、鳴尾の俳人によつて建てられた。安置してある芭蕉像は、元寂照庵にあつたものを乞い受けて本尊にしたもので、名古屋の為隆の作、芭蕉手植の杉で作つたものと伝えられている。本尊の天井の鳥の図は笠寺の立松義寅の筆である。毎年翁忌には鳴海の俳人がこの寺に寄つて、俳諧をまき、翁の像に供える仕来りになつている。

芭蕉像　昭和

翁塚　おきなつか

芭蕉塚。出口対石『芭蕉塚』に「翁塚」とし名は翁塚が良い。芭蕉供養の最古の塚で、表に「芭蕉翁」裏に「元禄七申戌十月十二日」と芭蕉の忌日が刻んである。塚は如意寺に建てられ、後に誓願寺に移されたが、芭蕉

堂建設の際に移したのではない。その八十年前の安永八年（一七七九）自序『蓬州旧勝録』の誓願寺の条に「芭蕉翁碑石」と記してある。境内に蝶羅、山父の句碑があり、風和、鉄叟、常和の墓碑に句が刻んである。

碓氷清八郎頌徳碑　うすひせいはちろうしょうとくひ

鳴海代官碓氷氏の徳をたたへたもの。『碓氷君徳政記』に詳しい。永井勝三『鳴尾村史』に高札場に建立とある。

誓願寺では芭蕉を偲ぶ翁忌が江戸時代から昭和まで連綿として続いた。加藤徹三『鳴海の翁忌俳諧』（なるみ叢書　第十三冊　鳴海土風会）に拠り概《おほむ》ねを知り得る。近時は月齊（下郷杏造）、明朗（加藤徹三）、清彦（榊原清彦）が主宰した。榊原清彦『鳴海茶話』（なるみ叢書　第十八冊　鳴海土風会）所収の「翁忌」に、

　元禄七年芭蕉が死んで一月後に如意寺でその追善法会を営んだのであつた。当時の如意寺の文英和尚は如風と号して、共に芭蕉の門人であつたので、法会には風流の席と変り、ひねもす俳諧三昧の一日となつた。

　これが翁忌《おきなき》の始まりであるが、以来延々二百六十年、鳴海の町では毎年十一月十二日に翁忌を催すしきたりになつて、今日まで続けられてゐる。この日鳴海の風流人が寄り合つて僅かばかりの酒に俗塵商用を忘れて、俳諧を志すのであるがその時代時代の鳴海文人の作品が保存されて良い記念物になつてゐる。

十一月十二日に追善の歌仙を横町（字作町）の岡島自笑宅で興行した。

翁塚

観音堂　くわんおんだう

『下里知足日記』寛文十三年（一六七三）九月廿一日条に「誓願寺堂建立奉加」とあり、この年建立。

知多郡道　ちたぐんだう

札ノ辻より扇川を渡り、鳴海八幡宮御旅所の西を通り、字上汐田と字向田との間。字中汐田と字京田との間を通り、字前之輪の鳴海八幡宮東南角で古い知多郡道と落合ふ。新しい知多郡道。愛知電気鉄道鳴海停留所より南の田園の中の道は八丁畷《なはて》と呼ばれた。

千鳥座　ちどりざ

大村可雄氏と父との話では明治末年東海道北側の扇屋小路東一軒目に映画館千鳥座があつた。

寺嶋嘉右衛門宅　てらしまかゑもんたく

芭蕉の「星崎の」の歌仙は貞享四年(一六八七)十一月七日に安信(嘉右衛門の俳号)宅で興行された。寺嶋七郎右衛門の名で酒田に住んでゐて、鳴海に戻つてから嘉右衛門と改めた。号は「安全」から「安宣」に改め、更に「安信」と改めた。業言の弟。字根古屋に住んだ。札の辻の西方、東海道の北側に誓願寺裏門に至る狭い小路があり、その二軒西である。「元禄十五年鳴海宿街通り図絵」に見える。安信については拙稿「鳴海芭蕉安信」(「解繹學」第六十二輯)参照。

長崎屋ストア　ながさきやストア

長崎屋ストア

昭和二十六年開店。安藤菓子店(長栄軒のパン)、佐藤商店(鮮魚、青果、薪炭、雑貨)、山文商店(衣料品、化粧品、小間物)、八重(洋裁仕立、既製服)、若山商店(漬物、佃煮)など十三店舗。字根古屋二四番地。

長崎屋は文化八年(一八一一)以降の史料に見える旅籠屋。明治初年より煙草製造業、明治十年頃より昭和十七八年迄紙屋を営んだ。今は集合住宅になる。小路西一軒目。

根古屋町　ねこ(ご)やまち

城主の殿に対し配下や百姓の家を小屋と云ひ、麓にあるのを根と云つた根小屋が本来で、多く根古屋と書く。『東海道分間延絵図』『鳴海村古事記』等の他、「なる美新聞」昭和二十四年六月五日号の鳴海農園(札の辻西北角)広告に「根小屋」とある。鳴海城が築かれた応永二年(一三九五)三月以後の地名。城の南は根古屋で城の北は木ノ本(木之元、城乃《き》下《もと》)である。

『下里知足日記』寛文十三年(一六七三)に「ねこや」二例があり、『大日本国郡誌編輯材料』(なるみ叢書第四冊　鳴海土風会)に「ねこやまち」がある。明治十五年の県内の字名には「ねこや」「ねごや」が各一例ある。

本陣　ほんぢん

鳴海宿は東海道第四十番目の宿で慶長六年(一六〇一)に成立した。道中歌「お江戸日本橋七ツ立ち」の第十四に、

岡崎女郎衆はちん池鯉鮒　よく揃ひ
鳴海紋は　宮の舟
こちや　焼蛤をちよいと桑名

元和七年(一六二一)字本町北側に建てられた仮本陣は平旅籠屋並の簡素な建物だつたらしく、寛永十年(一

六三三）字根古屋南側西半分の地に本式の本陣が建設され、代々苗字帯刀を許された西尾氏が勤めた。

『名古屋史跡名勝紀要』、『名古屋の史跡と文化財』、『愛知の史跡と文化財』、『緑区の史跡と文化財』、『緑区誌　区政五十周年記念』に、「西尾伊左衛門」とあるのは誤で、『寛文村々覚書』以下にある通り、「西尾伊右衛門」が正しい。幕末に交代した。字根古屋一番地。

本陣　昭和

享和二年の『鳴海宿書上帳』（なるみ叢書　第十九冊　鳴海土風会）に、「本陣壱軒　建坪弐百七拾三坪半　根古屋町　西尾伊右衛門」とある。文化八年（一八一一）の火事でこの建物が焼け、安政年間の『旅籠屋御用宿順番幷坪数之部』に「一　本陣壱軒　建坪弐百七拾三坪半」と同じ建坪で再建したので間取も同じであらう。再建後の建物について『尾張徇行記』に、「本陣ハ上造作也」とある。敷地は明治十七年『地籍帳』に「二反五畝二十歩」。『宿村大概帳』の「建坪六百七十六坪半」の「建坪」は「敷地」の誤。この書は誤が多い。拙著『東海道鳴海宿』（中日出版）「第八章　鳴海宿の史料訂正」参照。

江戸から尾張藩主が来る時、尾張国最初の宿場といふことで、鳴海宿の本陣で休泊するのが恒であつた。本陣には勅使、院使、宮、門跡、公家、大名、旗本等が休泊した。建物の一部が菊野園製菓舗として近頃迄残つてゐたが壊された。

西尾氏は代々伊右衛門を名乗り、寛文五年に伊右衛門新田を開発した。七世伊右衛門が寺嶋業言である。晩年に西尾姓に戻した。芭蕉が鳴海に来た時は本陣の業言を頼つて来た。俳諧のみならず和歌に造詣が深く『尾張名所和哥集』（榊原邦彦他『みくにことば　第二輯』　中日出版）を編んだ。

浦は町やむかしの鳴海啼くちどり　　業言

十二世伊右衛門は尾張藩に仕へて北川孟虎と名乗り、和算に優れた。文政九年の「古今名人算者鑑」に上段大字で載り、当時日本一流の和算家であつた。榊原邦彦他編『北川孟虎の研究』（なるみ叢書　第十七冊　鳴海土風会）参照。

ライオン写真館　ライオンしやしんかん
大正末期から昭和二十年代まで営業してゐた。字根古屋町北側扇屋小路東二軒目。

圓道寺　ゑんだうじ

曹洞宗庚申山。本尊青《しやう》面金剛明王。通称庚申堂で前の坂が庚申坂。字根古屋一八番地。宗教法人名は圓道寺であるが、寺名が多い。門前の掲示に、

はじめ猿堂寺と号し、その後宝暦七年には地蔵寺、安永三年に庚申堂と変遷し昭和十七年に庚申山圓道寺と定められました。

とあるが史料と一致しない。

一　『張州府志』の「円堂寺」が掲示に無い。

二　『寛文村々覚書』に「円（圓）道寺」が見え、昭和ではない。

三　『千代倉家日記抄』に明和五年の庚申堂があり、掲示より古い。

四　『尾張徇行記』に「地蔵堂」とあり、「地蔵寺」ではない。宝暦七年に寺号と堂号とを交換した。

字花井町　はなゐまち　鳴海中心部

郷蔵　がうくら

『文久三年鳴海村絵図』の字花井町南部に「御除地郷蔵」とある。鳴海村の郷蔵は『寛文村々覚書』に弐ヶ所あり、『東海道宿村大概帳』に三ヶ所とある。「作町郷蔵」「西ノ端郷蔵」の扇川畔の他、善之庵、雷（今の矢切）にあり、時代により変つた。延宝四年（一六七六）の『下里知足日記』に「うら方蔵」とある。

長翁寺　ちやうおうじ

曹洞宗白龍山。本尊釈迦如来。寺の掲示に拠ると、瑞泉寺十世海雄和尚が薬師山に建立し、徳川時代に移転したとある。海雄は天正十年（一五八二）寂である。

薬師堂は『尾張徇行記』に「草創不詳」とあるが、『下里知足日記』に元禄十二年（一六九九）出来とあり新しいから、字薬師山の地名が長翁寺により発生したとするのは誤。今「醫王殿」の額が掛つてゐる。字花井町甲五〇番地。

明治十二年より二十年まで成海学校の西分教場があつた。

東福院　とうふくゐん

真言宗智山派護国山。本尊大日如来。『鳴海旧記』（なるみ叢書　第三冊　鳴海土風会）に、

東福院永禄之頃は赤塚郷に有之、兵火に焼失、夫より浄知坊へ移り、其後今の処へ引越候由。

とある。赤塚にある時は惣持

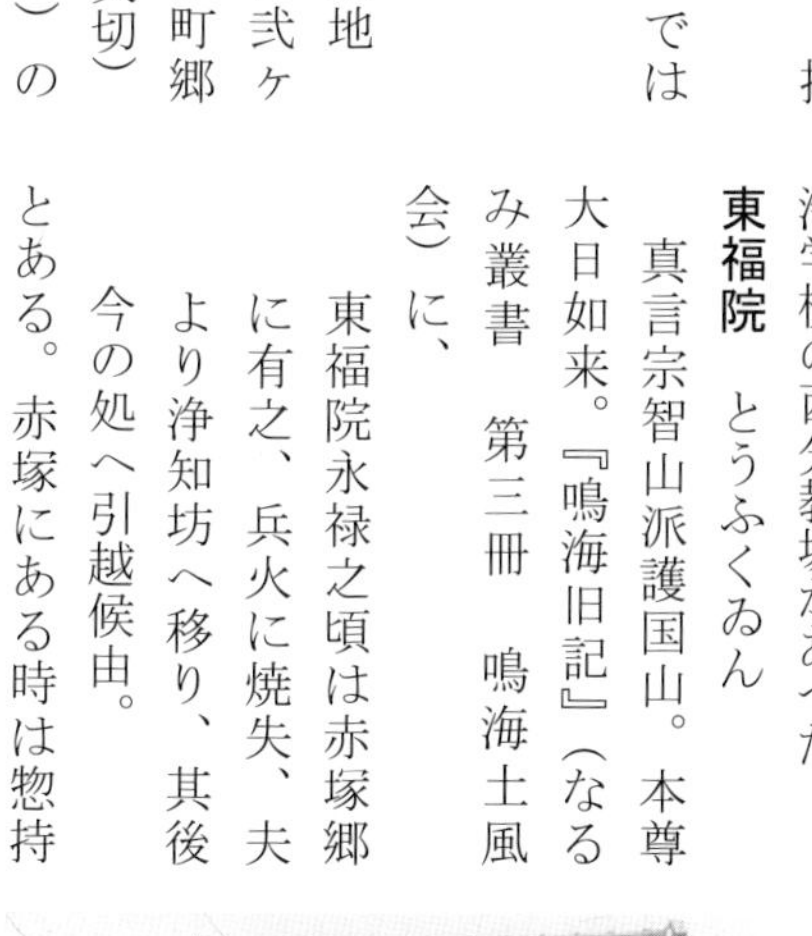

東福院

坊と云ひ宝生院（中島郡の大須観音）の末寺であつた。浄知坊は字森下の西部。引越して浄知坊と称した。寺伝に拠ると、赤塚では鎌倉海道沿にあり、鳴海城が天正十八年（一五九〇）廃城となり、寛永年間（一六二四―四四）に城の廃材で東福院を建てたとある。今も山門に残り貴重な文化財である事を特筆大書する。山門左手に観音堂があり、境内右手の池の中島に弁財天を祀る。字花井町三番地。

問屋場　とひやば

東海道四十番目の鳴海宿の成立は慶長六年（一六〇一）である。宿の成立と同時に問屋場が設けられたであらうが、確認出来る最古は寛文八年（一六六八）で、西問屋は又市（郎）が勤め、東問屋は善十郎が勤めた。西問屋は北浦町（後に花井町となる）の東海道西側の問屋小路北側にあつた。字花井町五三、五四番地。敷地の南半分は諸輪名古屋線の道路になつた。『名古屋の史蹟と文化財』に「とんや」とするが、『千代倉家日記抄』に拠ると「問屋」は「とひや」である。「北浦会所」「裏会所」とも云つた。榊原邦彦『東海道鳴海宿』（中日出版）、『緑区郷土史』（鳴海土風会）参照。

問屋場跡　昭和

花の湯　はなのゆ

銭湯。花井小路の南側字三皿二八番地にあり、道路拡張で字花井町九―二番地に移つた。月曜休で午後四時から十時迄営業。平成十年代に廃業。森賢一氏の話では当代の祖父の代から開いてゐた由。

花井郵便局　はなゐいうびんきよく

昭和四十四年東海道西側の字花井町六三番地で開局し、平成二年に字光正寺四一―二番地に引越した。

花井小路　はなゐこうぢ

明和四年（一七六七）『善右衛門日記』に「花井小路」とあり、古くから用ゐられた。元は幅員一・八米から二米ほどであり、東海道から東への小路である。東海道から西の小路は問屋小路。

火の見櫓　ひのみやぐら

鳴海消防団西部分団に大東亜戦争中からあり、鉄骨供出で無くなつた。昭和二十五年三十尺余の火の見櫓を新設した。森賢一氏の話では花井小路と古鳴海停車場線との西南角にあり、諸輪名古屋線開通で廃止した由。

薬師堂　やくしだう

『今昔鳴海潟呼続物語鉄槌誌』に、邑宰三宅善八が花井の薬師を山中より移し、善八薬師の名があると記す。『鳴海　創立百周年記念出版』（鳴海小学校）に薬師山の地名を説明し、長翁寺の薬師があつたからとするのは誤。元禄十二年に長翁寺の薬師堂が建てられ、薬師山時代の長翁寺には無かつた。花井薬師の鎮座により薬師山の地名が出来たとするのが正しい。

三宅善八は元禄五年（一六九二）より十年まで尾州郡奉行であり、宝永七年（一七一〇）より正徳四年（一七一四）まで大代官であつた。『下里知足日記』の元禄十二年の条に「両薬師」とある。長翁寺の薬師堂と花井の薬師堂とを指す。従つて三宅善八が尾州郡奉行の時に薬師山から移した事になる。

『千代倉家日記抄』安永三年（一七七四）正月六日条に「せんハ薬師」に初穂料を奉納した事が見える。「せんハ」とは「ぜんぱち」の略で「ぜんぱ」と言つたもので、『半七捕物帳』の半七の子分の名と同じである。

『猿猴庵日記』文化十四年（一八一七）三月五日条に「花井町花井薬師開帳　同所西熊薬師開帳」とある。後者は長翁寺の薬師が鳴海村の西端にあるとした通称であらう。

江戸時代花井町であり、明治初年に字三皿三〇番地になつたが、花井薬師の名は変らなかつた。江戸時代に建て堂守の部屋があつた平屋の建物は道路建設の為撤去され、二階建の花井公会堂二階が薬師堂となつた。

字半之木　はんのき　　鳴海東南部

立切　たてきり

鳴海では「定井　ぢやうゐ（い）」と言ふ事が多い。「ぢやうゐ」が訛つた。『地方品目解』に、

立切《タテ》　是は、用水を懸候とて川中に柱を建、戸を附け水をせき留め候を申候

とある。寛政六年（一七九四）『鳴海村杁橋書上帳』に半之木立切とあり、半之木杁（立切杁）もあつた。この立切は「勘兵衛の定井」と云つた。加藤勘兵衛の水車が近くにあつた。

夏は水泳の好適地で多くの子供が泳ぎ、私も泳ぎに出掛けた。小島盛彦氏の教示では、板で二段か三段水を止めてあり、田植時は上まで皆締めて水を溜める、ここで鰻を捕つたとの事。

字平子　ひらこ　　鳴海東南部

水車場　すいしやば

立切より一町ほど下流に扇川から南へ流れる小川があり、加藤勘兵衛の水車場があつた。『蓬東大記』国会図書

館本に「曽根田井口かけ杁」とある杁から水を取つた。字四本木に住んだ加藤季治夫妻の教示では、戦争中ここに米を搗きに行つた由。小川には板橋が架つてゐた。

平子分教場　ひらこぶんけうぢやう

日本住宅営団の土地取纏は昭和十六年に着手し、昭和十八年に住宅工事が完了した。これに伴ひ名鉄は左京山駅を作り、鳴海町は昭和十七年に平子分教場を建設した。昭和二十八年平子小学校となつた。字平子一五番地。

字平手　ひらて　　鳴海東部

庵寺　あんでら

江戸時代より尼が居た。明治以降萬福寺が管理し平手説教所と云つた。平成元年より報恩寺と云ふ。字平手一四番地。

水車場　すいしやば

『徴発物件一覧表』に拠ると鳴海村の水車場は明治十七年に四ヶ所あり、明治三十年には七ヶ所あつた。

扇川左岸平手橋の上流にあり昭和前期迄稼働した。

平手新田　ひらてしんでん

承応二年（一六五三）の縄入。最初は小規模で『寛文村々覚書』に家数八軒、人数三拾九人とある。天明七年（一七八七）の庄屋は伝右衛門、弘化五年（一八四八）の庄屋は清兵衛。

平手駐在所　ひらてちゆうざいしよ

明治末期に字相原郷真中の白土道南側にあり、昭和の初に平手の相原池東南に移り、昭和十年道の北側字平手一三二番地に移つた。昭和五十一年道路の拡幅の為道の北側、字籠山九三―一番地に移り、派出所に昇格した。

平手橋　ひらてはし

扇川に架る間米道の橋は『明治初年鳴海村絵図』に橋脚のある板橋が描いてある。

間米道　まごめみち

『天保十二年愛知郡平手新田村絵図』に「間米道」とある。今は『鳴海局郵便区全図』にある諸ノ木道と云ふ。

道標　みちしるべ

前は白土道と諸ノ木道との交叉点にあり、今は報恩寺の庭に移された。「右モロノキ」「左白土」とある。

字平部　ひらぶ　　鳴海中心部

商人宿　あきんどやど

主として行商人を泊める宿。『愛知県史　資料編　一五　近世一』七九九頁に元治元年（一八六四）の商人宿として「□屋　傳兵衛」と「菊屋　圓蔵」とがある。

□は「藤」である。藤屋傳兵衛は字平部北側で中島橋より東十四軒目であり、菊屋圓蔵は字平部南側で緒川道への小路の西七軒目である。

行者堂　ぎやうじやだう

曹洞宗紫雲山金剛寺。本尊行者菩薩。字平部四一番地。『愛知郡村誌　鳴海村誌』『愛知県歴史の道調査報告書I』『鳴海瑞泉寺史』に宝暦十年創建とあるのは誤。『千代倉家日記抄』宝暦十一年三月十八日条に「此度開基」とある。役（えんの）行者を祀り古くから行者堂の名で親しまれた。痣《あざ》封じが有名。

行者堂

西運寺　さいうんじ

真宗高田派中井山。本尊阿弥陀如来。東海道南側字平部三〇番地辺。天正十年（一五八二）創建。宝暦四年（一七五四）五軒屋新田に引越し、八年今の地（前後町善江）へ引越した。今は西雲寺。

常夜燈　じやうやとう

平部東で東海道の南側にある。文化三年（一八〇六）建立。

立場　たてば

街道で旅人、人足、駕《か》籠《ご》舁《かき》が休む所。馬を立てるので立場と云ふ。立場茶屋と云ひ茶屋の一種だが公式に認められた茶屋。丹下町にもあり、江戸時代中期に鳴海宿には東西入口に二軒の立場があつたものの、公式には東入口の平部町のみが立場として認められてゐた。笠寺観音の前にもあつた。

平部町の立場は東海道の北側で、東端の字平部一番地にあり、天保年中より明治初年までは井桁屋藤助であつた。『東海道分間延絵図』の東京国立博物館本は東海道の南側に「立場」と記し、同本に基づく東京美術の解説も東海道と手越川の間に[立]とし、南側に立場があつたとする。『東海道分間延絵図』は東京国立博物館本の他に逓信博物館本があり、同じく南側に立場があると記す。両本ともに間違ひであり、北側とするのが正しい。

藤助の立場の間口は五間半で、八畳、六畳、四畳の部屋があつた。

立場跡

平部　ひらぶ

字名。『鳴海旧記』（なるみ叢書　第三冊　鳴海土風会）

に、永正年中（一五〇四―二〇）平部山より引越とある。平部山は東海道より南方の山を広く云つた。

「平部」は平地ではなくて、緩い傾斜地を言ふ。『古事記』に猿田彦命の手を「比良夫貝」が挟んで溺れさせたとある。「比良夫貝」が不明であつたが、「ひらぶ」の地名が緩い傾斜地を指す事から貝殻が緩い曲線をなす貝の「たひらぎ」である事が解明出来た。榊原邦彦『枕草子及び平安作品研究』（和泉書院）「第八章　古事記解釈の問題点」参照。

りんまん小路　りんまんこうぢ

行者堂二軒東の小路。下村林太郎に因む。

緒川道　をがはみち

東海道より葬殮《さうれん》小路を経て南の車路橋を渡り、南堤を東に向ひ、緒川道川沿に大高に至り、三ツ屋、大府を経て緒川に達する。『大日本国郡誌編輯材料』に「幅　五尺」とある。鳴海から大高への道としては遥か西を通る新古の知多郡道があるだけで、鳴海と知多郡とを結ぶ主な道であつた。『鳴海宿諸事留書帳』に「知多郡東浦海道」とあり、『宿内軒別絵図』に、「知多郡東浦道」とある。

字藤川　ふぢかは　鳴海北部

藤川　ふぢかは

天白川の支流。藤川池より流れる。藤川池より上流は螺貝川である。『愛知郡村誌　鳴海村誌』に、「長拾四町二十間」とある。主な杁《いり》（水門）は二つある。

並松杁　字古鳴海。懸杁（用水を取る杁）である。

底杁　字長田。懸杁。百々川の杁である。

藤川池　ふぢかはいけ

享保十年（一七二五）の築立で一町八反一二畝六歩あつた。水は藤川、百々川を流れて裏田圃の用水となる他、戸笠池の水と共に天白川を伏越して笠寺村に流した。『尾張徇行記』『愛知郡村邑全図　野並村』にある鳴古池が野並村での池名で、鳴海村は専ら藤川池と呼んだ。字藤川二番地。

字文木　ぶんき　鳴海中南部

片坂道　かたさかみち

字文木の東端に百七十米程人一人が通れる南北の細い道がある。片坂道である。

嶋海戸　しまかいと

字名。『慶長十三年鳴海村検地帳』に「しまかいと」奈良県には「かいと」地名が三千百五十と多く、全国に広く存在する。多様な意味があり、鳴海では字片坂の「大海戸」と共に聚落に云ひ、「大海戸」は大きな聚落で「嶋海戸」は田圃の中の島状の地を云つた。字文木の南部で東西に長い矩形状をなしてゐた。古くは人が住み周囲の水田を耕してゐたと思はれる。字伝治山に「垣内」（かいと）があつた。

鳴海球場　なるみきうぢやう

昭和二年五月愛知電気鉄道が工事に着手し、九月に完成した。面積一万二千坪で当時の甲子園球場を凌ぐ宏壮さを誇る。内野席は屋根があり大鉄傘と呼んだ。昭和十一年にここで行はれた名古屋金鯱《きんこ》軍と東京巨人軍との試合が日本最初の職業野球戦である。十対三で金鯱軍が勝つ。観客二万五千人、指定席は一円五十銭であつた。中等学校の野球、大相撲の巡業、花火大会、鳴海小学校の運動会などで鳴海の人だけでなく愛知県の人々に親しまれた。昭和二十九年に照国、羽黒山の両横綱をはじめ百五十名の大相撲が興行した。入場券は無く、愛知電気鉄道の乗車券を示せば良いし、鳴海の商人が球場で品物を売れば売上金はそのまま商人のものといふ大らかなものであつた。昭和三十四年より名鉄自動車学校となり球場時代の内野の建物は取壊さず利用してゐる。

鳴海荘駐在所　なるみさうちゆうざいしよ

昭和十二年鳴海荘の治安を守る為に開設され、昭和二十九年まで続いた。字文木の東南端で宮道の北側。

平等寺　びやうどうじ

『鳴海旧記』（なるみ叢書　第三冊　鳴海土風会）に

一　平等寺　是は只今東宮森南畑中に松有り。右森
　より一丁有り。平場。

とあり、『鳴海寺縁起』に桶廻間合戦の時回禄（火災）に罹るとある。字白山《しらやま》に平等寺道かあつた。

文木　ぶんき

字名。『慶長十三年鳴海村検地帳』に「ふんき」。『元禄六年本田新田名寄帳』に「分木」とあり、この表記が良い。即ち分木とは用水を分岐する為の堰や、分岐点に立てる標木である。字文木に「分水」「分水場」「くいの木」の地名があり、標木の杭の木であらう。新海池造成以前に既に大きな真池《まいけ》があり、その用水を宿地方面と裏田圃方面とへ分岐した。

盆栽村　ぼんさいむら

中村清二氏の話では、愛電が鳴海球場を作つた時に集客の為千種駅辺の盆栽屋を誘致した。昭和七年の盆栽屋は十三戸。大東亜戦争中まで市が立ち、主に玄人相手であつた。昭和五十年代に商売を止めた由。鳴海球場の東。

字鉾ノ木　ほこのき　　鳴海中北部

神明社　しんめいしや

慶長十三年の備前検地で神明山として「長三十二間横三十間」が縄除となる。山王山に続く字鉾ノ木の北端である。『天保十二年鳴海村絵図』に「上三王社」とある

のは俗称でよろしくない。高嶋金毛『甘辛録』に天保八年八月十四日の大風で神明社の木が倒れた事を記す。

『尾張年中行事絵抄』に、

　此社（成海神社）の西大門に鉾掛之松として老樹あり。これは御出陣の時、鉾をかけさせ給ひし木なりとて末社として、丘山の上に小祠をたつ。其松、今は枯れたりといへども、其名朽せぬ神跡なり。

とある。明治四十年迄あつた。字鉾ノ木一〇番地。

神明社跡

鉾ノ木　ほこのき

　字名。『張州府志』に、

　日本武尊征二東夷一凱旋之日。解二戎衣一憩二于此一其路有二一老樹一。曰二矛樹一。今樹已朽矣。

日本武尊東夷を征し凱旋の日、戎衣を解き此《ここ》に憩ふ。其の路一老樹有り　矛《ほこ》の樹と曰ふ。今樹已《すで》に朽ちたり

「戎衣（戦の服）」を脱ぎ「矛（武器）」を置いた事は遠征が終つた事を示す。日本武尊は往路は海路で鳴海潟から出航し、復路は陸路で帰還して掛けたのであらう。

『尾張旧廻記』の鉾掛ヶ松の条に「小祠有」とあり、鉾ノ木の生えてゐた場所に神明社を建立したと思はれる。

鉾ノ木貝塚　ほこのきかひづか

　野村三郎氏が発見した。縄文土器や石錘が出土した。名古屋市内で公開されてゐる縄文貝塚で貴重である。

　鉾ノ木遺跡は貝塚より上にあり、溝状遺跡や須恵器、山茶碗などが散布してゐた。見学出来る貴重な貝塚である。字鉾ノ木三三番地。

鉾ノ木之址　ほこのきのあと

　字鉾ノ木東南端の道の西に石の塚があり、大正元年に加納永太郎が建てた。五五番地で一九番地と共に『地籍帳』に塚とある。ここは石塚と呼ばれて小石が多かつた由。そこでこの地に建てたのであらうが、神明社から百八十米ほど離れてゐて、鉾ノ木の生えてゐた場所ではない。

鉾ノ木貝塚

字細口　ほそくち　　鳴海東部

相原池　あひは（ば）らいけ

廻り池（めぐりいけ）とも云ふ。白土道の直ぐ北にあ

る。字細口一番地、五反六畝二三歩。

幼導学校　えうだうがくかう

明治六年平手新田村分会所を校舎とし、開校した。授業料は月に二銭である。明治九年平手学校と改称し、明治十八年成海学校分場となつた。明治二十年鳴海学校分場と改称し、明治二十五年鳴海尋常小学校分教室となり、以後も改称を重ね、昭和二十二年鳴海第二小学校として独立し、翌年鳴海東部小学校と改めた。字細口二七番地。

平手池　ひらていけ

細口池、細口下池とも云つた。字細口六三番地、一町二反一畝。

細口池　ほそくちいけ

細口上池とも云つた。字細口四一番地、四反七畝一八歩。用水は細口川で流した。池は埋められ、川の多くは暗渠になつた。

融伝塚　ゆうでんつか

融伝は裕福寺第四世で応永二十二年（一四一五）住職となつた。逸話が多く伝へられてゐる。享保十三年（一七二八）に遺徳を偲び字細口北部の融伝に融伝塚が建てられた。台石は無く地面に直接据ゑてあり、碑文は磨滅して見えなかつたが、『張州府志』に「愛知東麓　有瑟彼泉　神所助焉　民受賜焉　刺山標異　卓地稱賢　吾師不愧　猶漑耕田」とある。神沢南公園に移した。

融伝泉　ゆうでんのいづみ

融伝は熱田社を信仰して度々参拝した。或夏の日水を求めたけれど無かつたので神に祈つて錫杖で地を穿《うが》つたところ泉が湧出し以来永く水の絶える事が無かつた。そこで人々は融伝泉と呼んだ。昭和四十三年には見当たらなかつた。

融伝道　ゆうでんみち

白土道から字細口の谷を西へ遡る道であつた。字滝ノ水の北を通り上旭出から旭出川を下る。旭出道の名もあつたが融伝が度々通つたので名が出来た。

或日山の中に狼が一匹出て来て大きな口を開けて立つた。有様が変なので良く見ると喉に物がつかへてゐるやうなので、狼の口の中へ手を差し込み骨を取つてやつた。狼は喜んだ様で尾を振り去つて行つた。『小治田之真清水』に「融伝和尚狼の故事」として絵があり、榊原邦彦『鳴海名所図会』（なるみ叢書　第

融伝塚　昭和

二十冊　鳴海土風会）に収めた。融伝塚は融伝道の南側に北面してゐた。道の反対側に融伝池があつた。

字細根　ほそね

鳴海東南部

小山園　せうざんゑん

下里知足の時代に創つた別荘。寂照庵や湛然堂があり伊勢湾台風で倒壊した。

寂照庵跡の前庭に

宵闇や霧のけしきに鳴海かた　其角
旅路かさなる雁の高声　知足
関風の色吹越る山見えて　菐言

と刻んだ其角三吟塚が建つ。三人とも芭蕉の弟子。嘉永二年に建てた。其角は元禄七年に鳴海に来た。知足は相原町の下里知足、菐言は根古屋町の寺島（西尾）菐言。

眼に餘る相に花あり大伽藍　柔水
長旅の秋の終りや浦傳ひ　七十八翁金毛

この高嶋二吟塚も前庭にあつた筈だが見当らない。金毛については『此君園家訓　此君園漫筆』（なるみ叢書第七冊　鳴海土風会）参照。柔水は金毛の父。高嶋家は代々医者である。

湛然堂跡

寛政三年（一七九一）芭蕉の句に因んだ栗塚があり、初期の塚の恒として句を刻まず石を積んだもの。下郷家に移された。永井勝三『細根山小山園考』（なるみ叢書　第十二冊　鳴海土風会）参照。

栗塚　昭和

往時の細根山の有様は『尾張名所図会』の細根山、「鳴海十景　細根天神社」に見る事が出来る。共に榊原邦彦『鳴海名所図会』（なるみ叢書　第二十冊　鳴海土風会）に収めた。

天神社　てんじんしゃ　てんじんのやしろ

境内「細根天満宮造営奉賛碑」に宝暦二年（一七五二）に創祀とあるが、鳴海城の鎮守の天神社が廃城後荒れ果ててゐたのを知足が遷して祀つたと伝へられてゐる。従つて知足が歿した宝永元年（一七〇四）以前の創立とするのが正しい。

境内の石柱、鳥居に「天満宮」とある。『神社明細帳』に「天神社」とあるのが正式名称である。『尾張志』『愛知郡村誌　鳴海村誌』下郷次郎八『文政五年家数書上帳』に「天神社」とある。宝暦二年は京の吉田家へ届出た年であり、尾張藩の寺社方には宝暦六年に届出た。昔は多くの末社があつた。拙著『東海道鳴海宿』（中日出版）「第三部　第六章　字細根」参照。

天神社

東陵中学校　とうりようちゆうがくかう

昭和四十八年に開校した。

東陵中学校校歌

作詩　榊原清彦

一　緑ふくらむ　この丘に
東に向い　手を挙げて
輝く空を　わが胸に
ああ東陵　東陵われら

東分場　ひがしぶんぢやう

鳴海尋常高等小学校の東分場が大正十三年に完成した。百三十坪余。木造三教室平屋の一棟と職員住宅とがあり、尋常四年までの十三名が通ふことになつた。

大東亜戦争中には東分場が無線の基地となり、終戦後暫くの間日本放送協会が借りて米軍向の放送をした。返却後昭和三十四年まで学校として続いた。

道標　みちしるべ

天神社の西の道端に「右白土」「左相原」の道標がある。旧地から百米程北に移つた。

字螺貝　ほらかひ　鳴海北部

笠寺池　かさでらいけ

『明治初年鳴海村絵図』に「笠寺池」とある。字螺貝一番地、八反七畝歩。明治十七年『地籍帳』に溜池とあるが、後に田になつた。区画整理までは池の跡らしい佇ひで、西側の堤が残つてゐた。藤川池の東。

戸笠池　とかさいけ

『寛文村々覚書』に無く『尾張徇行記』にあるので、その間の築立であらう。名前の通り戸部村と笠寺村との水利の為に造つた池なので、鳴海村の史料には出て来ない。後年笠寺村専用になり、藤川を流して天白川を伏越で越した。字螺貝四一番地。天白町と共有で鳴海分は三町一反。

鳴海町最高地点　なるみちやうさいこうちてん

昭和二十五年『鳴海町全図』に拠ると、字螺貝と字黒石との字境の山が鳴海町最高地点で、海抜八十三・六米あつた。緑区最高地点でもあつた。土地区画整理で二十米以上削られた。

二王池　にわういけ

『明治初年鳴海村絵図』に戸笠村の直ぐ東に二王池がある。笠寺村の用水池である。笠寺村の仁王池の名は笠寺観音南方に仁王門があつた故である。ここは字螺貝四七番地と五〇番地とに二つの池があつたので名を付けた。明治十七年にはあつたが、昭和時代には無くなつてゐた。

螺貝池　ほらかひいけ

正徳五年（一七一五）の築立。二町一反三畝二五歩あつたが、昭和四十三年に南半分を埋立てた。『尾張徇行記』に「洞谷池」、『尾張志』に「螺谷池」とある。時には水が涸《か》れる事があり、高嶋金毛『甘辛録』に天保十年（一八三九）の旱魃で七月に涸れてしまつたとある。字螺貝六〇番地。

字母呂後　ほろのうしろ

瀬山　せやま

『中古日本治乱記』に桶廻間合戦の当日前哨戦が瀬山であり、織田方が佐々や千秋を今川方に討取られて負けた記事がある。瀬山がどこを指すかは永井勝三『鳴尾村史』に「今鳴海字母呂後」とするのみである。

しかし明治以後の字母呂後は井路敷と田としか無い低湿地で合戦が出来る土地ではない。東や南も似た地形で北の字善明寺のみ砂洲で大部分畑である。戦国時代と明治時代との地名の若干の移動は有り得る為、字善明寺と推定される。榊原邦彦『桶廻間合戦研究』（中日出版社）「第六章　桶廻間合戦の史蹟　鳴海村　瀬山」参照。

母呂後　ほろのうしろ

字名。『慶長十三年鳴海村検地帳』に「ふろのうしろ」とあり、「ふろ」は「ほろ」の古称である。柳田国男の『塚と森の話』の「森を『フロ』と称する地方」に述べてゐる通り、森の意味で神社の森を指す。即ち諏訪社の後の意で、応永三年（一三九六）の瑞松寺創建以降に諏訪社が勧請され、母呂後はそれ以後の地名である。

猶二字以上の漢字表記の語は音読か訓読かで統一するのが原則であり、混用する重箱読や湯桶読は少ない。又古い地名は訓読すべきである。

字本町　ほんまち　鳴海中心部

御添地　おそへち

字本町北部。鳴海城主の居館御殿屋敷に隣接して武士が住んだ。『千代倉家日記抄』元治二年（一八六五）条に見える。昭和七年『郷土資料　二号』に拠ると町内会として御添地があり、十三戸入つてゐた。名古屋には尾張藩主下屋敷に御添地があつた。

高札場　かうさつば

幕府は正徳元年（一七一一）に御府内、五街道、天領

などに高札場を設けた。高札は重要法令の周知を目的とした。鳴海の高札場は享和二年（一八〇二）の榊原邦彦『鳴海宿書上帳』（なるみ叢書　第十九冊　鳴海土風会）に高さ二間二尺、長さ三間、横一間とある。高札の枚数は時代に依り異る。鳴海宿の高札は鳴海町役場に保存されて来た。加藤徹三「鳴海御高札について」（「奈留美」第十二号　鳴海土風会）参照。高札場があつた辻を札の辻と呼ぶ。共に今でも地名として使ふ。成海神社の木の鳥居と燈籠とが札の辻にあり、道は鳥居の下を潜る。高札場は鳥居の東側にあつた。道が拡幅されてから鳥居は道の東側になり、昭和三十六年に交通輻輳の為鳥居と燈籠とを字城の天神社に移した。

高札　昭和

　『千代倉家日記抄』に拠ると、裏方の者は辻の鳥居の隣に高札があるのは祭の邪魔だと思つてゐたらしく、神主が村役人に何度も陳情したり、裏方の者百人程が名古屋に出掛け、高札場の場所替を願つたりした。前から本町にあるのではなく、最初は作町の曲かねにあり、次に相原町の曲尺之手《かねのて》にあつたから、今一度移してほしいと云ふ趣旨のやうだ。

小路　道　こうぢ　みち

御林平針道　札の辻より北への道。

知多郡道　札の辻より南への道。善之庵道。

分署小路　本町西部より北の圓龍寺への道。

御添地小路　本町東部より北の萬福寺、雷社への道。

寺坂　万福寺の東の坂。万福寺坂とも云ふ。

梶屋小路　本町中央より南への小路。

曲尺之手道　本町と相原町との間の南への道。

御殿屋敷　ごてんやしき

　『元禄六年本田新田名寄帳』に「御殿屋敷」がある。後酉《のちとり》新田の畑となつてゐた。桶廻間合戦後の鳴海城主佐久間氏は字作町の佐久間御殿（仮称）に居住して佐久間町、佐久町、作町の地名が出来たと思はれる。従つて御殿屋敷に居住したのは安原備中守となる。家老の屋敷は花井屋敷や十太夫屋敷があり、当然城主の屋敷があつた。圓龍寺の西。

少将の井　せうしやうのゐ

　榊原邦彦『緑区郷土史』「鳴海の名水」で野村三郎氏の指摘した少将の井につき記した。『成海神社古実聞書』に「本町少将井」とあり、御添池小路の奥の萬福寺へ上る手前の井戸を指す。使はぬが井筒は残る。尾張国第二代藩主光友の子に出雲君と摂津君とがあり、共に少将に任ぜられた。度々江戸と往来し、或時西尾伊右衛門の本陣に休泊した井戸水が美味であるのを賞したので名が付いた事が考へられる。

銭湯　せんとう

だるま屋　昭和十年代に東海道の南側、字本町東端の角にあつた。

千鳥湯　昭和四十年代に曲尺之手道の西側、字本町五三番地にあつた。

少将の井

問屋場　とひやば

『名古屋史跡名勝紀要』に、問屋場につき、

鳴海には最初町の西端に近い所（東海道と長応寺の筋との交叉点の西北角）にあつたが天保年間、東の口にも必要とあつて区役所の所に設けて二カ所になつた。

とあり、続刊の『名古屋の史蹟と文化財』、『緑区の史跡と文化財』、『緑区誌　区政五十周年記念』も同じで誤が多い。

一　最初西問屋だけだつたとするが、問屋の最古の記録寛文八年（一六六八）に東問屋又市、西問屋善十とあり二軒である。

二　「長応寺」は「長翁寺」の誤。

三　天保年間に二ヶ所になつたとするが、天保十四年の『東海道宿村大概帳』に問屋場一ヶ所とあり誤。

記録のある寛文八年から二ヶ所であり、文化八年（一八一一）の火事で西問屋場一ヶ所のみとなり、安政三年（一八五六）に東問屋場を再建し再び二ヶ所になつた。場所は字本町の東海道南側、東から二軒目の字本町五四番地である。

享和二年（一八〇二）の榊原邦彦『鳴海宿書上帳』（なるみ叢書　第十九冊　鳴海土風会）に「半月代り」とあり、文政五年（一八二二）の『尾張徇行記』に「月番ニツトム」とあり、勤め方は時代に依り変つた。

享和二年には問屋場に、問屋一人、年寄一人、帳付役一人、物書役一人、馬差五人、人足方五人、下働之者二人が詰めた。

問屋は業務の一切を掌り、年寄は輔佐を行ふ。帳付役、物書役は人馬の出入や賃銭等を記す。馬差は馬子の指図をし、人足方は人足の指図をする。下働之者は他宿の問屋との連絡や出迎に当る。

旅人は問屋で人馬を雇ふ。四十貫までの荷物を付けた馬が本馬で、二十貫までの荷物を付け人が乗るのが乗懸《のりかけ》で、賃銭は同じである。軽尻《からじり》は人が乗つた五貫までの荷物を付けた乗《のり》軽尻と、人が乗らず五貫から二十貫までの荷物を付けた荷《に》軽尻とがあり、賃銭は本馬の三分の二である。人足は五貫までの荷物を運び、賃銭は本馬の二分の一であつた。

拙著『鳴海宿書上帳』（なるみ叢書　第十九冊　鳴海土風会）に拠ると、寛政十年（一七九八）よりの賃銭は次の通り。

	池鯉鮒へ	熱田へ
本馬	百五十二文	八十三文
乗懸	同断	同断
軽尻	百二文	五十四文
人足	七十三文	四十二文

鳴海町役場　なるみちやうやくば

明治二十二年鳴海町となり、明治三十六年に新たに鳴海町役場を建設した。当時の建物として新しい様式で各地から見学者が相継いだと云ふ。野村三郎町長、加藤徹三助役の時に新庁舎を建設する事になり、昭和三十二年竣工した。旧庁舎は鳴海八幡宮の境内に移し、社務所として用ゐてゐる。字本町五四番地。

鳴海廃寺　なるみはいじ

圓龍寺境内の発掘に依り軒丸瓦、軒平瓦が見付かつた。廃寺の創建は天平宝字年間（七五七—七六五）以降と見られる。伝承や記録は無い。

鳴海分署　なるみぶんしよ

東海道の北側、分署小路の西字本町二七番地にあつた。

明治九年に警察第一方面名古屋出張所第一分署第一巡査屯所を設置した。十年名古屋警察署平針分署鳴海巡査交番所と改め、年内に名古屋警察署鳴海分署に昇格した。明治十二年熱田警察署鳴海分署となつた。明治十三年に庁舎を建設した。練武場は明治十九年に鳴海村民が寄附した。明治四十二年に熱田警察署鳴海巡査部長派出所となり、大正八年に熱田警察署鳴海警部補派出所となり、昭和十八年に巡査部長派出所となり、昭和二十三年に自治体警察発足に伴ひ鳴海町警察署となつた。

乗物の乗場　のりもののりば

札の辻に明治以降人力車の丁場があつた。明治末、大正初頃に鳴海から熱田まで人力車で行くと一円五十銭掛つた。

乗合馬車の馬車小屋もあつた。馬車の停留所を言ふ。明治三十五年頃から大正十二年頃まで、前後から有松、鳴海、笠寺、山崎橋、神宮西門まで東海道を通つて愛知共同馬車会社が乗合馬車を走らせた。六人乗で午前に六本、午後に八本、「馬車乗れ乗れ」と聞える喇叭《ラッパ》を吹きながら走つた。今の坂部公民館の前、鳴海町字鎌研の一里塚、笠寺観音で停つた。鳴海から神宮西門まで大人一人八銭で、後に十二銭となつた。

終戦後は数年間輪タクの溜場となつた。小学生の時祖母と天白の島田に行く時に乗つた。札の辻の西南が溜場で二輛ほど待つてゐた。自転車の横に幌を掛けた座席に二人で乗込むと、坂でも力を入れて漕ぎ、降りる事なく走る。島田には無かつたので帰りは歩いた覚えがある。

花井屋敷　はなゐやしき

圓龍寺の書上に今の境内地を花井屋敷と云つたとあり、安原備中守の家老花井右衛門が住んだ。『花井勘右衛門由緒』に右衛門の居住の中に名水花井があつたとする。しかし『金鱗九十九之塵』の「花井系図由緒書」に名水花井の住居は隠居してから住んだ所とあり、矛盾は無い。

火の見櫓　ひのみやぐら

鳴海町役場の入口東側に鉄骨造の火の見櫓があつた。

萬福寺　まんぷくじ

真宗高田派三井山。本尊阿弥陀如来。旧地は字砦西端梵鐘刻銘に永享二年（一四三〇）とあるのが三井高行の創建の年である。鳴海の多くの寺と同じく桶廻間合戦で焼失した後、今の字本町五番地に移つた。本堂は風格ある木造建築で、文政十年より嘉永五年まで二十五年を掛けて建てた。

「郷土史料をあさりて」（「愛知教育」昭和七年四月）に、

丹陽村三ツ井は三井男爵家発祥の地である。三井家は永享の頃までこゝに住つてゐた。こゝを去つて鳴海にうつり、大永の頃伊勢の松阪に転じ、慶長の頃江戸に出たものである。

昭和九年に女子那爛陀苑《ならんだゑん》を開設し、昭和二十四年擁護施設那爛陀学苑に転換した。社会福祉施設の草分けとして優れた実績があり、女子小中学生、幼児を収容してゐる。平成十九年字大清水に移つた。

大正四年御大礼記念として萬福寺内に上宮《じやうぐう》日曜学校を

萬福寺

那爛陀苑　昭和

開設し、満五歳から十六歳までの児童に毎日曜日教育を行つた。内容は法話、童話、仏教読本から始まり、童謡、童舞、音楽、児童劇、絵画、手芸と盛沢山なもので、花祭、報恩講、遠足など年中行事も多く、昭和七年には百四十七名も在籍した。

昭和二十八年に三井礼淳校長、講師は内藤多喜夫、野村三郎、野村松韻、榊原清彦らに依り再開した。

灌仏や雀子躍る寺の門　榊原輟耕

この寺の木立に春はきざしたり
ひそかに鳴れる勤行の鐘　榊原春村

鐘鳴るや爛漫として咲く花の
しづまりかへり明け白む頃

秋の気のしみとほりたる古寺の庭　榊原清彦

銀杏散る施設の子らのあどけなさ　榊原邦彦

御手洗井　みたらしのゐ

『鳴海旧記』（なるみ叢書　第三冊　鳴海土風会）に、成海神社の例祭の折、御高札場の辺へ神輿が神幸し、御手洗井の井桁の上に奉るとある。日本武尊がここの御手洗井で禊として手を洗ひ、近くから東国へ船出したと伝へられ、例祭に高札場南の鳴海八幡宮御旅所前の扇川で御船流の神事が行はれる。『鳴海史蹟ハイキング案内』（鳴海文化協會）に早川鍵次方とある。牧野家文書『成海神社東宮大明神末社所々御遺跡』に描く。東海道の北側で東五軒目、字本町二十三番地。

名水　めいすい

天保十五年『愛知郡鳴海村墨引図面』の萬福寺東南角に井戸を描く。本図には花井、中戸井など鳴海の名水を描くので、これも名水であらう。上中に接してゐるので野村三郎氏が上中の名水として挙げたと思はれる。

脇本陣　わきほんぢん

初期の脇本陣は宝暦五年（一七五五）に本町の藤十郎が勤めた。札の辻の角の地ではない。札の辻の東方に溝があり、東海道に「本藤十前」の名の橋が架つてゐた。道の南側で札の辻から東三軒、後の中嶋屋小左衛門の所と考へられる。安永九年（一七八〇）に脇本陣が札ノ辻東南角の正六に代り幕末までその地にあつた。本陣の補助。

『緑区誌　区政五十周年記念』、『名古屋の史跡と文化財』等の諸書に脇本陣二軒とあるのは誤で、脇本陣一軒、脇本陣格一軒とするのが正し

御手洗井跡

い。正六の後に彌三右衛門、土井新三郎が勤めた。字本町八三番地。

脇本陣格　わきほんぢんかく

大和屋が勤めた。文政八年（一八二五）頃に脇本陣格となつたか。字本町七六番地。幕末に休業した。脇本陣ではなく、旅籠屋である。

圓龍寺　ゑんりうじ

真宗大谷派竹林山。本尊阿弥陀如来。往古は天台宗善正寺と号し、字砦の西端にあつた。後に真宗大谷派になり善照寺と改めた。桶廻間合戦で焼失し、花井屋敷と呼ばれた今の字本町一一番地に移り、更に扇川の川端に移つた。寛永十年（一六三三）今の地に戻り、現在の寺号に改めた。善照寺の跡地に善照寺砦を築いたのではない。字砦の条参照。

圓龍寺　昭和

字丸内　まるち　鳴海南部

車路通　くるまぢとほり

『千代倉家日記抄』寛政二年（一七九〇）三月廿三日

志水甲斐様今日大高村へ表立御越に付、尤鳴海車路通り御越

とあり、尾張藩家老志水甲斐守が表立（公式）つて通る道である。他に「御道筋先規の通り御通行」とある。札の辻からの善之庵道は鳴海から大高への近道ではあるものの、古い時代には海であり、より上流の道を通行し、これは「先規」を重んじたもの。車路橋から字善明寺、字丸内を通り、善之庵に至る。東海道から車路橋までは葬殮《さうれん》小路と云ふ。この道も善之庵道も知多郡道の名があり、こちらが古い知多郡道である。

修理田道　しゆりでんみち

字石堀山と字丸内との間を字山腰《やまのこし》の方に延びる道。字山腰の旧字に「修理田」があつた。社寺の維持の為施入された田で、ここは鳴海八幡宮の神田である。伊藤鋭氏の話では山腰と言はず「シユリデの田」と云つてゐた由。

丸地不動堂　まるちふどうだう

字丸内五〇番地の車路通北側に大東亜戦争前よりあつた。前は東向の堂の建物があり、婦人が熱心に信仰し昭和四十年代には多くの幟が立つてゐた。今堂は無くなり「丸地不動堂」の標石のみが民家の前に立つ。

字万場山　ばんばやま　まんばやま　鳴海中北部

馬場山観音　ばんばやまくわんおん

栢木《かやのき》家の初代が建立した観音堂。円空作の十一面観音菩薩立像が安置してあつた。『千代倉家日記抄』の宝暦四年（一七五四）条に和菊の家族が参拝した記事がある。

馬場山金比羅　ばんばやまこんぴら

『千代倉家日記抄』に拠ると宝暦二年に亀世が参詣した。朝日出に近い所にあつたらしい。

万場山　ばんばやま　まんばやま

字名。『寛文村々覚書』に「はんは山」、『張州府志』の北の山に「番場」とあり、本来は「ばんばやま」と読んだ。「万」は漢音がバン、呉音がマンであり、どちらにも読める。明治以降は主にマンバヤマと読んだ。ハバは崖の意で、ババとなり、更にバンバとなつた。崖のある山。

山神社　やまのかみのやしろ

『明治八年調社寺書上地』に、

字万場山四番　一　境内壱畝拾三歩　員外社山之神

とある。大正二年字諏訪山の諏訪社に合祠した。

字三皿　みさ　みさら　　鳴海中心部

加藤徹三宅跡　かとうてつぞうたくあと

字三皿三二番地。加藤徹三氏は鳴海町長の期間より大正九年設立の鳴海耕地整理組合の要職にあつて、鳴海町の将来計画の設計、実施に当つた期間が長い。日本画、書、短歌、俳句と各方面の鑑賞創作は一流であつた。著書に、なるみ叢書第一冊『鳴海町瑞泉寺山門　附瑞泉寺歴史の一部』、第二冊『鳴海宿信高騒動記録』、第五冊『鳴海宿本陣交代に関する古記録　古書に記された鳴海』、第八冊『小作争議史概要』、第九冊『住宅営団誘致日誌』、第十三冊『鳴海の翁忌俳諧』、第十六冊『鳴海名市合併騒擾記』がある。

昭和二十年に鳴海町国民健康保険組合の診療所を字宿地に開いた。昭和二十一年字宿地の診療所を廃止し、加藤徹三町長の邸の一部に診療所を開き、昭和二十四年まで続いた。

善右衛門宅跡　ぜんゑもんたくあと

寛保三年（一七四三）亀世の娘と結婚して下郷善右衛門を称し、喜多浦家を立てた。今字花井の問屋場も今字三皿の喜多浦家も古くは字北浦であつた。屋号は笹印。酒造では千代倉に次いで多く、花井の水を用ゐたと云ふ。尾張藩の御勝手方御用達を勤め、藩札発行の権利を与へられた。字三皿二〇番地。

南蛮館　なんばんかん

昭和四十八年に開店した純喫茶。珈琲専門店として昭和五十二年発行の『とうかいコーヒー・喫茶名店百選』に収載された名店であつた。字三皿二〇番地。諸輪名古屋線南側。

野村三郎宅　のむらさぶらうたく

鳴海町長、鳴海耕地整理組合長、愛知郡会議長等数々の公職に就き、どの分野でも職務に尽瘁して貢献した。雷貝塚を発見して紹介した他、上ノ山、鉾ノ木、粕畑貝塚を発見し、資料の保存提供に努めた。著書に『アイヌ語と地名』があり、「鳴海町元始時代研究資料絵葉書」を発行した。『鳴海のあけぼの』（文化財叢書第四十二号）参照。字三皿二番地。

花井　はなゐ

『鳴海旧記』（なるみ叢書　第三冊　鳴海土風会）の「花井」に、

此井安原備中守在城之節、清水の辺に桜桔梗有之候付、花井と申伝候

とある。鳴海一の名水として名高く『成海神社古実聞書』『尾張旧廻記』等に見える。山花小路で東海道より十三四米東。小路の南側で塀沿にあつた。

花井　昭和

元は泉であり、昭和初年まで撥釣《はねつる》瓶《べ》で水を汲んでゐた。その後唧筒《ポンプ》になつた。今は撤去された。

三皿　みさ　みさら

字名。元は「みさ」であり、「三皿」を宛てた為、後代「みさら」になつた。

『千代倉家日記抄』寛文十三年（一六七三）六月廿五日条に「ミさより馬弐疋かさ寺へ行」とあるのを初見として、度々「みさ」、「ミさ」が見え、「みさら」は無い。

天保八年（一八三七）の『尾張旧廻記』に「三皿町《ミサ》」と有るので、『元禄七年本田新田名寄帳』等の漢字表記の「三皿」は「みさ」と読むのが正しい。「みさ」は他書にも有り、「みさら」の略ではない。

『俗語弁』に、

○坂　モトハ坂所《サカ》ノ意ナリ。坂は卅トノミモ云ヘリ。

として古事記の例を引く。字城にあつた宮簀媛命の別業への坂を尊んで「御坂《みさ》」と言つたと考へられる。

山花町（やまはなまち）は山の端（はな）の意であり、古く自然発生した地名である。

城之下町（きのもとまち）は時代が降り、応永二年（一三九五）以降に鳴海城が築かれてからの地名である。

『鳴海旧記』に、

三皿町ハ今ノ山花也。木ノ本町モ山花町（ヲ）云フ

とある。

三皿町橋　みさまちはし

東海道の最中川の橋。最中川は橋の西五十米の所で左に曲り、扇川に注いでゐた。耕地整理後は西に直進して新川（古称は百々川《どうどうかは》）に落合ふ。『往還筋橋所之覚』に「石橋　長五尺　巾弐間」

山花小路　やまはなこうぢ

嘗《かつ》て道端に花井の井戸があつたが、花井小路ではない。花井小路は北方の花井薬師堂のある小路である。山《やま》の端《はな》から山端の地名が出来、宛字で山花と書いた。

字水広下　みづひろげ　鳴海東部

水広下池　みづひろげいけ

「水広池」とも書く。宝暦年中に柴田屋新田が相原村地に池を築立てる工事をしてゐたが、堤が切れ放棄した。そのままでは扇川に砂が流入するので、寛政四年（一七九二）に代官井田忠右衛門の命により鳴海村が工事をして、鳴海村の雨池とした。二町五反一五歩。字水広下一一四番地。

水広下川　みづひろげかは

寛政十二年（一八〇〇）の『覚』に池より扇川まで百三拾間とある。水広下池近くのみ地表に出てゐて、他は暗渠である。『名古屋市河川等環境整備基本計画』に諸ノ木川を水広下川とするのは誤。両川は別の川である。

字南越　みなみのこし　鳴海西部

南越　みなみのこし

字名。蛇行して流れて居た天白川の名残が字南越である。直線化した天白川の東側に大きく膨《ふく》らんで南野村地があり、川向とか川田とか呼んでゐた。明治九年村界を整理して鳴海村地となし、南野村から越して来たと字名を付けた。東端の用水は江戸時代は金右衛門杁川、明治以後は南越川、耕地整理後は小新川と云つた。

字明願　みやうぐわん　鳴海東南部

明願　みやうぐわん

字名。『文化六年被官百姓宗門帳』に「明願寺屋敷」とあり、「明願寺」が古称でそれに因む。『全国寺院大観』に拠ると、全国に明願寺は二十三寺ある。

明願池　みやうぐわんいけ

『寛文村々覚書』に「妙願池」とある。その後池の数が増減し、昭和時代には二反八畝五歩の字明願一六番地と二反四畝壱歩の五九番地と二つの池があつた。

字向田　むかへた　鳴海南部

糀ヶ淵杁　かうじがふちいり

『尾張旧廻記』に、

扇川通リニ糀ヵ淵といふ所有

として名所であつた。糀は薄い緑色をしてゐるので、川の水が淡緑色だつたのであらう。定井（ぢやうゐ）があり、小川が二筋南へ流れてゐた。

川端札辻橋　かはは（ば）たふだのつじはし

札辻からの善之庵道の扇川に架る橋、『千代倉家日記抄』の安永九年（一七八〇）正月元日条に見える。前年に猿猴庵の描いた『八月十五日鳴海祭礼図』に拠ると、水面近くの三枚の板橋を描き仮橋であつた。

寛政十二年（一八〇〇）に木橋を架けた。近くの鳴海八幡宮御旅所境内の浅間社に因み浅間堂橋と呼んだ。浅間橋は俗称。

鳴海郵便局　なるみいうびんきよく

昭和二十四年に字作町より字向田二七五番地に引越した。昭和三十八年鳴海町と名古屋市との合併の後、緑局と改めた。

鳴海市場　なるみいちば

昭和二十五年に開店。丸勝食品店、丸勝うどん店、うめ屋袋物化粧品店、丸久毛糸店、八百弘商店、みどり菓子店、近仁呉服店、㊣衣料品、鳴海屋（文化おかず）、大松亭肉店、杉浦履物店、成田雑貨店、マルスラジオ電気店、鳥菊商店、丸平魚店、臼井調味料店、岩室菓子店。

鳴海市場　昭和

敷地百坪、建坪七十坪で鳴海最初の県公認市場。字向田一七三番地。

鳴海温泉　なるみおんせん

銭湯。昭和二十七年開業と云ふけれども「なる美新聞」昭和二十八年二月八日号に「近々本格的に着手されるものとみられている」とあり、未だ開業してゐない。

昭和二十八年九月十三日号に「規定料金十一円」とあり営業してゐた。銭湯は今や地区で唯一軒となつた。字向田一七九番地。今の料金大人四二〇円　中人（小学生）一五〇円　小人七〇円　サウナ無料　午後四時より十一時まで　水曜日休　一時間駐車無料券

銭湯は平成元年全国で二万一千九百二十八軒あり、平成二十六年全国で四千二百九十三軒あり、同年愛知県は一百十七軒で全国第十位であつた。

鳴海絞組合事務所　なるみしぼりくみあひじむしよ

明治二十年鳴海絞組合広産社が設立され、明治三十四年鳴海絞同業組合に改組された。大正十一年鳴海絞組合事務所が鳴海駅南の道路東側に建設された。大正十二年

産広社と称し、昭和七年鳴海絞商業組合を設立し、戦前に『なるみ絞』『なるみ絞誌』を刊行した。建物は昭和二十年以降名鉄の寮、自治警察の鳴海町警察署、愛知署の鳴海警部派出所として用ゐられた。字向田九四番地。

鳴海停車場　なるみていしやば

鳴海停車場開通　大正六年

愛知電気鉄道、略して愛電は大正六年鳴海停車場を開設した。熱田―鳴海間は十一銭であつた。熱田（神宮前）、井戸田、南井戸田、呼続、桜、笠寺、本星崎、鳴海、有松裏に停車場があり、後に笠寺、本星崎間に東笠寺が出来、堀田は昭和三年に出来た。筆者の父の話では、天白川と扇川との間の路盤を盛るのに三王山の土をトロッコで運び使つたと云ふ。三王山の西半分は土取りの為抉《えぐ》れてゐる。加藤徹三氏「茶話」（「なる美新聞」昭和三十五年一月十七日号）に、

　鳴海の停留所から天白川までが相当な勾配があつたので低い電圧では余程上手に運転しなければ一度で登り切る事が出来ない。八割位の所までは行けるが、そこでストップしてしまうので又戻つて今度は勢をつけて一度に天白川の上まで登りつめるという訳で、殆ど毎日二度や三度は左様な事を繰り返したものだつた。私達は車内で音頭をとつて「それやれ、もう一息だ」などと毎朝かけ声を掛けた。

とある。大正十三年鳴海駅となり、駅員二名が詰めた。この年鳴海、有松裏間が複線化した。昭和二年に東笠寺、鳴海間が複線化した。堀田までは昭和七年、熱田（神宮前）までは昭和十七年に複線化が完成した。

愛知電気鉄道は乗合自動車事業にも進出し、昭和三年熱田駅前、呼続山崎橋際、笠寺西門、鳴海駅前、有松裏駅を主な停車場とする乗合自動車を走らせた。車輛は国産で十二人乗である。昭和七年に鳴海駅、矢切、黒石間の営業を始めた。昭和二十三年に名鉄バスが鳴海駅、名薬専（名古屋薬学専門学校）間の運行を始めた。

鳴海駅　昭和

昭和初年から戦争中まで、

鳴海駅、大高駅、名和駅の間にも乗合自動車が走つた。

鳴海八幡宮御旅所　なるみはちまんぐうおたびところ(しよ)

鳴海駅の直ぐ北に鳴海八幡宮御旅所の境内があり、西入口に石鳥居が立つてゐた。字向田一番地。

『鳴海宿諸事留書帳』に、

一　八幡旅所　長弐間半
　横弐間　社人久野越後
守　此宮山弐畝十弐歩
　御除山

とある。鳴海八幡宮の附属地として例祭に神輿の安置所となつたり、夏に輪くぐりの神事の行はれる所となつたりして来た。御旅所は神が巡幸するといふ思想を承けて設けられたもので、平安末期の文献に旅所の名がある如く古くからあつた。御旅所の建物は明治元年明治天皇御東幸の節に賢所の奉安所となつた由緒あるもの。平成三十年に都市計画で撤去した。正式名は「御旅宮」（おたびのみや）

鳴海八幡宮御旅所

輪くぐり

『八月十五日鳴海祭礼図』に御旅所の境内に、行者堂を描き「えんの行者堂」とある。この図は安永八年（一七七九）作図である。

昭和二十四年に御旅所境内で鳴海小唄の発表があつた。

鳴海小唄　　原作詩　佐藤恒雄

一　夢とよう
　夢と希望を絞りに染めて
　鳴海絵のよな晴れ姿
　昔なつかし宿場の町に
　今日も明るい日がのぼる
　ナルホド鳴海はヨイトコダア

鳴海マーケット　なるみマーケツト

鳴海八幡社御旅所の石鳥居を潜つた所に昭和二十二年十二月に開店した。戦災者、引揚者、未亡人の為に認めたもので、木造の仮設店舗が七十坪の敷地に建ち、菓子、電球、竹輪蒲鉾、おかず、今川焼、傘修理、どて焼、天麩羅、飲食の店が犇《ひし》めいた。菓子屋は二軒あり当時の菓子の花形である白い芋飴は子供の好物として良く売れた。建物が老朽化した為昭和二十六年閉店し、十一軒の店は扇川の岸辺に移つた。字向田二番地。

八丁畷　はつちやうなはて
　鳴海駅西南から字中汐田一四一番地辺迄の善之庵道。新しい知多郡道の一部。

字最中　もつちゆう　鳴海西部

作川遊園地　さくかはいうゑんち
　昭和三十三年扇川右岸に工費八万円で開園した。開園式は加藤徹三鳴海町助役が出席し、久野勉鳴海八幡社宮司が奉仕しお祓へをした。上汐田橋の下流。大正十五年に架けた鳴海橋の橋柱が保存してある。

新川　しんかは
　百々川（どうくかは）は藤川の一の井（並松杁）と底杁とから水を取り裏田圃全体の用水となつた。東海道の山王橋では一筋であつた。山王橋の南北では二筋の主流の他、あちこちに用水が行渡るべく分流が多かつた。百々杁で扇川に落ちた。耕地整理で一筋にした。今は山王橋以北は暗渠になつた。

八丁畷

　新川の下流に立切があつた。板で作つた扉で川を堰止め、田に水を引く。子供の時新川で毎日のやうに遊んだが、立切は遊んでいけない事になつてゐたらしく、乗つて遊んでゐると水番が知らない中にやつて来て鍬の柄で頭をこつんと叩かれた。扇川に新川杁で落ちた。

爆弾池　ばくだんいけ
　大東亜戦争中、敵機B二十九が爆弾、焼夷弾を投下し、多大な被害が出た。爆弾は人家にも落下したが、字最中、十貫目、三角、上汐田が多く、私は六十個と聞いたが、加藤徹三氏に拠ると、耕地整理第一工区（裏田圃）に九十個以上の穴が出来たとの事。田圃に落ちた穴はすぐ水が溜り爆弾池と呼んだ。差し渡し十米ほど、擂鉢形になり、真中は深い。埋めずに残つてゐたのが多かつた。字最中には三個の爆弾が落ち、昭和二十四年に爆弾池がそのまま残つて居た。

　爆穴も並めて春田に水普し　加藤徹

爆弾池　昭和

最中川　もつちゆうかは

最中川は字矢切から西に流れ、字花井、字三皿を経て東海道を横切り、田圃に出て南に曲り、字作町と字最中との境になり伝馬用水杁で扇川に注いでゐた。田圃に出てからは東の土地が高く西が田圃で低いので西だけの片堤であつた。耕地整理の時南に曲るのを止め、まつすぐ西に流れ、新川に注ぐやうにした。子供でも飛越せる小川であつた。土地区画整理で下流を暗渠にした。

「最中」は三好の福谷（うきがひ）では境川上流沿にあり、愛西持中（もつちゆう）は領内川から取つた用水沿にあり、川沿の田圃の地質から名付けられたか。

字森下　もりした　　鳴海中北部

上野道　うへのみち

上野道とは古東海道の浜道に対して、潮の干満の影響を受けない鳴海潟東方の岡の道を云ふ。『弘化四年鳴海村絵図』に田知山（伝治山）、嫁ヶ茶屋辺から古鳴海迄の道に「上野道」と記す。『安政以前鳴海村絵図』に字森下から北へ延びる道を描き「上野道」とする。字乙子山の西を通る道も上野道であつた。

大坂川　おほさかかは

新海池（古くは真池《まいけ》）から流れ出る真池川に字森下の南端で合流するのが大坂川である。『字名覚』の大坂川に「トンボリ」とある。長野県で川の淵を云ふドンブリと同意であらう。「大坂」は上流の坂を云ふ地名。

郷宿　がうやど

公用で庄屋など百姓が代官所所在地に滞在する宿。公《く》事《じ》宿とも云ふ。字丹下にもあり、天保には鳴海陣屋の直ぐ南の道西側に文蔵が営んでゐた。幕末の文三郎は子孫であらう。

亀井戸　かめゐど

字森下の旧字。『成海神社古実聞書』に北の方に名水があり、亀井戸と云ふ。井のある山は蓬莱山《ほうらいさん》であると記す。東京都江東区の亀戸（かめゐど）は亀ヶ井と云ふ井戸があつたからで、昔は海中の島で形が亀に似てゐた由。井戸を亀井戸と呼ぶ事は珍しくない。元禄四年（一六九一）『吾妻《あづま》紀行』に、熱田の東の蓬莱山につき、

蓬莱山とてつき山あり　形は亀に似て上には松生て
亀の頭は南へむきたり

とあり、蓬莱山は亀の形をしてゐた。亀井戸の水を年占の水に用ゐた。後には字亀井の水に代へた。

浄知坊塚　じやうちばうつか

赤塚の惣持坊がこの地に移り浄知坊を称し、花井に移り東福院となつた。明治二十年には字森下七三番地に少し高くなつた十二坪の官有地の塚があり、大松が生えて

ゐた。大東亜戦争後には地主が何も無いと云つてゐた。

社宮司　しやぐじ

『鳴海史蹟ハイキング案内』（鳴海文化協會）の「おしやごし」の条に、

字森下一四番地　小塚があつて「おしやごし」といつて明治の中頃まで杓子に氏名を書いて厄除けに参詣したさうである。

とあるが今は無い。読物「社宮司」参照。

鳴海陣屋　なるみぢんや

天明二年（一七八二）上野道の西側に鳴海陣屋が設けられ、愛知郡東部、知多郡東部、三河国加茂郡の尾張藩領を支配した。『尾張徇行記』に「境内七反四畝二十二歩」とある。万延元年（一八六〇）に字清水寺に移り、明治元年まで存続した。字森下二七番地。

代官の下役には手代四人、並手代三人、足軽三四人が配属された。陣屋には白洲や役宅がある。鳴海陣屋の間取図は拙著『緑区郷土史』に収めた。

鳴海陣屋建物　昭和

字諸ノ木　もろのき　　鳴海東部

諸ノ木大池　もろのきおほいけ

字諸ノ木四九番地。二反一畝二〇歩であつたが、昭和五十八年以降埋立が進んだ。築立は新しい。

諸ノ木川　もろのきかは

国会図書館本『蓬東大記』に「諸木川」とあり、『無年紀平手新田絵図』に「諸之木川」とあり、由緒ある川の名であるから尊重しなければならない。『名古屋市河川等環境整備基本計画』に「水広下川」とするのは誤。

諸ノ木明神社　もろのきみやうじんしや

幕末に西尾伊右衛門がこの地に帰休し、農地を開拓すべく蝗除で名高い智鯉鮒大明神（知立神社）を勧請した。地元の人は「明神さん」と云ふ。秋葉社、稲荷社（伏見稲荷）、山神社が末社として鎮座する。周囲が住宅地となつた今、地球の自然保護に有益な貴重な鎮守の森がある。字諸ノ木八三番地。

諸ノ木明神社

字矢切　やきり　　鳴海中南部

郷蔵　がうくら

明治初年の字雷の旧字に「蔵之後」（くらのうしろ）があり、今の字矢切九八番地にあたる。耕地整理の後に字雷の地が字矢切になつた。雷社の北々東の畑を指す。雷社と鳴海小学校との間の道の北側に、ある時代郷蔵があつた事を示す。

北川医院　きたがはいゐん

北川医院　昭和

北川錠次郎が平手分場に通つた時、入学者は僅か数人で、皆が菓子を持つて来て配り合ひ、風呂敷に包み持帰つた由。大正五年名古屋市のペスト発生の折に既製のワクチンが無い為。細菌学教室で自分で作り、実に名古屋の防疫の草分であつた。名古屋市立城東病院長停年退職後、昭和三十年字矢切四三番地に内科小児科の北川医院を開き、医は仁術を実践し、名医として慕はれた。

露草の藍米寿の今も麗しき　　二村

『北川二村句集』（土筆会）がある。

十太夫屋敷　じふたいふやしき

安原備中守の家老久野十太夫（重太夫）の屋敷。

鳴海小学校西部　『鳴海旧記』（なるみ叢書　第三冊鳴海土風会）に鳴海城より東へ二町、少し小高き所とある。長翁寺に「花□久野重太　三月廿三日」と刻んだ石仏墓標がある。

中戸井　なかとゐ

『成海神社古実聞書』の名水に「中戸井」を挙げる。『慶長十三年鳴海村検地帳』に「中とい」とあるのは『元禄六年本田新田名寄帳』の「中土居」は宛字で『明和七年本田新田名寄帳』の「中土井」であらう。天保十五年（一八四四）『愛知郡鳴海村墨引図面』の鳴海城東の道脇に図示される井戸が当嵌る。野村三郎氏の鳴海の名水の「上町」に相当する。字矢切一一七—七番地。

鳴海小学校　なるみせうがくかう

鳴海尋常小学校の校舎を字矢切に建てたのは明治二十五年で、今の校地の西南隅の所であつた。明治三十五年高等科を併置して鳴海尋常高等小学校となり、昭和十六年鳴海国民学校となつた。昭和二十二年鳴海小学校となり、鳴海中学校を併設した。昭和四十八年会長水田直昌、副会長榊原清彦、山田俊吉他の開校百年記念事業協賛会が組織され、『鳴海』（鳴海小学校）の発行の他各種事業を行つた。
首席訓導は明治六年が高島静安、七年が中根八之進、八年が榊原重義である。

校歌　　下郷蝶里作歌

一　崇き教の　みことのり
　日々に　かしこみ　扇川
流るゝ水の　末広に
　母校の　ほまれ　かゝげなむ

二　鳴呼古の　鳴海潟
　今は　文化の　浪寄する
砦の松に　澄む月の
　光に　心　磨きなむ

矢切遺跡からは弥生時代から室町時代に到る遺物が発掘され、範囲も広い。鳴海小学校校庭からは竪穴式住居跡三軒が発見された。
昭和二十五年鳴海小学校で鳴海音頭の発表会が開かれた。

作詞　寺島源吉
作曲　小股　久

一番　なんとなあ　なんと云ふても　鳴海は絞
　萌える若草藍染川に　干した晒に
　干した晒に　春の風ソレ
「ナンナン鳴海は良いとこな
　良いとこ鳴海は良いとこな」

鳴海病院　なるみびやうゐん
昭和三十八年五百坪の敷地に四階建で新築した。字矢切四三番地。

野村枩韵宅跡　のむらしよういんたくあと
本名野村松四郎、前田青邨に師事して日本美術院々友となり、院展特別賞の白濤賞、奨励賞を受けた。日本画の良き伝統を踏まえ素晴らしい作品の数々がある。萬福時に壁画の大作極楽浄土がある。字矢切八二番地の高台に長く住み、昭和三十年代に字宿地に移つた。榊原清彦の追悼文（『鳴海名所図会』なるみ叢書　第二十冊　鳴海土風会）に、

一見奔放に見えながら、細心綿密な性格であつた彼は、私に数かずの美への開眼の道を教へてくれもした。簡素な美しさ、生活の美しさ、伝統と近代との交流、それに生きることの淋しさなど彼によつて教へられたことは多い。（中略）晩年、盃を傾けながらものした俳画は、逸品が多いが、鳴海には、相当の数が保存されてゐる筈である。あまりの簡略さに、その真価を理解できないでゐる人も多いかも知れない。

矢切　やきり

字名。『成海神社由緒書』に矢切の地名につき、

　是則日本武尊東征之時、矢を切誓給しによりて斯云事候

とあり、矢を切る誓（うけひ）があつたらしい。「や」は水に因む地名と云はれ、江戸川に矢切の渡がある。ここには最中川が流れてゐた。

矢切製パン利用工場　やきりせいパンりようこうぢやう

昭和二十四年鳴海町農業協同組合は矢切製パン利用工場を字矢切八五番地に建設した。製粉も行ひ近くの人々から人気の的となつた。昭和二十四年に鳴海町連合婦人会が行つた鳴海町主婦の店選定投票のうどんパン加工の部で農協は圧倒的多数で第一位を占めた。

字薬師山　やくしやま　鳴海中北部

隔離病舎　かくりびやうしや

明治三十年鳴海町が隔離病舎（避病舎）を字薬師山の東南部に建てた。昭和三年に字漆山に移した。

水道山　すいだうやま

愛知電気鉄道は大正十五年より鳴海荘宅地造成に着手し、昭和二年百五六十戸が入居した。鳴海荘への給水の為、字池下に水源を求め字薬師山の高地に水道塔（水道揚水塔）を設けて給水した。昭和六年竣工した。塔に愛電の標識が入り、水を吹き出す蝸牛の噴水と共に名物になつた。水道塔は南方から良く目立ち、山を水道山と呼んだ。

昭和二十四年に荘南で六十八、荘北で五十三の井戸があり、全戸が水道を利用出来たのではない。名古屋市の水道が来て廃止した。字薬師山五〇番地。

地獄沢　ぢごくさは

真池川。『地蔵菩薩霊験記』に、尾張国司藤原元命《もとなが》が鳴海に住み、女の家に通ふ時、地蔵菩薩を彫つた卒塔婆を橋の代りに架け、地獄沢を渡つたとある。貴族の元命が鳴海に住んでゐたのは鳴海が高級住宅地の故か。鳴海の女は平安時代から美女であつたらしい。

ここは鳴海の墓場であつたので卒塔婆があり、地獄沢の地名であつた。江戸時代に多く「地獄廻間」と云ふ。

京都七墓の随一鳥辺野の墓を地獄谷と云つたのは、風葬の屍が多くあつた故と云ふ。

逓信講習所　ていしんこうしふしよ

昭和六年逓信講習所が建設され、最初電信技術を、昭和十二年より郵便、為替、貯金、保険年金も教へた。昭和二十九年に名古屋郵政研修所と改めた。

名古屋郵政研修所歌　作詞　榊原清彦

一　ああ朝霧に遙かなる
　島影遠き伊勢の海

日毎見下すこの丘に
我らが夢を育《はぐく》まん
我らが夢を育まん

昭和四十年に庁舎を道の東側から西側に移した。平成十三年桑名に移つた。字薬師山一八九番地。

鳴海名逓講習所前郵便局　なるみめいていこうしふしよまへいうびんきよく

昭和十三年に鳴海名逓講習所前郵便局が開局した。主に講習所生徒の実習局となるのを目的とした。昭和二十七年鳴海薬師山郵便局に改めた。字薬師山八二番地。

保育園　ほいくゑん

昭和二十四年敷地千四百坪に二階建の建物を建て保育園を新設した。今は乳幼児保育園のみその園、養護施設の聖園天使園、みそのラファエル幼稚園より成る。字薬師山一五六番地。

薬師山　やくしやま

字名。尾州郡奉行三宅善八が元禄五年（一六九二）より十年までの在任期間中に花井に薬師堂を移した。それまであつた薬師堂に因み薬師山の地名が出来た。長翁寺の薬師堂と花井の薬師堂とは両薬師と呼ばれ、人々から篤く信仰され、長翁寺も薬師山から徳川時代に花井に移つたが、長翁寺の薬師堂は花井に移つてから元禄十二年に建立したので、薬師山の地名とは関係が無い。

薬師山古墳　やくしやまこふん

江戸時代から薬師山の塚として知られてゐた。池田陸介他『緑区の考古遺跡』に「一辺七ｍの方形をなし高さは一・七ｍある」とある。薬師山郵便局の前の道西側少し南にあつたが、住宅の建築で削り取られた。

字焼山　やけやま　鳴海北部

焼山池　やけやまいけ

榊原邦彦『鳴海宿書上帳』（なるみ叢書　第十九冊　鳴海土風会）の焼山池の条に「長四拾間　横廿四間」字焼山四六番地、一反。『寛文拾戌年改写雨池堤間数之覚』に見えず、寛政六年の『鳴海村杁橋書上帳』に見えるので、その間の築立である。

字八ツ松　やつまつ　鳴海東南部

役行者堂　えんのぎやうじやだう

『千代倉家日記抄』に宝暦七年（一七五七）役行者を開眼とあり、この年創始した。社前の宝暦七年の年号の入つた平石は昭和四十八年まで末社の秋葉社の台石となつてゐた。安永八年（一七七九）『八月十五日鳴海祭礼図』の鳴海八幡宮御旅所境内に「えんの行者堂」がある。

明和七年（一七七〇）蔵王権現を鎮座開眼し、これより蔵王堂と称した。地元では扇川を流れて来た像を拾ひ上げて祀つたと伝へてゐる。しかし前年大水の時諸ノ木から流れて来た市の木（橅科の喬木いちひがし）の大木を拾ひ上げ、冬より春まで掛って像を彫つた。

近年八幡社を勧請した。元は堂が麓の参道北にあつた。いつ山上に移したか判らぬが旧地は畑にせずに置いてある由。鎮守の森の復活を切望する。字八ツ松四二―一番地。

蔵王堂　昭和

献穀の粟畑　けんこくのあははた

毎年新嘗祭に宮中賢所を始め、伊勢神宮、熱田神宮、明治神宮、靖国神社に献穀する粟が全国から選ばれる。昭和四十三年は字八ツ松二八番地の伊藤勘太郎氏の畑が名誉ある献穀の粟畑に選ばれた。四月に播種の儀の後、竹矢来に囲まれた畑ですくくと伸びた粟は八月に見事に稔り、御粟摘祭の日、菅笠紺緋、赤襷の乙女が歌に合せて舞つた後、粟を摘んだ。

御粟摘歌　　作詞　榊原清彦

一　粟は穂に出る　穂は粟に出る
尾張名古屋は穂にうまる
　ハア　穂にうまる
尾張名古屋は穂にうまる
二　海道随一　鳴海の宿に
育つ八千代の　品のよさ
　ハア　品のよさ
育つ八千代の　品のよさ

古東海道　ことうかいだう

普通江戸時代より鎌倉海道と呼ばれたのは間米道で字八ツ松の南部を通る。字八ツ松の伊藤氏の話では、それは新しい道筋であり、古い道筋は新しい道より上流の水車場辺で扇川を越え、田圃の中を通つて字八ツ松の聚落に至り、蔵王堂の参道より北を通つてゐたが、今は無くなつた由。

八ツ松池　やつまついけ

元禄二年（一六八九）に伏替た古い池の他に、元文四年（一七三九）に救荒の為築立た池があり、明治初年には更に増えてゐた。七反九畝廿四歩の八ツ松上池は八ツ松大池の名があり、最大最古で、北に四反七畝拾六歩の八ツ松中池があり、新池と呼ばれた。字八ツ松四三番地。

義経甲懸松　よしつねかぶとかけまつ

新しい道の松は字砂田の田の中にあつた。字八ツ松の伊藤氏の話では、参道の北を通る古い道は八ツ松上池と八ツ松中池との間を通り東に延び、中池の西南角の曲る所に松の切株があり、義経甲懸松と云はれてゐた由。字八ツ松四三番地。

字柳長　やなぎのをさ　　鳴海南部

車路杁　くるまぢいり

車路橋畔から手越川の水を取るので名がある。杁長五間半と大きく、杁から字善明寺へと糀ヶ淵の杁の少し南へと小川が二筋流れてゐた。

車路橋　くるまぢはし

江戸時代には重要な橋で、東海道の橋以外で尾張藩が普請するのは車路橋を含め二つしか無かつた。長さは六間半と長く、昔は手越川の川幅が広かつた。今は五間一尺ある。高島八重子氏の教示では大八車が通れるから車路と云ふ由。古い知多郡道、緒川道が通る。

日本車輌鳴海工場　にほんしやりやうなるみこうぢやう

昭和十二年に鳴海耕地整理組合が誘致を決めた。敷地一万二千坪で、字柳長の愛電の線路以南全部、字太鼓田の一部、字漆山の一部、字鴻之巣の一部である。昭和十三年一月に愛電の引込線工事に着手し、六月に車輌組立工場が完成した。従業員百人が貨車の組立を行つた。

柳長　やなぎのをさ

字名。『慶長十三年鳴海村検地帳』に「柳の長」とあり、音読は不可。柳の木の生えてゐる田。「長《をさ》」は田の区画を言ふ。柳は枝垂れ柳も楊柳も水辺に茂り、田代の目印とした。農耕儀礼で呪物として用ゐた。

字山之神　やまのかみ　鳴海中北部

狐塚　きつねつか

『尾張志』に見える。森達也『黎明期の鳴海』（なるみ叢書　第十冊　鳴海土風会）に、標高三三・三米の三角点のある丘にある円墳とする。字山之神九三番地、廿歩であつたが、今は無い。柳田國男「塚と森の話」に、「狐塚」につき、

狐神といふ一種の神を祭る為に設けたる祭壇である。狐神は恐らくは今日の稲荷の前身である。

千鳥丘中学校　ちどりがをかちゆうがくかう

昭和五十年に開校した。字山之神一〇八番地。

校　歌　　作詩　榊原清彦

一　遙かに煙ぶる　鳴海潟
千鳥丘に　緑濃き
わが学び舎の　たたずまい
ああ　われらは集う
千鳥丘中学校

山之神　やまのかみ
　字名。山之神の字は文字通り山神が鎮座してゐた為で、『鳴海旧記』（なるみ叢書　第三冊　鳴海土風会）に見える山神の中で最も境内地が広く、鳴海八幡宮の久野氏の所有であつた。開墾する時に山神を祀る事が多い。この辺は本田の畑ばかりで新田は無く、古くから土地利用が進んでゐた。
　明治十年頃には鳥居が備り、横二間二尺、縦一間の雨覆の中に四社の山神が鎮座してゐた。その後無くなつた。

山之神不動堂　やまのかみふどうだう
　昭和二十九年に米萩金次郎が成田山より勧請した。伊勢湾台風で被害を受け再建した。字山ノ神九五―二五番地。

字山腰　やまのこし　　鳴海南部

修理田　しゆりでん
　社寺の修理費用を賄ふ為に施入された田。鳴海には、ここと明治以後字名となつた修理田（字最中の北）とがある。字山腰西部で鳴海八幡宮の神田。弘治三年（一五五七）今川義元の寄進。隣の字京田は鏡田を音読した宛字で神田の意。

山腰　やまのこし
　字名。『慶長十三年鳴海村検地帳』に「山のこし」とあり、源義経が「みなもとのよしつね」、一宮が「いちのみや」であるのと同じく「の」を入れて読むのが正しい。『知多郡大高村内全図』の鳴海地内の「山ノ腰」が三ヶ所ある。
　「山越」と書く事があるが、大高への山越の道は無い。東に字鴻之巣の緒川道、西に二筋知多郡道があり、その間は樹木の生ひ茂る山で道は無かつた。
　「船越（ふなこし）」は小舟を担いで運んだ地峡の地名である。石垣市北部伊原間《いばるま》に舟越がある。何しろ島北端の平久保崎を廻ると三十五粁もあるのに、くびれた所で最も狭い所は三百米で何と百十六分の一で済む。全ての漁師が舟を担いだと思ふ。しかし「山越」は「腰」の宛字であるに過ぎない。山裾、山の麓。

山腰道　やまのこしみち
　字丸内の修理田道が東に続いたもの。字山腰の南端を東西に延びる。明治初年『字名覚』に「山腰道」

字横吹　よこふき　　鳴海東部

横吹大池　よこふきおほいけ
　『天保十二年鳴海村絵図』に「横吹池」とあるのは明治以降の「横吹大池」であらう。字横吹六一番地、五反一畝二三歩。

字米塚　よねつか　　鳴海東南部

天満社　てんまんしや
　『緑区の史跡と文化財』や、社前に掲示の平成五年

「天満社文嶺講」の『天満社由緒』の掲示に「文化七年」建立とある。しかし『尾張国地名考』『尾張名所図会』の江戸時代の書や、『有松町史』及び『神社明細帳』に基づく『愛知県神社名鑑』に十四年後の文政七年（一八二四）とあり、文化七年の典拠は見出せない。榊原邦彦『名古屋区史シリーズ　緑区の歴史』（愛知県郷土資料刊行会）に文政七年とある『尾張名所図会』を引用して置いた。『神社明細帳』に「天満社」とあるのが公式の社名。

下郷月齊（杏造）が「鳴海十二景」（榊原邦彦他『みくにことば　第二輯』中日出版）中の「天神山躑躅」で天満社からの鳴海湾（鳴海潟）の眺めを絶讃する。

榊原邦彦『鳴海宿書上帳』（なるみ叢書　第十九冊　鳴海土風会）に東海道から天満社迄の道を天神道とし、往還より壱町拾七間余とする。

このやうに天満社であるのに天神の呼び方があつたのは、『菅家御伝記』延喜五年（九〇五）に「天満大自在天神」とあり、『政事要略』延喜四年に「天満天神」とあり、天満と天神とが同意に用ゐられたからである。

但し正式に神社名を標示する場合は『愛知県神社名鑑』や、昭和五十五年に社頭に掲示の「天満社由緒」に明記する「天満社」のみを用ゐるべきであり、それ以外の呼称は不適当である。

『尾張名所図会』に天満社の絵を収める。「虹蜆橋」は虹橋を漢文風に呼んだ。イロハノ滝は日頃涸《か》れてゐる。珍（絵に珍の異字体で記す）重坂は参道の坂である。妙法池など他のものは現存しない。境内の森に役行者堂があるのは貴重である。

境内に三基の歌塚がある。

一　紀元二千六百年記念　社掌久の壽彦
ひとみなはうそをまことにとりかへて
　神のさつくる幸をうけなむ

二　参道玉垣建設　昭和十一年一月
章嶺会のためによめる
むつましく老ゆくまてものほらなむ
　神のしつまるふみのたかねは　壽彦

三　丑歳同年者の為に
たゆますはうしのあゆみのおそくとも
　千とせの坂を安くのほらむ　壽彦
明治三十四年丑歳
昭和十七年三月二十五日建之

『奈留美』（鳴海町史）に「管理者　久野勉」とある。

米塚　よねつか

『鳴海大高史蹟ハイキング案内　二の巻』（鳴海文化協會）に、米塚につき、「米塚の字名の出たもとと云はれる。

役行者堂

古墳である」とある。『慶長十三年鳴海村検地帳』に「米塚」とある。父の話では「円墳であつた。分場の下にあつた」由。分場とは東分場で字細根一〇〇―一番地にあつた。

　昭和四十四年に父と探した時には見付からなかつた。削られて住宅地になつたのであらう。柳田国男『塚と森の話』に「米神があれば米塚あり」とあり、信仰に基づき築かれたと考へられる。

字嫁ヶ茶屋　よめがちやや　　鳴海中北部

古東海道　ことうかいだう

　相原郷の北方を通り、万場山西部、池上東部辺の御茶屋ヶ根を通り伝治山から嫁ヶ茶屋を経て古鳴海に至る道筋は古い時代のものである。南寄の道筋は薬師山の東を通る道筋と乙子山の西を通る道筋とがあり、共に北の嫁ヶ茶屋を北上して古鳴海に至つた。

嫁ヶ茶屋　よめがちやや

　字名。『大日本国郡誌編輯材料』（なるみ叢書　第四冊鳴海土風会）に、

天王年中ニ鎌倉海道即チ上野道ノ稲妻屋兵左衛門ト云茶屋アリ。此茶屋ノ嫁美人当時其名高シ。

とある。鳴海にはいつの時代も美人が居たらしい。

　上野道はここに記す通り、鳴海の西部の高地を通り北へ向ふ道である。浜道の笠寺方面へ向ふ道は上野道と赤塚辺で交叉した。

字六条　ろくでう　　鳴海中南部

起請塚　きしやうつか

『尾張志』に「起請塚」がある。字六条二番地、二坪。白土道より少し離れ田圃の中に低い塚があり、木が一本生えてゐた。木の根本に花筒があり花が供へてあつた。柳田国男は『境に塚を築く風習』で、

　尾張志に掲げたる愛知郡鳴海村の起請塚其他諸国の同名の塚、山形、秋田の二県に多い契約壇と云ふ塚などは、仮令今の口碑には何とあつても、皆此意味に於ける境塚に違ない。

この地は村境から遠く境塚

起請塚

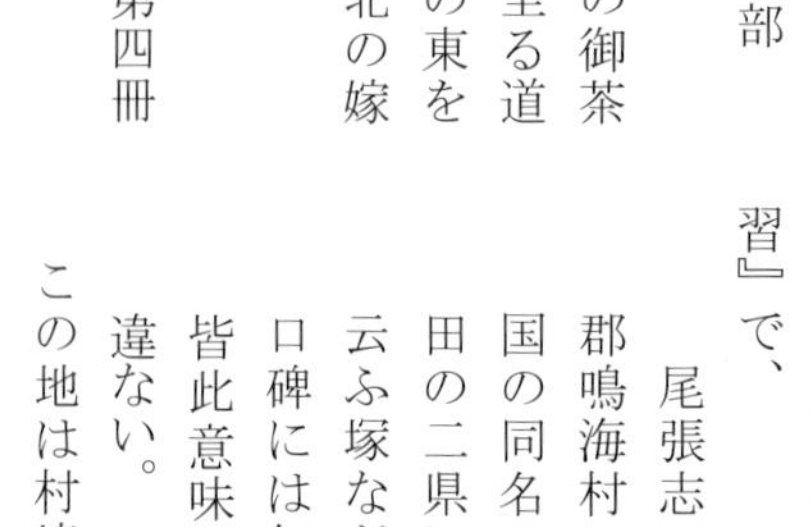

でない。父清彦の話では起請文を納めたかとの事。

条里制の遺構　でうりせいのいこう

森達也「天白川流域の條理的土地区画について」（「奈留美」第十四号　鳴海土風会）に、

字六条地区を見るに筆界の形状が一辺百米強の方形区画を示している水田が連続している様が明瞭に示されている。

とある。条里制とは大化の改新の時に行はれた土地の区画法である。愛知郡では精進川、山崎川流域に条里制遺構が認められて来たから、天白川、扇川流域でも施行された事は想定出来る。天白川流域に「大坪」「三ノ坪」の条里制関係と見られる地名がある。共に天白川から遠く離れた東方の道に近い地名である。六条は白土道から南方の地名であり、扇川に及んで居ない。宿地や片坂の高い所近くが早く陸化し、条里制が適用された。六条は由緒ある地名であり、大事にして後世に伝へてほしい。土地区画整理後に、曽根田は田でなくなり曽根とし、字六条は文化遺産と言ふべき伝統の地名は田がないのに六田と命名したのは不条理である。

字若田　わかた　鳴海東南部

やふ下　やぶした

弘治三年（一五五七）今川義元「鳴海東宮大明神幷八幡宮神田之事」の朱印状に「あいはらのやふ下弐百五十文」と神田につき記す。鳴海八幡宮禰宜次郎左衛門宛の寄進状であり、大部分が鳴海八幡宮に寄進され、一部分の藪下の田が成海神社に寄進された。

青山義勝氏に拠ると、現字若田の南半分、字蛸畑の下の田の由。字若田は鳴海と相原との入合で、相原の土地が多く、『相原村地価仕出帳』に字若田の田がある。

字早稲屋　わせや　鳴海中南部

阿弥陀堂　あみだだう

阿弥陀堂は『寛文村々覚書』に前々除とあり創建が古い。明治九年の相原村阿弥陀堂の絵図に拠ると、反別六畝歩の境内の西に横九尺、縦九尺の弥陀堂を描く。後に弘法堂になつた。

昭和四十二年に区画整理に依り北に移転した。それまで字宿地から字相原郷への下りの坂道の途中すぐ北側に小高い地があり、木立の中に弘法堂が建つてゐた。観音山弘法堂と云つた。

観音堂　くわんおんだう

明治九年の絵図に阿弥陀堂の東に横二間一尺、縦二間二尺の観音堂を描く。両堂東向である。同年観音堂は浄蓮寺の門前左手に移り、千手観音を安置してゐたが、平成二十年弘法堂の南隣に新築移転した。

『尾張国鳴見致景図』に「千手観音」とあり、『東海道分間延絵図』に「千手堂」とある。後図は東海道近くの事物を描くのを目的とするものなのに千手観音が取上げられてゐるのは、大袈裟に言へば徳川幕府が当地に於ける主な堂であると太鼓判を押した事になる。

白土道　しろつちみち

旧道の一部が字早稲屋の東端に残る。

道標　みちしるべ

元は中島橋方面への白土道と砦方面への宮道との交叉点に東向で安置してあつた。「右　みや道」「左　なるみ道」とある。鋭角の交叉点の、あまりに道近くにあつたので度々大型貨物自動車に引掛けられ、墓場に移した。

早稲屋　わせや

字名。「わせや」は『元禄六年本田新田名寄帳』が初出である。『慶長十三年鳴海村検地帳』に「わせや」は無く代りに「はせや」がある。寛政（一七八九―一八〇一）頃の『愛知郡村邑全図　相原村』に「ハセヤ」がある。即ち古形の「はせや」が後に「わせや」になり、「早稲屋」と宛てた。「はせ」は挟まれた地形を示し、ここは道路が二方向に分れる分岐点を云ふ。宮道と鳴海道との分岐点から「はせや」の地名が出来、「わせや」に変つた。「早稲」は宛字である。「いは（岩）」が「いわ」と変つたやうに語中語尾のハ行音がワ行音に転化するハ行転呼音は中世末に一般化した。語頭では、「はしる（走）」が「わしる」に変つた例があるが、稀である。『日本書紀』に「はしる」「わしる」があり、『徒然草』に「わしる」がある。榊原邦彦『国語表現事典』（和泉書院）参照。

字会下　ゑげ　　鳴海中南部

猿尾　さるを

鳴海に三ヶ所あつた。字三角の条と字下汐田の条とを参照。扇川右岸の二つ杁上流にあり、「二ツ杁先」の猿尾と云つた。旭出川の水を受ける。

『地方品目解』に、

猿尾　是は、川通り水当強き所には土築之堤を出し、水を受け刎させ申候

とある。

白土道　しろつちみち

中島橋西詰より字会下を通り、相原郷を経て白土に到る道を白土道と言った。相原道、足助道などの名もある。大昔からの道であつて元は細く、明治二十年の幅は一間一尺五寸で、昭和三年に二間幅になつた。昭和二十六年に中島橋から相原郷までを四間から五間にした。旧道の一部は字早稲屋の白土道北方に残る。字大形山南部の庚申堂前の七十米の道は鎌倉海道とされてゐるが、白土道

の旧道である。

二つ杁　ふたついり

旭出川が扇川に注ぐ所に杁があり二つ杁と言ふ。字会下と字下焼田との境。字会下の西端に会下杁があり、東方の杁と二つが近い故に二つ杁と云つたのであらう。小島盛彦氏の教示では、旭出川で鮒、泥鰌、諸子、「ぎむた」などが穫れた。旭出川の二つ杁手前では蜆が獲れ、小さい蜆だが、ここのは眼に良いとあちこちから皆が獲りに来た由。

『下里知足日記』寛文十一年（一六七一）条に「二つ杁ふせる」とある。

会下杁　ゑげいり

白土道沿の小川が扇川に入る杁を会下杁と云ふ。「会下」とは法会の下の意で、修行僧の居る格式の高い寺。瑞泉寺を指す。

字尾崎山　をさきやま　鳴海東南部

尾崎山　をさきやま

字名。古称は尾崎ヶ根で、承応（一六五二―五五）の頃変つた由。「尾崎」は山や丘の突端。「尾先谷口宮の前」の言ひ習はしがある。「尾先」は山から下つて来る所、又その突端で山崩が起き易い、「谷口」は谷の入口で出水が危ない、「宮の前」は神様を憚れ、三つとも建築は止めて置くのが良い所。

尾崎山雨池　をさきやまあまいけ

字尾崎山四四番地、七反三畝一五歩。今は松池と云ふ。

字乙子山　をとこやま　鳴海中北部

成海神社　なるみじんじや

字城に鳴海城建設の為、字乙子山に移した。応永二年（一三九五）二月の祈年祭は旧地で執行したので、移設はそれ以後である。別名東宮。

茶席　昭和

神主は創建以来永く牧野氏が奉仕した。祭神は『張州府志』始め江戸時代の書に日本武尊とあり、『愛知県神社要覧』始め明治以降の書には日本武尊、宮簀媛命、建稲種命とある。

明治四十年頃に建つた西行庵（下村哉明）好みの茶席が昭和二十五年境内に移築された。近時撤去。昭和四十二年に緑区文化協会の建てた

初秋や海も青田の一みとり　芭蕉

の芭蕉の塚青田塚があつたが、移設した。緑区文化協会

（会長加藤徹三）と鳴海の俳句会土筆会（主宰榊原清彦）とが記念句会を開いた。これについては榊原邦彦著『鳴海の芭蕉』（なるみ叢書　第二十五冊　鳴海土風会）参照。又成海神社については榊原邦彦『緑区神社誌』（なるみ叢書　第二十四冊　鳴海土風会）参照。

鳴海村外

江戸時代は鳴海村地であり、明治初年の村境整理の折に鳴海村外になつた地がある。

桜前　さくらまへ

天白川西岸沿。南区鶴里町、明円町。古く天白川は蛇行してゐた。川の流を直線化した後、西岸に鳴海村地が突出た形となり、鍋の弦に見立てて鍋弦と云ひ、下流にもあつたので、ここを上鍋弦《かみなべつる》と呼んだ。桜村の前の地として桜前と云つた。明治初年に村境整理をし笠寺村字鍋弦となつた。

寛永十九年（一六四二）開発の午新田で、畑一町四反七畝四歩。

堤外　つつみそと

藤川と天白川とに挟まれる。藤川の天白川への落合を変へて鳴海村の地のままであつた。藤川の堤の北で「堤北」とも云つた。本田は『愛知郡鳴海村田面絵図面』に「堤外　田八反六畝廿九歩」とあり、天白川添は寛永十九年の午新田で、田一町一反六畝十歩。古来鳴海潟の入江であり天白川となつたので、江戸時代初期には低湿地で本田にはなつてゐない。明治初期野並村字古川となり、今は天白区古川町。

鳴海伝馬新田　なるみてんましんでん

鳴海宿の伝馬役人助成の為、寛文十二年（一六七二）に開墾した。二十五町三畝八歩。東は牛毛村、南は天白川を隔てて込高新田、西は源兵衛新田、北は西側が繰出新田、東側が八左衛門新田である。馬持新田とも言つた。明治九年には十三軒であつた。

『日本歴史地名大系　愛知県の地名』、『南区誌』に明治十一年鳴尾村となつたとし、『角川日本地名大辞典愛知県』に明治九年とする。しかし永井勝三『鳴尾村史』に、

（明治五年）八月に牛毛荒井・伝馬新田・丹後江新田・源兵ヱ新田、柴田新田の五村を合併して鳴尾村成立す。

とある。今は天白町、要町であるが、字前之輪や字丸内の人は伊藤鋭氏に拠ると今も「伝馬に行く」と言ふ。伝統や歴史を重んじ鳴海伝馬町と正しく改めてほしい。

本地前　ほんぢまへ

天白川西岸沿。南区星宮町。本地村の前の地として本地前と云ひ、鍋の弦に見立てて鍋弦と云ひ、上鍋弦に比

べて下鍋弦と云つた。承応二年（一六五三）縄入の巳新田で、田二反六畝十一歩。明治初年から本地村字鍋弦となつた。

丸之内　まるのうち

天白川西岸沿。東海道天白橋の西南の地。明治初年の村境整理で笠寺村字丸ノ内となつた。

東海道沿は本田で、田が多く西寄は畑であつた。南部は鳴海宿本陣西尾伊右衛門が寛文九年（一六六九）に開発した伊右衛門新田で、田八反三畝十五歩、畑五反四畝十歩であつた。

第二章　大高

字阿原　あはら

阿原　あはら
字名。『知多郡村邑全図　大高村』に「あはら」とある。深泥の田。『図録農民生活史事典』の「あわら」に、
堅い地盤の上に一米以上の深さで泥が堆積している地質。湿潤で泥が固まらず、上質の田地とされた。
とある。天白川の西の南野村にも字阿原がある。

字伊賀殿　いがとの

源兵衛池　げんべゑいけ
旧字塩垂。宝永三年（一七〇六）源兵衛新田開発当初は平手新田上雨池の用水を利用し、後にこの池を築立した。しかし『知多郡村邑全図　大高村』に「古池田」とあり、池として利用してゐない。後には『知多郡大高村絵図』に「源兵衛新田池」、『天保十二年大高村絵図』に「源兵衛池」とあり、用水池として復活した。『知多郡大高村内全図』に「長命池」とあり、昭和年中はこの名で呼んだ。志水池とも云ふ。字伊賀殿四―一番地。

志水川　しみづかは
志水池から流れ出て北の鳴海に向ふ。鳴海の字石堀山は古称を志水と云ひ、大高に字志水があり今は鷲津。

長命水　ちやうめいすい
長命池畔にあつた泉。服部長武氏に拠ると、長命池の南方と東南方と東方の山とに泉があり、池の東南方の泉が大きかつた。茶人に愛されてゐた。昭和四十年代に住宅地になり、長命池も長命水も無くなつた。

天金荘　てんきんさう
料理旅館。大東亜戦争後に別荘を利用して長命池の北側に開店。天麩羅の旨い店として評判になり、昭和二十六年に大高町の償却資産税の納税額十位であつた。「緑区民新聞」の広告掲載は昭和四十七年八月までであり、その後廃業し、跡地は集合住宅になつた。

字池之内　いけのうち

平池　ひらいけ
『知多郡村邑全図　大高村』に拠ると、字池之内の西北の角に平池があつた。後に田となつた。

字石神　いしかみ　いしがみ

石神遺跡　いしか（が）みいせき
弥生時代　四棟の竪穴住居の他、壺や甕や高坏片が出土した。
古墳時代　石神と呼ばれる大石があり、住民が約百米北に移した。これは横穴式古墳の奥壁であつた。方形の

土壇があり、古墳の墳丘を利用して造成したものであった。出土した須恵器の壺は六世紀後半頃のもの。

石神社　いしか(が)みのやしろ　いしか(が)みしや

『張州雑志』『氷上神宮之圖』に「石上社迹」の記入がある。文明十四年(一四八二)『本社末社神躰本地』に「石神・不詳」とある。

大石を抜取った穴から六世紀末から七世紀前半頃の副葬品が出土した。この頃築かれた古墳の封土が時代の推移で失はれ、露出した大石が石神として信仰の対象となつた。十二世紀末から十三世紀に掛けての壺や高坏が出土してゐて、その時代には信仰されてゐたが、文明十四年頃には忘れられてゐたのであらう。

石神白龍大王社　いしか(が)みはくりうだいわうしや

『張州雑志』に「石神社」は朝苧社の摂社として「今建石為表」とある。「いしか(が)みのやしろ」として古墳の巨石が信仰されてゐた。塚があり、白蛇が棲んでゐたとし境内に「御塚ノ石」の標

石神白龍大王社

石がある。

昭和二十七年に「石神白龍大王社」として社殿を建立した。石神が主要であり、「石神ノ碑」の標石が二基建つ。石室の石は社の石垣に並べられ、出土した須恵器、土師器は社殿の下に埋められた。入口左に大石がある。

字一番割　いちばんわり

郷蔵　がうくら

『天保十二年込高新田図』に拠ると、字一番割の東北に込高村の郷蔵が描いてある。

字斎山　いつきやま

斎山稲荷社　いつきやまいなりのやしろ　いつきやまいなりしや

『斎山稲荷由緒』に、寛永十八年山口長兵衛長応が斎山を管理する事になり、稲荷を奉斎し、元禄の頃には大規模な社殿を造営したとある。

斎山古墳　いつきやまこふん

高さ三米で、二十米の墳丘が残るが、直径三十米ほどの円墳が想定される。西側が土取で削られてゐて、前方後円

斎山稲荷社

墳の可能性がある。古墳の上に社殿がある。
墳丘から採集された埴輪は古く、古墳時代前期のものであり、鳴海潟周辺でも古い古墳である。

斎善稲荷　さいぜんいなり

宗教法人で御嶽教斎善稲荷社教会と称し、斎山の南斜面中腹に社殿と鳥居とがあつた。鳥居の南手前に、

伏見稲荷支部　正一位　斎善稲荷大明神
昭和三十三年五月建之

とあり、鳥居に昭和四十八年とある。間もなく神主一代限りで廃社となつた。

字馬ノ背　うまのせ　むまのせ

馬ノ背　うまのせ　むまのせ

字名。『慶長十三年大高村検地帳』に「馬のせ」とある。『明治十五年愛知県郡町村字名調』に大高と碧海郡吉原村との「馬之背」、「馬ノ背」があり、共に「ムマノセ」とある。馬や梅は古来「むま」と表記する事が多い。上代では「う」であり、平安時代以降「m」の發音になつたからである。

馬の背のやうな尾根の意で、二つの峰を結ぶ線の低くなつた所で、鞍部の稜線に当る所を言ふ。『国土基本図』に拠ると、東に三四・五米の峰があり、西に三三・六米の峰があり、正に馬の背中の地形である。

馬ノ背遺跡　う（む）まのせいせき

古墳時代の遺跡で、石鏃《せきぞく》、刃物形石器、木葉形尖頭器が出土した。

字江明　えみやう

大高村役場　おほだかむらやくば

最初は道の西側にあり、後に余延年宅址に移つた。昭和二十六年新庁舎に移つた。昭和二十七年大高町になつた。大高村は明治十一年込高新田と合併し、明治二十七年大高町になつた。

大高郵便局　おほだかいうびんきよく

明治二十八年大高郵便受取所が設置され、郵便業務を始めた。手紙の集配は鳴海郵便局が行つた。

明治三十二年大高郵便局が発足し、電話は明治四十二年に開通した。明治四十二年手紙の集配業務を始めた。明治四十四年字北鶴田に移転した。

大橋　おほはし

『寛文村々覚書』の大高村に、

一　橋拾三ヶ所　内板橋七ヶ所　土橋六ヶ所

とある。『知多郡名和村近傍之図』などの村絵図に板橋が描いてあり、古くから板橋であつた。昭和三十二年それまでの木橋を止め半永久橋に架替へた。長さ十四米、幅員三・六米。

十一面観世音菩薩　じふいちめんくわんぜおんぼさつ

加納誠『旧街道のなぞに迫る　緑区Ⅰ』に、

寛政十二年（一八〇〇）に修験行者がこの村にきた時、疫病を鎮めるため三寸の十一面観音菩薩を祀つたお堂を建てたそうです。また、六体の石仏は大高川沿に祀つてありました。十一面観世音は元大高小学校の場所（昭林堂）に祀つてありましたが、その後、常滑街道沿に、六体の石仏とともに移されました。平成十年に区画整理のため、いずれもこの場所に祀られています。

とある。今は字八幡にある。

力石　ちからいし

江明公会堂の前にある。

「力　大高」と石に刻む。日本の行事で相撲、綱引、力石は競技として行はれて来たが、元来神事である。力石は石への信仰の一つで、石占と云つて神意を問ふたのに始つた。神社の境内に置いてある事が多い。慶長八年（一六〇三）の『日葡《にっぽ》辞書』に「力石」を「力試しをする石」とあり、

力石

古くから行はれた。力石は楕円形で凸凹の少ない自然石が用ゐられ、二十貫目から三十貫目ほどの重さの石が多く、五十貫目近い石もある。重量、名前、年代などを刻んだ切付《きりつけ》のある石もある。力試しのやり方はいろ〳〵で、持上げたり、担いだりする他、重い石は石の端に手を掛けて立たせるやり方がある。緑区には鳴海町字池上の秋葉社境内にある。

火の見櫓　ひのみやぐら

昭和二十五年大高町役場の西に大高町消防団の要望で火の見櫓が設けられた。「なる美新聞」昭和二十五年九月十日号に拠ると、予算約十五万円、高さ六十余尺とある。今は無い。

彌陀寺　みだじ

曹洞宗無量山。本尊阿弥陀如来。『寛文村々覚書』、『張州雑志』、『寺社志』等に「十王堂」とある。十王とは、冥土に於いて亡者の罪の軽重を糺す十人を云ひ、秦広王、初江王、宋帝王、五官王、閻魔王、変成王、太山王、平等王、都市王、五道転輪王のことである。

この堂では江戸時代から明治時代まで虫供養と云ふ法要が行はれた。大高川岸に仮小屋を建て、仏像の掛図を掛けた。字江明二四番地。

昭和十七年彌陀寺を称した。「彌陀」とは「阿彌陀」の

略で、『梁塵秘抄』に見える古い語である。今は無住となり、本堂、庫裏以外は取払はれ、十王堂は無い。

余延年宅址　よえんねんたくし

後に大高村役場が建ち、今は江明公園となつてゐる。字江明一六番地。通称山口九郎左衛門、百済余章王の後裔といふ事で余を称し、名が延年である。篆刻に優れ大名からの頼みが引きも切らず、俳句、陶器に秀で、余延年焼の名を残す。江明公園に昭和二十七年に建てた碑がある。久野不老「余延年」(「奈留美」第八号　鳴海土風会)、中西慶爾『稿本餘延年伝』に詳しい。

字奥中道　おくなかみち

源兵衛池　げんべゑいけ

『知多郡村邑全図　大高村』に「源兵衛池」とあり、『天保十二年大高村絵図』に「源兵衛新田池」とある。宝永三年（一七〇六）縄入の源兵衛新田の用水池として築いた。明治十七年『地籍帳』に池は無く、田、荒田が各々一反余ある。江戸時代末期か明治初年に池が必要でなくなつたのであらう。

字大坪　おほつぼ

菊井紡織敷地　きくゐばうしよくしきち

昭和二年『大高の栞』の大高町全図に「菊井紡織敷地」とある。大正七年地元資本により名古屋紡績と菊井紡織との二社が創設された。大高に工場を建設せんと字大坪、字中坪、字川脇、字西正光寺、字東正光寺に土地を購入したが、工場建設に至らず、土地は豊田紡織の所有する所となつた。

大日本紡績　だいにほんばうせき

昭和十年豊田紡織より五万九千二百三十八坪の敷地を購入し、工場が昭和十一年に竣工した。設備は中細糸用綿精紡六万八千八百八十錘、撚糸三万三千百二十錘。知多半島方面の需要を満すため大高に工場を建設した。瓦斯と水道とが備り、工場内に社宅、男子寮、松陽荘と云ふ女子寮、松陽学園と云ふ女子教育施設、大高駅からの鉄道引込線があつた。

大東亞戦争中の昭和十八年非軍需工場であつた為、敷地建物全てを三菱重工業第五製作所に貸与した。戦後復元を開始し昭和二十四年に完了した。綿精紡四万二千四百六十四錘、綿織機三百七十台。

後ニチボー大高工場、ユニチカ名古屋工場と変り、昭和五十年に閉鎖した。

字大根山　おほねやま

愛知用水　あいちようすい

愛知用水は木曽川取水口より水を取り、尾張丘陵を通り知多半島の先端や篠島、日間賀島まで通水する。幹線水路は一一二・七粁、昭和三十二年に着工し、昭和三十六年に完成した。工業用水、農業用水、上水道用水のうち工業用水に五割以上用ゐる。

字大根山の愛知用水大高サイホンは大浜街道、国鉄東海道線、水主池を潜る大工事で、延長五百六十八米、昭和三十四年に着工した。

山神　やまのかみ

『知多郡村邑全図　大高村』に「山神」とある。この辺は御林松山である。

字大平戸　おほひらと

孫廻間池　まごはざまいけ

字大平戸、字藤塚の南の辺にあつた池。『寛文村々覚書』に「孫廻間池」とあり、『尾張徇行記』に見えないので早い時代に無くなつたのであらう。

字籠池　かごいけ

籠池　かごいけ

『尾張徇行記』や『知多郡村邑全図　大高村』などに「籠池」とある。五反五畝十歩。『大高町誌』に、

山口太郎左ヱ門籠池新田開発という

とある。字籠池一番地。水の漏れ易い池の意か。

字水主ヶ池　かこがいけ

水主ヶ池　かこがいけ

『尾張志』に「加古が池」とし、「水主池ともかく」とある。『大高の栞』に「知多郡三大池の一」とある。七町五反二十歩。『尾張国知多郡誌』に、

縦三百九間　横七拾弐間　周回九百六拾間　面積弐万弐千弐百四拾八坪アリ

とある。字水主ヶ池一―一番地。

三和養鶏場　さんわやうけいぢやう

明治三十三年三和の創始者が伊藤和四五郎商店を創業し、養鶏業界初の完全配合飼料の基礎を築いた。

昭和八年水主ヶ池の東に四万坪の三和農場を建設して養鶏事業に参入し、名古屋種（名古屋コーチン）を始め八万羽を育て、東洋一の規模となつた。大東亜戦争中に飼料が入手出来なくなり、止むなく昭和十八年に養鶏場を閉ぢた。

現在「三和の純鶏名古屋コーチン」として、一般の鶏の三倍の飼料と二・五倍（一一〇～一五〇日）の飼育期間とにより、美味しい名古屋種を提供してゐる。

字門田　かどた

朝日湯　あさひゆ

銭湯。大正十五年に開業して平成十二年に廃業した。字門田七二番地。

門田橋　かどたはし

『知多郡大高村内全図』に橋の絵を描く。但し橋名は無い。元は塔婆橋と呼ばれ、虫供養の供養塔婆で架けられた。昭和三十五年に木橋から半永久橋に架け替へられた。長さ十一米、幅員五・五米。

定井　ぢやうゐ

「定井」は鳴海や大高では「ぢやうゐ」、「ぢやうゐい」と云ふ。県内でも他地域は「ぢやうゐ」である。「立切」とも云ふ。

大高川五月橋のすぐ下流に杁《いり》（用水取入口）があり、定井で水を塞き止め大高川の南方に流した。用水は五月橋では地表に出てゐて、すぐ暗渠になつてゐる。

定井

平成十年代には不断川底に沈めて置き、農業用水が必要な時に空気式堰を膨らませて水を流した。字門田から字高見まで大高川に沿ひ、南方に向ふ。

『知多郡村邑全図　大高村』に大高川と用水との間の田を「上井」とする。「定井」の宛字の字名。今堰は無くなり、杁はある。

字川添　かはそひ

込高新田堤　こみたかしんでんつつみ

新田の南側に全長八百米に及ぶ堤が残る。上端幅約二米、下端幅約六米。高さ約二・五米。南区の新田が住宅地などになり残らない今となつて貴重な歴史遺産である。今後も保存に力を入れてほしい。

込高新田堤

字上瀬木川西　かみせきかはにし

上瀬木橋　かみせきはし

『知多郡大高村絵図』に橋の絵を描き、江戸時代からあつた。昭和五十九年に架け替へた。長さ十二・五米、幅員九・二米。「瀬木」は「堰」の宛字。

字上蝮池　かみまむしいけ

上蝮池　かみまむしいけ

字上蝮池の北端二番地にある七畝二二歩の池であつたが昭和時代になくなつた。

字亀原　かめはら

亀原橋　かめはらはし

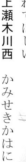

耕地整理で掘割式の道路に陸橋を架ける必要が生じ、字亀原東北部で字伊賀殿との境に架けた。今は無い。

津島社　つしましや

字北大高畑　きたおほだかはた

津島社

神社庁十四等級社。『寛文村々覚書』に「天王」とある。前々除であり、室町時代には鎮座してゐた。

古称は「天王」で明治初年に天王の神社名は廃止され、津島社や須佐之男社に改められた。字北大高畑一五番地。

左側に津島社、右側に天満社が鎮座する。『尾張徇行記』に天神は延宝四辰年（一六七六）勧請とある。

浅間社　せんげんしや

字北浅間　きたせんげん

字北浅間、字南浅間は明治初年に浅間の地名を二つに分割したもの。南北どちらにあつたか不明。

天和二年（一六八二）『只今ハつふれ候』とあり、慶長年間にあつたものの、早く廃絶した。

『知多郡大高村絵図』に「浅間こし」の字名があるので、浅間は高所に鎮座してゐたであらう。

ヱビス湯　ゑびすゆ

字北鶴田　きたつるた

銭湯。昭和三十九年より平成十年代まで営業した。字北鶴田三一番地。

北平部橋　きたひらぶはし

字北平部　きたひらぶ

台風十三号で木橋が流出したので、昭和二十九年に半永久橋に架け替へた。

川の名は桶廻間川又は通廻間川《とほりはざまかは》と云ふ。大高の字北平部と鳴海の字左京山との間を流れる大谷川を合せてから手越川に注ぐ。

桶廻間村より流れて来るので『知多郡村邑全図　有松村』に「桶廻間川」とあり、『天保十二年有松村絵図』に「通り廻間川」とあり、共に江戸時代の川名である。地名は出来るだけ伝統のあるものを使ふのが望ましく、どちらかの川名で呼ぶのが良い。

橘神社　たちばなじんじや

昭和三十年漢学者鬼頭有一が日本武尊を身を呈して救つた弟橘姫命を讃仰すべく神社を設立した。

字北横峯　きたよこみね

金剛華寺　こんがうけじ

阿含宗大日山、観音慈恵会東海別院。本尊釈迦牟尼仏。阿含宗は昭和五十三年開宗。

字儀長　ぎちやう

大砂子遺跡　おほすなごいせき

儀長遺跡、折戸貝塚とも云ふ。「大砂子」は字儀長、字折戸の砂洲の上に出来た墓場の地名。弥生時代から古墳時代、鎌倉時代から江戸時代までの弥生土器、土師器、須恵器、中世陶器、近世陶器片等が貝と共に散らばつてゐた。

字熊野山　くまのやま

熊野社　くまのやしろ　くまのしや

字名にあるのみで他に記録が無い。

字神戸　ごうと

沓脱島　くつぬぎしま

『尾張国吾湯市郡火上天神開始本伝』に拠ると、宮簀媛命が鳴海に来て船を降り、海辺を遊行して腰掛松で憩ひ、履《くつ》を投げて履脱嶋と云つたとある。鳴海の字城に宮簀媛命の別業（別荘）があり、命は火上と鳴海とを往来した。榊原邦彦『緑区郷土史』（鳴海土風会）第四章第廿節「宮簀媛命別業」参照。

『張州雑志』に参道の途中北側に「沓脱嶋」とあり、腰掛松はその東の常世社に描く。双方とも元宮の麓に近く、ここで休む事は有り得ない。後世に鳴海のどこが沓脱嶋の所在地かが判らなくなり、火上山の近くに想定したもの。

沓脱島

神戸　ごうと

字名。熱田社から船で氷上社に来た事が伝へられてゐる。

浜宮　はまみや

『氷上山之図』の参道入口に「浜島居」を描き、すぐ西南に「浜宮迹」とある。塩《しほ》土老翁《つちのおきな》が祭神である。近くの菩薩遺跡（大高町字中島、東海市名和町菩薩）から製塩土器が出土し、一帯は製塩が盛んであつた。

星崎の製塩で名高い星崎の本地村（南区本星崎町）の星宮社の境内末社に浜主社があつた。伊奈突智翁が祭神で星崎の人々に塩を造る事を教へたと伝へられる。

込高新田　こみたかしんでん

『尾張徇行記』に延宝八年（一六八〇）に大高村より開墾したとある。「込高」は正保の四つ概（ならし）で縮高になつた給人に対し、足し地として与へた。

『天保十二年込高新田絵図』に「壱番割」、「弐番割」、「三番割」と西から字名を記す。明治以後は加へて南西に「川添」、「杁前《いりまへ》」がある。

字紺屋町

大高菜原産地　おほだかなげんさんち

大高菜は『張州府志』以降の江戸時代の諸書に見え、柔かで風味ある大高の特産品で、『大高斎田の思出』に、

　菜の長さは二尺有余となり、其の芳香は絶対に他の追従を許さぬものである。これを漬菜にすれば一種特有の香りと、舌頭に残滓を留ないのが大高菜特有の味であつて、今後これが原産地は当町の字紺屋町三本木の一部にあり

とある。天白区の八事五寸人参、中村区の愛知大晩生(甘藍)と共に大高菜は愛知県の伝統野菜名古屋市内三つの中の一つに選ばれた。

紺屋町　こんやまち

字名。弘化五年（一八四八）『尾州濃州紺屋惣帳』に大高村の紺屋として、源七、角左衛門、介三郎、太郎兵衛の四名の名前が記され、紺屋町に居住してゐた可能性がある。猶同書に拠ると、紺屋は尾張国千五十二名で、名古屋は二一八名、愛知郡五五名、知多郡一五四名である。

地蔵堂　ちざうだう

『知多郡村邑全図　大高村』に「地蔵」とある。昔は道端に南面して建つてゐたが、今は無い。

字三本木

郷蔵　がうくら

『徳川幕府県治要略』に、

　郷蔵敷は一村共有の穀倉を建つる敷地なり　貢米積入及び備荒貯穀等の用に供す　各村概ね此設あり

とある。大高村の郷蔵につき『寛文村々覚書』に、

　一　蔵屋敷　壱反七畝歩　備前検除

とあり、江戸時代初期からあつた。

「蔵前」「郷蔵前」の地名があり、『大高町誌』に、今の紺屋町の一部とある。『知多郡村邑全図　大高村』他の村絵図に拠ると、字紺屋町から西へ向ふ小路の突き当りに「郷蔵」と描く。郷蔵が無くなり今は小路が抜けてゐる。従つて「蔵前」「郷蔵前」は字紺屋町の西北部で、郷蔵は字三本木にあつた。『寛文村々覚書』に「一年貢米　舟廻」とあり、大高川から年貢を積出すに便利な所に立地してゐた。

字下瀬木

瀬木川　せきかは

大高川の支流。『知多郡村邑全図　大高村』他の村絵図に蛇池から流れ出るさまを描く。『名古屋市河川図』に拠

ると、二級河川瀬木川の市内流路延長は二八八四米、準用河川瀬木川の市内流路延長は一八三米とある。

瀬木橋　せきはし

『知多郡名和村近傍之図』に「瀬木橋」とある。他の村絵図は名前が無く橋の絵のみ描く。

字下小川　しもをがは

緒川道　をがはみち

鳴海の字平部より緒川道川に沿つて大高を通り、知多半島東岸の緒川に至る主な道であつた。

字蛇池下　じやいけした

木之山川　このやまかは

『知多郡大高村全図』に、「木之山川」とある。木《こ》之山村（今大府市）から流れる木之山川は瀬木川に合流する。

字城山　しろやま

大高城　おほだかじやう

永正六年の久米家文書に「大高城主花井備中守」とあり、天文十二年の久米家文書に「大高城主水野大膳亮」とあり、天文頃から水野氏が城主となつた。天文十七年、織田方に移つた大高城を今川義元の命を受けた野々山政謙が攻めたものの、松平広忠の援軍が遅れ政謙は敗死した。天文二十一年、信長を見限つた鳴海城主山口左馬助教継は今川方に就き、大高城を計略で奪つたが、左馬助父子が義元に殺された後、今川方の鵜殿長照が守つた。永禄二年に信長が大高城を囲んだ砦を築き、大高城の兵粮が乏しくなり、松平元康が義元に命ぜられて兵粮を入れ、手柄を立てた。桶廻間合戦の当日、丸根砦を陥落させた元康は大高城に入り休養してゐたが、義元の敗死を知り三河へ退いた。

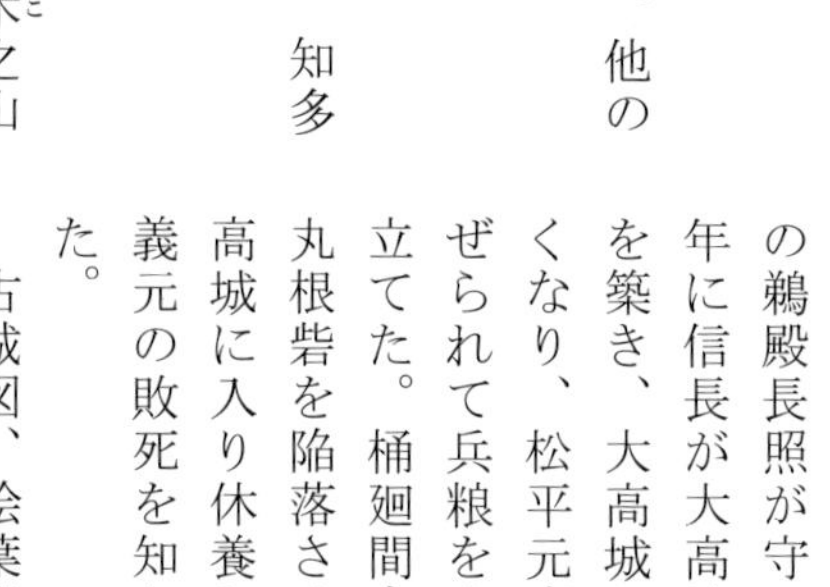

大高城　昭和

古城図、絵葉書、写真は榊原邦彦『桶廻間合戦圖會』（なるみ叢書　第二十一冊　鳴海土風会）、『桶廻間合戦寫眞集』（なるみ叢書　第二十二冊）　榊原邦彦『桶廻間合戦研究』（中日出版社）参照。

志水氏屋敷　しみづしやしき

志水甲斐守が大高城の三の丸跡に屋敷を構へ志水氏屋敷と呼ばれた。南に馬場を設けた。明治三年に屋敷を取壊した。

城山八幡社　しろやまやはたのやしろ（はちまんしや）

花井備中守が大高城を築いた後に鶴岡八幡を勧請した。字城山二三番地。

字新町　しんまち

十兵衛橋　じふべゑはし

字門田の定井の杁から取水した用水が字新町と字儀用との境を流れ、字儀長の山口氏の先祖山口十兵衛が架けた橋。今用水は暗渠になる。

新町駐在所　しんまちちゆうざいしよ

大正十五年建築面積五一・一五平方米の駐在所を建てた。昭和三十六年字折戸に新築し移転した。

新町湯　しんまちゆ

銭湯。明治年間に開業し、昭和三十年代まで営業した。

米太郎橋　よねたらうはし

用水に架けた橋。大正時代から昭和時代に掛けて米太郎橋と書いた橋が架つてゐた。今は中村区在住の山口氏が新町に住んでゐた時、祖父の山口米太郎が架けた。

字船人ヶ池　せんどがいけ

船人ヶ池　せんどがいけ

『寛文村々覚書』、『尾張徇行記』、『知多郡村邑全図大高村』に「船頭池」とあり、後の村絵図に「船人（ケ）池」と表記する。字船人ヶ池二番地。一町三反二畝一二歩。今は無い。

字高根山

烽火台　のろしだい

嘉永六年（一八五三）軍艦四隻からなる黒船が来航した。尾張藩では師崎と内海とに砲台を作り、知多郡の各地に烽火台を設けて、すばやく通報出来るやうにした。

大高には標高五五米の高根山頂上に設け、いざとなると青松葉を焚いて通報すべく備へた。緒川烽火台が緒川新田の標高八二・三米の高根山（東浦町大字緒川字西高根）にあり、約十二粁離れた大高の高根山に通報する手筈であり、途中見通しが良い。天候不順で烽火が上げられない時は早飛脚により知多半島東廻り、西廻りで知らせる。

旗振山　はたふりやま

「尾張の史跡と遺物　臨時号　郷土の新らしき史観」に大高山で旗信号が行はれたとある。標高五十五米とあり高根山である。但し同誌の記述では黒船の旗信号が目的で、後に米相場に用ゐたとある。烽火台と同所であるから取違へたのであらうが、黒船は烽火を用ゐる予定であり、旗信号は米相場用である。桶狭間字高根の旗振山の条参照。

字高見　たかみ

秋葉社　あきはのやしろ　あきはしや

この辺は昔から辻と呼ばれた。明和七年（一七七〇）の常夜燈がある。寛政十二年（一八〇〇）常夜燈のある所に社殿を建立した。字高見三二番地。

秋葉社

大高巡査駐在所　おほだかじゆんさちゆうざいしよ

明治二十年熱田警察署鳴海分署大高巡査駐在所が字高見に設けられた。

大高小学校　おほだかせうがくかう

明治六年字高見に明道舎が開校した。明治十九年大高尋常小学校となり、明治三十六年字町屋川に移り大高尋常高等小学校となつた。昭和十六年字南大高畑に移り大高国民学校となつた。昭和二十二年大高小学校となる。込高新田には清風学校が設立され、大高村との合併に依り込高分教場となり、明治十九年本校に合併した。

高札場　かうさつば

『知多郡村邑全図　大高村』の辻の所に「御高札」とある。秋葉社の前の辺。『寛文村々覚書』に「幾里志丹《きりしたん》高札有」とあり、大高村は有松村と同じく古くは一枚であつた。東海道五十三次の宿場町鳴海には天保年間八枚あつた。

酒造　しゆざう

大高の酒造は字高見、字西門田で行はれる。幕末の酒造家は鳴海に千石以上二軒、千石未満三軒、百石以下一軒があり、大高に千石未満七軒があつた。明治十八年には九軒あつた。大高は今三軒で、萬乗、酒望子の萬乗醸造が寛政元年創業、神の井の神の井酒造が安政三年創業、鷹の夢の山盛酒造が明治二十年創業である。昭和の後期までは寸法の明治七年創業近藤酒造場があつた。

常滑街道　とこなめかいだう

『尾張国知多郡誌』の常滑街道の条に、鳴海町より大高村を経て常滑村ニ達スとある。

『知多郡名和村近傍之図』に「知多西浦道、知多西浦海道」とあり、只「西浦道」とも云ふ。時代により道筋が変つた。

船戸町　ふなとまち

船着場、土場。原藤広『青峯山信仰』に、

（念仏橋南西の青峯山石仏）近くのおばあさんが来て「このあたりは、昔は舟着場で酒を船で運んだものだー」と話してくれた。念仏橋のすぐ上流の大橋の西の通りを、江戸時代は舟戸町と呼び船頭や船問屋の稼業の家が多くなったという。

とある。「戸」は「処、所」の宛字。古写真に大橋辺に船が多く写り、青峯山の場所から考へると、大高川の大橋から念仏橋下流までが船着場であつた。

『徴発物件一覧表』明治三十八年　大高村
大船　一〇艘　小舟　一三一艘　舟夫　五人

薬師寺　やくしじ

曹洞宗医王山。本尊薬師瑠璃光如来。

元禄七年（一六九四）春光院五世愚徹の建立と云ふ。『寛文村々覚書』に薬師堂　前々除とあり、薬師堂として室町時代末期に既にあつた。観音堂、弘法堂が境内にある。四月八日の釈迦の誕生日に花祭として甘茶を振舞ふ。伝統を守り年中行事を続けるのは尊い。大高川の堤上で念仏橋畔にあつた青峯山が十年程前に境内に移された。字高見七五番地。

字田中　たなか

海岸寺　かいがんじ

天台宗白祐山。本尊聖観世音菩薩。古く源光院と称し後に海岸寺となつた。『寺社志』に「白祐山海岸寺源光院」とある。古くは大高川が入り込んでゐた海岸にあつた。宝暦年間に今の地に移つた。字田中一四番地。

巡査駐在所　じゆんさちゆうざいしよ

昭和三十四年巡査駐在所が新設された。

神明社　しんめいしや

慶長検地で除地となり、室町時代以前の創建である。『大高町誌』に拠るとオシヤグジと呼ばれる由。「お」は御、「シヤグジ」は漢字で社宮司、斎宮司、社宮神、社口など色々と書く。社宮司は農耕の神として極めて古くから信仰され、諏訪大社の大祝に次ぐ神職守屋氏の氏神が御社宮司で、本源は茅野市高部の守屋家近くの畑にある。諏訪信仰より社宮司信仰の方が古い。神明社は後に合祀したに違ひない。社宮司が元来であらう。字田中四五番地。

字定納山　ぢやうなふやま

蛇池　じやいけ

『寛文村々覚書』に「蛇池」とある。『大高町誌』に蛇池、砂走池は込高新田のためにつくられとある。字定納山三番地。三町五反五畝一二歩。

砂走池　すばしりいけ

『寛文村々覚書』に「スハシリ池」とある。字定納山一番地。一町二反五畝二四歩。土地区画整理で埋立てられた。

定納山　ぢやうなふやま

字名。藩有地の山林を毎年一定の山手米や山役銭を上納して使ふ場合に言ひ、多く個人よりも村方全体で使用した。『尾張徇行記』に拠ると、大高村の定納山は二十七町三反五畝五歩で、定納米が六石四斗七升八合。定納山は村のあちこちにあり、ここは字名となつた。

字忠治山　ちゆうぢやま

白雲閣　はくうんかく
岐阜県白川村の合掌造を水主ヶ池畔に移築し、昭和三十五年より和食の料亭を開業した。高さ約十五米の三階建。字忠治山三〇一番地。

字鶴田　つるた

大高駅　おほだかえき

大高駅　昭和

明治十九年武豊線開通と同時に大高停留場が営業を始めた。単線で駅舎が無かつた。東の停留場は大府、西の停留場は熱田である。明治四十年に複線になつた。昭和二十八年に電化された。昭和十年建設の駅舎は昭和三十七年に橋上駅に変つた。日本で三番目、名古屋鉄道管理局管内で最初である。昭和四十九年に高架化に依り仮駅舎に移り、昭和五十三年に駅舎を新築した。耕地整理まではここは字中熊瀬である。

鉄道唱歌　三十二番
鳴海しぼりの　産地なる　鳴海に近き大高を
下りておよそ　一里半　行けば昔の　桶狭間

明治三十一年の時刻表

上り		下り	
武豊行	五・五六	神戸行	八・二〇
新橋行	六・一三	神戸行	一〇・〇五
新橋行	八・一九	名古屋行	一〇・三三
武豊行	一〇・〇四	神戸行	一二・二一
静岡行	一〇・三四	大垣行	一二・二六
静岡行	一・三三	米原行	五・五三
浜松行	二・五八	大垣行	七・四六
静岡行	五・〇三	名古屋行	九・〇八
浜松行	六・二三	名古屋行	一〇・三七
新橋行	八・三五		

大高町警察署　おほだかちやうけいさつしよ
自治警察署を設置する事になり、昭和二十三年庁舎を建設した。昭和二十六年より大高警部補派出所となり、昭和三十四年に廃止した。

来ル三月一日ヨリ鐵道建築資材ヲ運搬スベキ序ヲ以テ武豊熱田間ニ於テ左之時刻表通一般ノ旅客及ヒ貨物ヲモ運搬スベシ此段廣告ス

明治十九年二月

鐵道局

武豊熱田間

驛名	上り 前	上り 後	駅名	下り 前	下り 後
武豊發	七、00	四、00	熱田發	九、四五	六、四五
半田發	七、二0	四、二0	大高發	一0、00	七、00
亀崎發	七、三五	四、三五	緒川發	一0、三五	七、三五
緒川發	七、五五	四、五五	亀崎發	一0、五五	七、五五
大高發	八、三0	五、三0	半田發	一一、一0	八、一0
熱田着	八、四五	五、四五	武豊發	一一、三0	八、三0

武豊熱田間汽車賃金表

従／至	武豊	半田	亀崎	緒川	大高	熱田
武豊		五銭	九銭	拾六銭	貳拾六銭	三拾壹銭
半田	五銭		四銭	拾壹銭	貳拾銭	貳拾六銭
亀崎	九銭	四銭		七銭	拾七銭	貳拾貳銭
緒川	拾六銭	拾壹銭	七銭		拾銭	拾五銭
大高	貳拾六銭	貳拾銭	拾七銭	拾銭		五銭
熱田	三拾壹銭	貳拾六銭	貳拾貳銭	拾五銭	五銭	

人力車丁場　じんりきしやちやうば

大高駅前にあつた。明治末から大正初に名古屋から鳴海に通つた人の記録に拠ると、大高から鳴海までの人力車の賃銭が往復二十四銭とある。

乗合自動車　のりあひじどうしや

昭和初年より戦争中まで名和駅、大高駅、鳴海駅を結んで乗合自動車が走つてゐた。

乗合馬車　のりあひばしや

『大高町誌』に拠ると、大高から鳴海、熱田を経て大須行の乗合馬車があり、明治三十七八年から大正二年頃まで大高から名和を経て横須賀まで乗合馬車が通つてゐた由。

用拙私塾　ようせつしじゆく

山口平之助が漢学の用拙私塾を設立し、昭和の初めまで続いた。和魂漢才の言葉を踏まえ、幾多の人材を養成した。これからの日本にも漢文の素養は必要不可欠であり、現代の用拙私塾が望まれる。

字天神　てんじん

菊井橋　きくゐはし

大高川に架る。昭和二年『大高の栞』の大高町全図に「菊井紡織敷地」とある。

天神　てんじん

『寛文村々覚書』に「天神」とあり、前々除で古くより長寿寺の山門の南に鎮座してゐた。延宝七年（一六七九）に長寿寺境内が拡大して構の内に入り、長寿寺の鎮守となつた。昭和の初に耕地整理で無くなつた。

字殿山　とのやま

道楽寺　だうらくじ

明治中期に弘法堂を建て道楽寺とした。昭和二十年代に寺を止め、住居とし、近年まで建物はあつた。

壺坂寺　つぼさかでら

大正初年に建立し、大和六番の分院になつた。本尊千手観音。区画整理で平成九年に近くに移つた。壺坂寺と弘法堂とがある。

文久山　ぶんきうやま

昭和三年刊の『桶狭間史蹟』に、

文久山なる勝地あり天然の美景を有し山上に一楼閣あり、別荘なり、傍に弘法大師をまつりて道楽寺と称す、

とある。五万分の一地形図「名古屋南部」の大正九年修正測図版では「文久新田」とあり、昭和七年修正測図版では「文久山」とある。

字寅新田　とらしんでん

津島社　つしまのやしろ　つしましや

創建は貞享元年（一六八四）。社殿の棟瓦が亀模様で珍

しい。字寅新田一六一番地。

青峯山　元は扇川堤防にあり、昭和五十六年に遷した。堂内の棟札に拠ると、文久三年（一八六二）に堂が大破したので庄屋に願ひ出て翌年修繕したと記してある。

霊神碑　「義覚霊神」、「覚明霊神」とある。御嶽教の行者である。字元屋敷にも碑がある。

字砦前　とりでまへ

丸根駐在所　まるねちゆうざいしよ

昭和三十八年交叉点の西北角に新築した。

字中川　なかがは

大高川　おほだかかは

『寛文村々覚書』に「大高川堤　三百三拾弐間」とあり、『名古屋市河川図』に、二級河川　大高川　市内流路延長　二八八〇米とある。

住吉社　すみよしのやしろ　すみよししや

祭神は海の守護神である住吉三神で、住吉大社からの勧請である。『鳴尾村史』に「龍神」とするのや大高での通称「龍宮」は海の神としての龍神信仰に基づく。

漁民が航海安全や豊漁祈願する神として大高川と扇川との出合に祀つてゐた。伊勢湾台風後の河川改修により昭和四十年にこの地に遷座した。

字長根　ながね

緑地牧場　りよくちぼくぢやう

昭和初期に木下牧場として子牛二頭で始め、平成九年に乳牛九十頭を飼つてゐた。名前は緑地牧場と改め、平成二十一年に親牛五十頭、子牛二十五頭のホルスタイン種の乳牛を飼ひ、名古屋市内で最多。当時牧場は緑区内の三ケ所のみで、乳牛三四六頭、肉牛二七頭を飼育。字長根二六番地。

字中島　なかのしま

寝覚の里　ねざめのさと　ねさめのさと

明治四十三年に建てた石碑が伊勢湾台風で折れた為、昭和五十五年に再建した。角田忠行の撰文。

大高なるこの寝覚の地名はしも、千八百年の昔、倭武天皇の火上の行在所に坐しし時、朝な朝なに海潮の波音に、寝覚し給ひし方なる故に、かくは云ひ効はせるものならん

寝覚の里　昭和

榊原邦彦『枕草子本文及び総索引』（和泉書院）第六十六段「さとは」の段

さとはあふさかのさと　なかめのさと　ゐさめのさと　人つまのさと　たのめのさと　夕日のさと

の「ゐさめのさと」は時代の新しい堺本に「ねさめのさと」とあり、「ねさめのさと」は古くは「ゐさめのさと」である。榊原邦彦『枕草子及び平安作品研究』（和泉書院）で考証した。隣の東海市名和町に寝覚の地名が残り、この地が「ゐ（ね）さめのさと」である。

菩薩遺跡　ぼさついせき

大高から名和に及ぶ。池田陸介氏の調査に依り弥生時代以降の土器などが出土した。特に注目すべき事は製塩土器が見付かつた事である。板石、土棒など塩竈の一部と思はれるものや、塩竈の底と思はれるものもあつた。

字中古根　なかふるね

水田　すいでん

池田陸介『ふるさと散歩』に、

ここの水田は、氷上姉子神社の森の南側にある。周りは森にかこまれ、谷間にできた一二段の水田だつた。

とあり、古代からの良田を紹介してゐる。谷の奥の用水池から水を流した。

字中屋敷

千鳥湯　ちどりゆ

銭湯。大正初めに開業した。昭和六十年頃名古屋碧南線と名古屋第二環状線とを結ぶ道路敷地になり廃業した。

中之郷　なかのがう

『寛文村々覚書』に、

一　当村枝郷中之郷村ち万歳出ル

とあり、大高村の枝郷（枝村、支村、支巴）であつた。中之郷町内会として古称を使用し伝統ある地名を重んじてゐる。

字西姥神　にしうばかみ

隔離病舎　かくりびやうしや

明治三十年に建てた。昭和二十七年に予算九十万円で改築した。定員十五名、建坪四十二坪である。

字西大高畑　にしおほだかはた

西大高廃寺　にしおほだかはいじ

大高の古代聚落は丘陵の上に営まれ、鳴海潟に近い平地に人々が住んだのは時代が新しい。

軒丸瓦、軒平瓦、丸瓦、平瓦が出土し、七世紀後半頃の瓦であると云ふ。名和廃寺、鳴海廃寺と共に建立した時代が古いので伝承も文献も残つてゐない。

西大高畑遺跡　にしおほだかはたいせき

池田陸介他『名和・大高の遺跡』に拠ると、大高小学校の前の丘陵を切り開いた道路断面から弥生式土器が採集された。池田氏の教示では弥生時代から古墳時代に掛けて大聚落があつた。

猫塚遺跡　ねこつかいせき

右の書に拠ると、各種の瓦が採集された。弥生時代から鎌倉時代の遺跡であると云ふ。

字西門田　にしかどた

観音堂　くわんおんだう

『寛文村々覚書』に「観音堂」とあり、前々除の古い堂であつたが廃絶した。夕潮亭人「観音寺」（「奈留美」第二号　鳴海土風会）に「東昌寺附近一帯の地が口碑に残つてゐるのみである」とある。東昌寺の本尊は廃寺観音寺の井戸から拾ひ上げたものと伝へる。

東昌寺　とうしやうじ

曹洞宗日陽山。本尊聖観世音菩薩。創建は寛文六年で、元は大高城大手の西に続く高台にあつた。中興開山は春江院四世雪嶺で、雪嶺がこの地に移したのであらう。春江院の末寺。『寺院に関する調査』の東昌寺の条に、

　本尊観音菩薩ハ近隣ノ土中ヨリ発掘セリ、発掘ノ跡ヨリ霊水湧出シテ尽クルコトナシ、今ノ観音井戸之レナリ、此ノ水ヲ以テ、清酒「萬乗」ヲ醸造シ現今ニ至ル、夏期ハ一般ニ汲ムコトヲ許サレ、冬期ハ酒造家久野氏ノミコレヲ汲ム。

字西門田一五番地。

字西鰌池　にしどぢやういけ

論手池　ろんでいけ

『寛文村々覚書』に「論手池」とある。『知多郡名和村近傍之図』にも「論手池」とある。「論手」は字名として「崙天」（ろんで）と書く。谷頭や低湿地を云ふ。

明治以降は「西鰌池」と呼び、二反一八歩あつた。平成に入り埋立てられた。別名土針池。字西鰌池一一番地。

字西古根　にしふるね

神宮寺　じんぐうじ

『氷上山之図』に、

　往昔此所に当社の本地堂　神宮寺　別当本院有之よし　故に今此地を御古根《ヲグルネ》といふ

とある。

字西丸根　にしまるね

大高丸根平和稲荷　おほだかまるねへいわいなり

神明社の北側にあり、伏見稲荷大社より昭和三十二年に勧請し、平成七年に建てた。

神明社　しんめいしや

下村氏一族の氏神。下村氏の先祖は延元年間（一三三

六―四〇）に志摩国小浜（鳥羽市小浜町）より大高に移住した。『寛文村々覚書』に前々除とあり、室町時代に建立されてゐた。

祭の日に膳に一杯の大きな牡丹餅を供へ、お下りとして一同で頂く風習がある。

餅は神社庁の『神社祭式行事作法』に規定され、神饌の一つとして供へられる。関東地方の北部では、重箱に半搗の御飯を詰め、餡を載せて切分ける牡丹餅があり、大阪市の和菓子屋いなば播七では、普通の大きさの二十個分もある牡丹餅を神事用に作つてゐる。字西丸根二六番地。

神明社

山神社　やまのかみのやしろ　やまのかみしや

『寛文村々覚書』に前々除とあり、慶長時代以前より鎮座してゐた。掲示の札に「生活一般と交通守護神」とある。字西丸根一四番地。

字西向山　にしむかへやま

春江院　しゆんくわうゐん

曹洞宗大高山。本尊多宝如来。山門も「不許葷酒入山門」の石標も禅宗の寺の佇まひに相応しい。弘治二年（一五五六）大高城主水野大膳が創建した。本堂は文政十三年の再建、鐘楼は慶応元年の再建である。下村実栗作の庭がある。字向山五番地。

春江院

字東姥神　ひがしうばがみ

朝苧社　あさをのやしろ　あさをしや

氷上姉子神社の末社。

「朝」は「麻」の宛字である。麻は木綿の無い時代に重要な繊維であつた。「苧《を》」は繊維。『尾張国氷上宮正縁起』に氷上社の四月十三日の御衣祭に当り、末社朝苧社に神輿が神幸し、天下泰平、国家安全の神事があるとし、末社の中でも重んじられた。同書や『氷上山神記』には朝苧社

朝苧社

の祭神を宮簀媛命の母とする。

久米氏居住地　くめしきよぢゆうち

この丘は氷上姉子神社の神主久米氏の居住地であったが、大高城を築く時、城内が見通せると云ふので字東森前の現在地に移されたとの伝承がある。

字東植松　ひがしうゑまつ

植松塚　うゑまつつか

佐藤一二「尾張の十三塚」(「考古学雑誌」三ノ三)に「家松」(植松の誤)に二つの塚を描く。久野不老「大高附近の古墳」(「奈留美」第九号　鳴海土風会)に、

鉄道より西、紡績より三丁　程東方の高丘。

「高丘」とは字東植松の標高三十三米の山であらうが、昭和五十年代には塚が認められなかった。

字東正光寺　ひがししやうくわうじ

正光寺砦　しやうくわうじとりで

今川方の大高城に対した織田方の砦として『信長公記』以下の戦記類に鷲津砦と丸根砦とのみを記す。しかし両砦では大高城の北を押へるにとどまり、南は気ままに往き来出来てしまう。『張州雑志』『蓬州旧勝録』に「正光寺砦」があり、信長が築いた砦である。

『尾州之内吟味之場所』に、

鷲津、丸根、正興寺、氷上と申候て取出之跡も四ケ所御座候

として正光寺砦(「正興寺」は宛字)を記す。正光寺砦について既に昭和五十八年に拙稿「桶廻間合戦の城」(「奈留美」第十三号　鳴海土風会)で述べて置いた。近時漸く『愛知県城館跡調査報告I』等で触れられるに到った。池田陸介氏の教示に拠ると、山口茂氏の話では正光寺砦は大日本紡績の工場を建てる時に削った山で、頂上から古銭が沢山出たと云ふ。『知多郡大高村絵図』は「昌光寺」の真中に「とりで」とあり、『知多郡大高村内全図』には「正光寺」の真中に「取手」とある。拙著『桶廻間合戦研究』(中日出版社)「第十三章　桶廻間合戦の正光寺砦　氷上砦」参照。

字東千正坊　ひがしせんしやうばう

大高橋　おほだかはし

県道鳴海常滑線の大高川に架る大高橋は昭和三十年九月に渡初式を行った。

念仏橋　ねんぶつはし

『絵本荒尾洞発語』に、

爰を念仏橋と号すいはれは毎年此辺りの土人集りて寒念仏をなす　其節ののけ銭をもつて此橋を作りわたせし故に念仏橋の名あり

字火上山　ひかみやま

腰掛松　こしかけまつ

『尾張国吾湯市郡火上天神開始本伝』に拠ると、宮簀媛命が鳴海に来て船を降り、海辺を遊行して腰掛松で憩ひ、履《くつ》を投げて履脱嶋と云ったとある。鳴海の字城に宮簀媛命の別業（別荘）があり、命は火上と鳴海とを往来した。榊原邦彦『緑区郷土史』（鳴海土風会）第四章第廿二節「宮簀媛命別業」参照。

『張州雑志』所収『氷上山之図』に参道の途中北側に「沓脱嶋」とあり、腰掛松はその東の常世社に描く。双方とも元宮の麓に近く、休む事は有り得ない。鳴海のどこが沓脱嶋の所在地かが判らなくなり、仮に火上山の近くに想定したに過ぎず誤伝である。『張州雑志』の『氷上神宮之図』に腰掛松を描き、昭和初年まであった。

常世社　とこよのやしろ

参道の北側に鎮座する。『熱田宮舊記』に、

同（氷上宮末社）　常世社

宮簀媛命御陵　魂根嶋トモ云

とあるが、御陵なら古墳が有る筈で誤伝であらう。

『知多郡村邑全図　大高村』に「玉ね嶋」とある。

氷上姉子神社　ひかみあねこじんじゃ

熱田神宮境外摂社。祭神宮簀媛命。『延喜式』に「氷上姉子神社」とある。『百錬抄』に「火上社」とあり、「火上」が後に「氷上」と変つた。

日本武尊の亡き後、宮簀媛命が草薙剣を奉安した由緒の地である。仲哀天皇四年に火上山の元宮の地に神社が創祀せられた。持統天皇四年に現在地に遷座せられた。

宮簀媛命の神詠は榊原邦彦『東尾張歌枕集成』（なるみ叢書　第二十六冊　鳴海土風会）に収めた。昔は末社が多かつた。今は朝苧社、元宮、神明社、玉根社がある。斎田は昭和七年に始り、六月に御田植祭、十月に抜穂祭が行はれる。二反五畝歩。

氷上神社　昭和

榊原邦彦『緑区神社誌』（なるみ叢書　第二十四冊　鳴海土風会）参照。

氷上砦　ひかみのとりで

今川方の大高城に対した織田方の砦として、『信長公記』以下の戦記類に鷲津砦と丸根砦とのみを記す。しかし両砦では大高城の北を押へるにとどまり、南は気ままに往き来出来てしまう。

元宮　昭和

『張州雑志』に「氷上砦」とあり、『大高城古図』に「氷上山取出」とあり、氷上砦、氷上山砦の呼称があつた。

『尾州之内吟味場所』に、

鷲津、丸根、正興寺、氷上と申候て取出之跡も四ケ所御座候

とある。

氷上砦について既に昭和五十八年に榊原邦彦「桶廻間合戦の城」（「奈留美」第十三号）で述べて置いた。その後漸く『愛知県城館跡調査報告Ｉ』で触れられるに到つた。

『大高城古図』に「氷上山取出　古城ヨリ十町」とある。『尾州知多郡大高古城』に、

此山ハヒカミの山ゟ十間余も高く見へ申候　取手の山とヒカミ山の間百間斗

とある。「ヒカミ山」を元宮の地とすると氷上砦（氷上山砦」は字氷上山の西端か、字氷上山の西に続く字取手山にあつたと想定される。榊原邦彦『桶廻間合戦研究』（中日出版社）「第十三章　桶廻間合戦の正光寺砦　氷上砦」参照。

字屛所　びやうしよ

屛所　びやうしよ

字名。「屛所」は墓場の意の「廟所」の宛字。『張州雑志』所収『氷上神宮之図』に真隠の近くに「大日堂迹」「天神社迹」とある。

真隠　まかくれ

『氷上山之図』に、

真隠《マカクレ》　御除地　神主扣之墓所也

とあり、氷上姉子神社神主の墓所である。「久米家奥都城」の標石が建つ。字屛所四一番地。

御田植祭　昭和

字平野　ひらの

平野遺跡　ひらのいせき

平野遺跡は廟所遺跡と共に十数ヶ所で刃器、削器、尖頭器状石器、石錐状石器、剥片、石核などが採集され、旧石器時代のものである。字廟所、馬の背、熊野山に及ぶ。標高二十米程度の丘で、当時は海岸に近かつた。

字平野池末　ひらのいけすゑ

平野池　ひらのいけ

平野とは氷上社の社家の名で、平野氏の屋敷跡を平野と呼んだ。文政十年序の『尾張八丈』に氷上宮社人として峯松鷺太夫のみが見える。『寛文村々覚書』『氷上山神記』には氷上池とあり、村絵図には平野池も氷上池もある。『張州雑志』の『氷上神宮之図』に「氷上池　又榊池ト云」とある。二町九畝二七歩。字平野池末一七番地。

字藤塚　ふぢつか

庚申塚　かうしんつか

蓬左文庫蔵『桶峡間圖』に「庚申塚」とあり、『桶廻間合戦絵圖』に「畑　申信塚」とあり、字藤塚辺である。

隣村の桶廻間村には庚申塚が二ヶ所あり（一ヶ所は庚申堂になる）、牛毛村の牛毛神社には庚申塚が現存し、当地方に庚申信仰が盛んであつた。鳴海村、相原村にもある。

室町時代後期以降に庚申講が成立し、庚申の夜は徹夜して行ひを慎んだ。路傍に庚申塚を建て、更に庚申堂を建立した。祭神は仏教では青《しやう》面金剛童子、神道では猿田彦である。

十三塚　じふさんつか

字藤塚と字大平戸とに所在した。十三塚は大形の一基と小形の十二基とから成り、昭和五十七年には十基が残つてゐた。塚を壊しては祟るとし、鍬を入れなかつたし、十三塚の碑や鳥居を建てて崇めて来たが今残つてゐない。

鳴海の大塚や赤塚が野村町長に依つて町有地として保存せられ現存するのに反して、行政当局の無為無策がこの結果を招いた。柳田国男に拠ると、野にある十三塚は真言宗の野祭の壇であると云ふ。

藤塚　ふぢつか

標高三十三・二米の山の頂に径八間ばかりの丘があつたが、削られて住宅地となつた。愛知県全域で字藤塚が三十六あり、字不二塚が一、字富士塚が十四ある。藤塚は富士塚の宛字で富士信仰から塚を築いたのであらう。江戸では富士山の土を運んで来て塚を築いた所がある。

藤塚　昭和

孫廻間池　まごはざまいけ

『寛文村々覚書』にあり、『尾張徇行記』に見えない。早く無くなつたのであらう。

孫廻間は字大平戸、藤塚辺の旧字である。

字洞之腰　ほらのこし

中央有鄰学院　ちゆうあうゆうりんがくゐん

昭和五年青山衝天が字北関山に建設し、孤児等の救護事業を始めた。昭和三十七年現在の字洞之腰に新築し移転した。敷地面積二千七百平方米、建物延六百七十五平方米で、職員十二名、収容人員四十四人であつた。

平成二十二年に建物を建替へ、これまで二歳から十八歳までの児童養護施設であつたのが乳児院を併設し、零歳から十八歳まで継続して暮せる事となつた。

字本町　ほんまち

本町湯　ほんまちゆ

銭湯。古く開業し町内組で運営してゐた。大東亜戦争後に廃業した。

字町屋川　まちやかは

大高小学校　おほだかせうがくかう

明治六年字高見に設立し、明治三十六年に字町屋川に移転した。字南大高畑には昭和十六年に移転した。

大高中学校　おほだかちゆうがくかう

昭和二十二年に設立し、昭和五十五年に移転した。

昭和三十八年より給食を始めた。中学校で給食を実施してゐたのは本校と鳴海中学校との二校であつた。

八幡社　はちまんしや　やはたのやしろ

大高城主花井備中守が城山八幡社と同時に勧請した。氷上姉子神社の永正六年の文書に大高城主花井備中守とあるから、本社もその頃の創建であらう。昭和五十六年に本殿を造営した。江戸時代ここを下八幡と呼び、鳴海八幡宮を上八幡と呼んだ。字町屋川一四番地。

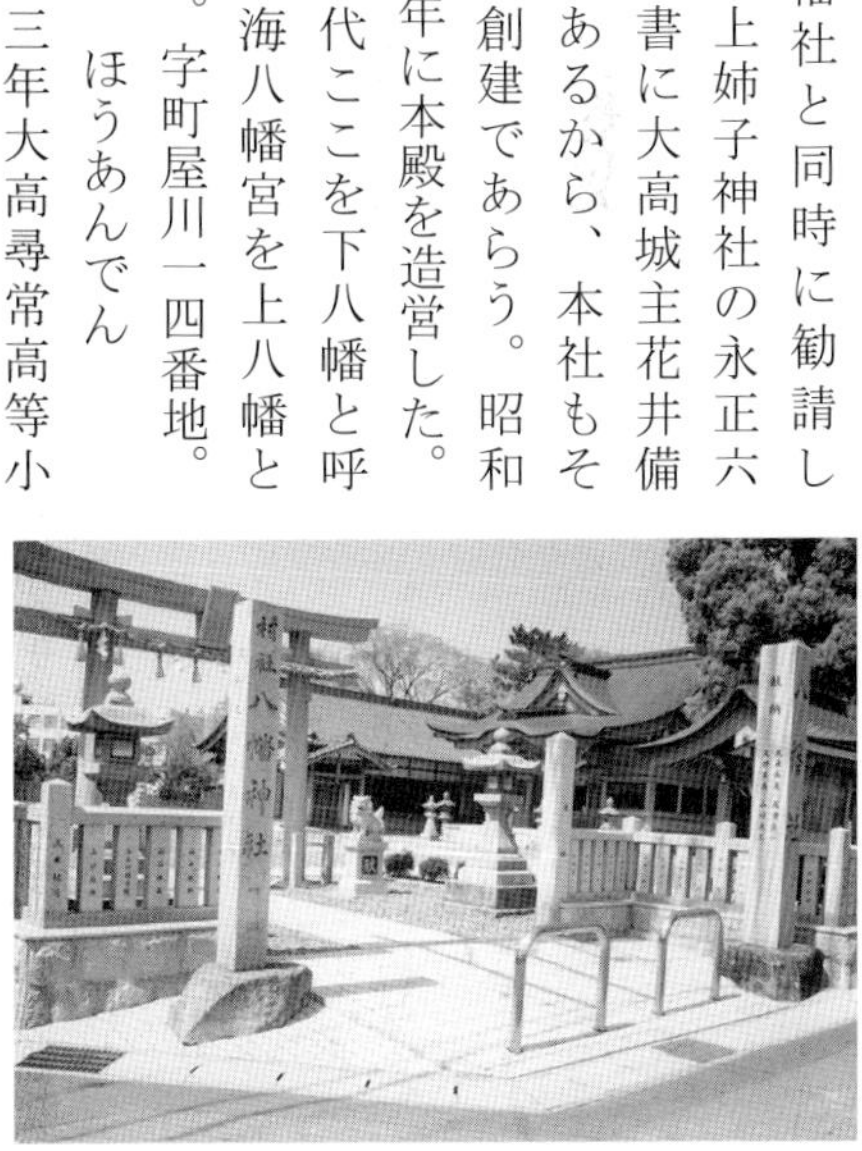

八幡社

奉安殿　ほうあんでん

昭和三年大高尋常高等小学校に天皇陛下、皇后陛下の御真影の奉安殿を建設した。昭和二十一年撤去を命ぜられ、殆どの学校は破壊してしまつたが、大高では八幡社本殿裏の児童公園に埋めてあるのを平成九年に発見し、平成十年地元の人が

奉安殿

八幡社境内に復元した。菊の御紋章も消防署倉庫にあり取付ける事が出来た。

緒川道　をがはみち

江戸時代の道で、大高川の北の字町屋川から東に向ひ、途中で鳴海からの緒川道と一緒になる。

字蝮池　まむしいけ

蝮池　まむしいけ

『尾張徇行記』に「マムシ池」とある。『知多郡村邑全図　大高村』に「まむし池」とあり、寛政年間（一七八九―一八〇一）にはあつた。三町六反二畝九歩の大きな池で、北の上流に小さな上蝮池があつた。字蝮池六―一番地。

字丸根　まるね

丸根砦　まるねとりで

今川方の大高城の押へとして織田信長が丸根砦、鷲津砦、正光寺砦、氷上（氷上山）砦の四砦を築いた。築造の年代は、『東照軍鑑』に

（永禄三年）二月十一日、織田信長二千余騎ヲ引具シ鳴海へ出張、大高ノ城ニ向テ二箇所取手ヲ構へ

として唯一月まで記し信じられる。

丸根砦　昭和

合戦当日今川勢の攻撃を受け、守将佐久間大学が戦死し、砦が陥落した。頂に丸根砦阯の標石が建つ。

丸根橋　まるねはし

耕地整理で掘割式の道路に陸橋を架ける必要が生じ、昭和五年に丸根橋が架けられた。昭和五十二年に半永久橋に改築された。

字丸ノ内　まるのうち

丸ノ内　まるのうち

字名。丸く囲まれた土地。『知多郡名和村近傍之図』に「南野分　丸ノ内」とあり、『尾張徇行記附図　南野村』に「南野地　字丸ノ内田面」とある。天白川、扇川が蛇行して流れてゐた名残で、堤を直線化した後に東岸に南野村地が残つた。天白川上流の天白橋西に鳴海村の丸之内があつたのも同じ事情である。

名四国道　めいしこくだう

昭和三十八年大高町内の実地測量を開始し、昭和四十年工事に着手した。昭和四十四年名古屋市内の一部を除き、四日市市采女町から愛知郡豊明町の間の五十一粁が開通した。路線名は一般国道二三号。

字巳新田　みしんでん

火の見櫓　ひのみやぐら
扇川左岸で、字巳新田と字一番割との境にあつた。三角鉄塔で高さ約五米。

字向山　むかへやま

大高保育園　おほだかほいくゑん
昭和三十二年に開園した。敷地三百七十九坪、建坪百十五坪で、定員百名で発足した。

字元屋敷　もとやしき

御嶽信仰　おんたけしんかう
氷上山の山裾一画に、明治廿九年深谷彦之助が「深谷大先達深心院儀覺行者」の碑を建てた。他に「御嶽大神」と別の碑一基とが昭和四十一年、他の一基が昭和六十年の建立である。花が供へられ、参拝者用の手水に手拭がある。義覚の碑は字寅新田の津島社にある。

字横峯　よこみね

横峯塚　よこみねつか
久野不老「大根附近の古墳」（「奈留美」第九号　鳴海土風会）に、

横峯にあり、面積やはり一畝歩程

とある。今は無い。

字脇ノ田　わきのた

山口洪崖漢詩碑　やまぐちこうがいかんしひ
公園内にある。星野正大『続漢詩碑を訪ねて』に、

鴻邱春詞　　鴻邱《おほたか》春詞
粉蝶成団夢不閒　　粉蝶団を成し、夢閒《しづ》かならず
夕雲此処賽芳山　　夕雲此処、芳山に賽《さい》す
看花好向西郊去　　花を看、好し西郊に向つて去れば
身在黄金色相間　　身は黄金色相の間に在り

字鷲津　わしづ

青峯山　あをみねさん
中之郷の海上安全危難除の為嘉永四年塩田堤に建立した。昭和五十三年に堂を明忠院裏参道入口に移し再建した。

子供の家　こどものいへ
「なる美新聞」昭和二十五年十月十五日号に、

大正十年四月、大高町明忠院本堂の一隅に幼児保育を開始した。これが愛知県下最初の農繁託児所の芽生えであつた。翌年主宰する子供会員と協力し子供の家を建設し、少年少女の教化、幼児の保育に専念した県下初の保育所でもあつた。

中之郷駐在所　なかのがうちゆうざいしよ
昭和三十二年字鷲津に設けた。

明忠院　みやうちゆうゐん
曹洞宗孝養山。本尊釈迦如来。

明忠院

鷲津砦

『信長公記』に丹下砦の守将として名の載る山口海老之丞が、天正元年（一五七三）父母の追善供養の為、孝養山明忠庵を大高村の枝村中之郷に建立した。享保十四年（一七二九）今の地に移った。明忠は海老之丞の明忠浄光居士の法名を取った。字鷲津五番地。

鷲津砦　わしづとりで

　『張州府志』『尾張志』などに永禄二年に織田信長が築いたとある。織田玄蕃、飯尾近江守父子が守将である。『東照軍鑑』に永禄三年二月に築いたとあるのが信憑性がある。永禄三年五月十九日今川軍朝比奈泰能の攻撃で陥落した。字鷲津山に鷲津砦阯の碑が建ち、大正五年建設の忠魂碑があるが、『大高町誌』に、

　しかし最近では、蓬左文庫蔵の砦跡古図によって、それは隣の丘の字鷲津、明忠院裏山であるといわれている。

とあり、地元では字鷲津説が支持されてゐる。

池田陸介『あゆち風土記』に、

　鷲津砦跡は役人が来て、村人が歩いた鷲津山にある志水甲斐守家の墓地への道を、砦の堀跡と誤り、鷲津砦跡と指定したという。

　この砦跡は、現蓬左文庫蔵『尾州知多郡大高の内鷲津・丸根古城図』や『大高城古図』等に、指定された位置より北へ約二百メートル〝明忠院〟の裏、絶壁上の三菱住宅の位置になる。

　この事実は、多くの人が承知している。管理者である名古屋市は早急に、文化庁に手続きを取り改めるべきである。

字鷲津山　わしづやま

西行庵　さいぎやうあん

　伊勢の神照寺にあった西行像を安置する故に名があった草庵で、尾州久田流の下村実栗が建てた。盛んに庭園茶室の設計をし、鳴海の名家にある。「奈留美」（鳴海土風会）第三号、第四号の「下村西行庵」に詳しい。昭和

時代にあった茶室は無くなり、大正二年に建てた哉明翁寿碑が森の中に建ってゐる。『鳴海大高史蹟ハイキング案内　二の巻』（鳴海文化協會）に拠ると、西行座像が西行庵にあり、高さ凡《およそ》二尺で一本造。伊勢西行谷の神照寺にあり、廃寺の後、京都、三河を経て明治三十一年ここに遷した。

加藤徹三「茶話」（「なる美新聞」昭和二十八年七月十二日号）

大高の西行庵は田舎にめづらしい本格の宗匠で、建築や築庭にかけては日本的な人で赤星家や井上侯にもよく出入していたので、関東方面にも若干茶席があるし、又鳴海、大高附近にも相当数の茶席が残つている。

長寿寺　ちやうじゆじ

臨済宗永源寺派鷲津山。本尊阿弥陀如来。字鷲津山一三番地。

元鷲巣山長祐寺と云つた。伝説では薪取が山中の大鷲の巣に光る物を見付け、近づいて見ると観音菩薩の像であつた。ここから鷲巣山と称した。「鷲頭」、「鷲津」は「鷲巣」の宛字で本来のものではない。桶廻間合戦の兵火で焼失した。江戸時代になり志水甲斐守の母長寿院の遺命に依り天和二年長寿寺を建立した。黄檗宗であつたが、元禄四年臨済宗と改めた。文政七年の知多四国霊場開創に際して第八十七番札所となつた。

元惺寺　げんしやうじ

江戸時代長寿寺の塔頭。寺内の山寄りにあつた。

高蔵坊稲荷　たかくらばういなり

境内に住んでゐた一匹の老狐が住職高蔵坊に化けて関東地方に現れ、参詣を勧めたので荒れ果てた寺が再建出来たとの伝説がある。

鷲津観音堂　わしづくわんおんだう

江戸時代長寿寺内の山寄り、元惺寺の隣にあつた。観音菩薩立像を安置。

鷲津山焼　わしづやまやき

明治時代の末より大正時代の中頃まで長寿寺境内で楽焼を焼いた。

字猪根　ゐのね

大高焼窯跡　おほだかやきかまあと

文化元年（一八〇四）尾張藩家老志水甲斐守の招きにより、瀬戸、赤津、下品野より十名の陶工が来て種々の陶器

長寿寺

を焼いたが、文化十年に廃業した。

猪根　ゐのね

猪の棲む尾根。『知多郡村邑全図　大高村』に「猪根」とあり、『天保十二年大高村絵図』に「御林　猪根」とある。猪と鹿とは古代の人々の好む大切な食料であり、猪や鹿が群棲する土地に地名が付けられた。

鳴海では金さん銀さん出生地の鹿山（ししやま）があり、古称の鹿之山（ししのやま）もあつた。近くの雷貝塚から鹿と猪とを食用にした骨が多く出土した。「しかやま」は誤。治承元年（一一七七）に平氏討伐のための謀議が行はれたのは鹿ヶ谷（ししがたに）である。

鳴海の字鴻仏目と字小坂との間には猪除（ししよけ）の土手があつた。高さ一米ほどで、竹が生えたり大きな木が生えたりしてゐた。「猪除土手」（ししよけどて）と云つた。「猪垣」（ししがき）である。

ここは御林（おはやし）であつた。御林は尾張藩の藩有林であり、他にもあつた。『天保十二年大高村絵図』に「御林　殿ノ山」とあり、字殿山（とのやま）も藩有林であつた。

字折戸　をりと

新町駐在所　しんまちちゆうざいしよ

昭和三十六年新町駐在所を字折戸の県道三本木交叉点西南に新築移転した。別の字に移つても駐在所の名前は従来のものを名乗る。

地蔵堂　ぢざうだう

字折戸の東端にあり、折戸地蔵とか新町西口地蔵と呼ばれる。西口とは大高の西口の意。

道標　みちしるべ

地蔵堂の右手前に石の道標があり、「右よこすか　左ひらしま」と刻んである。

折戸　をりと

「下り処」（おりと）の宛字。

イ　坂の下り口。

『南知多方言集』に「下り口」とある。「鎌研」（かまとぎ）と同じ。鳴海には古称の「鎌研場」があり、字鎌研や鎌研川がある。山仕事に出掛ける前に鎌を研ぐ場所で、山の麓に当る場所。

ロ　川端へ下りる所。

大高の折戸は字東姥神の山から三百米離れてゐてイではなく、ロであらう。

岐阜県の方言では物洗場を云ふ。黒末川（扇川の古称）や天白川が鳴海潟の入江であつた時代に岸辺であつた。

第三章　桶狭間

字愛宕西　あたごにし

隔離病舎　かくりびやうしや

明治二十八年伝染病の隔離病舎を建設した。避病院とも云ひ、建築費二百円であつた。

字嵐廻間　あらしはざま

おうし廻間池　おうしはざまいけ

今の名は大芝池。『寛文村々覚書』、『尾張徇行記』を始め、村絵図、村方文書は全て「おうし廻間池」であり、字名も「おうし廻間」であるが、明治九年『溜池堤反別取調帳』に「嵐廻間」とあり、池名は大芝池となつた。五反七畝二十六歩。字嵐廻間四七番地。

字牛毛廻間　うしけはざま

牛毛廻間池　うしけはざまいけ

『寛文村々覚書』、『尾張徇行記』を始め、蓬左文庫蔵『桶峡間圖』、『天明元年桶間村図』、『知多郡村邑全図桶廻間村』など村絵図に「牛毛廻間池」とある。今は西ノ池と呼ぶ。五反五畝二十歩であつたが、道路で狭くなつた。字牛毛廻間二一番地。

字上ノ山　うへのやま

伊勢池　いせいけ

『寛文村々覚書』に「近崎道池」とある通り、池の東に近崎道が通る。蓬左文庫蔵『桶峡間圖』に「知ヶ崎池」とあり、古称は近崎道池であつた。『尾張徇行記』や村絵図は皆「伊勢池」とある。字上ノ山六一番地。三反三畝一七歩。梶野渡氏の話。

元は近崎道池。きれいな水で底から多く水が湧いてゐた。子供の泳ぎ禁止。大峰講、伊勢講の禊の池。宿を決め、一週間ほど精進潔斎した。

庚申堂　かうしんだう

古く築いた庚申塚が西北にあり、信仰が高まり、明治二十四年に庚申堂を新築した。『有松町史』に、

堂の隣に前述の医師相羽弌郎がいた。当時の患者は、病の平癒を祈願し、平癒するとお礼参りに絵馬を奉納した。その絵馬は堂にいっぱいになってゐた。

とある。火事で堂も絵馬も焼失し、大正四年に再建した。

庚申堂

庚申塚　かうしんつか

梶野渡氏の話。

病気が流行つたので寛文三年（一六六三）に作つた。土盛の塚のみで標示は無い。高さ二米ほど、広さ三坪ほど。庚申堂の西北にあり、土地区画整理で無くなつた。

慈雲寺　じうんじ

浄土宗西山派相羽山。本尊阿弥陀如来。花柳病の名医として相羽弌郎が名声を得、門前に宿屋が二軒並び、連日遠近の患者が詰めかけた。字上ノ山三四番地。

慈雲寺

明治十五年相羽家の祖先慰霊の為、清心庵を設け、明治二十二年に慈雲寺となり、明治二十八年に本堂の上棟式を行つた。相羽弌郎は開山開基として道雲和尚となつた。江戸時代に建てられた白壁造の住家を庫裡とし、武家門を山門とし、立派な建物である。道標二基がある。

慈昌院　じしやうゐん

真言宗醍醐派。阿刀山大遍照寺慈昌院。本尊不動明王。昭和二年の建立で、弘法大師母方の生家四十二代目阿刀家の阿刀弘文が開いた。本尊は京都の醍醐寺より移した。字上ノ山五九―一四番地。

慈昌院　昭和

精舎　しやうじや

梶野清右衛門が読書、習字、算盤、礼儀作法を天保年間より慶応二年まで教へた。習字の教科書名は『いろは歌』、『一筆』、『名頭』、『村名付』、『国尽し』、『商売往来』。字上ノ山一番地である。

山神社　やまのかみのやしろ　やまのかみしや

石池（今は東ノ池）の南からの道が追分道に合流する北東の角にあつた。字上ノ山三〇―一番地。明治十一年に神明社に移し、境内社とした。

『寛文村々覚書』に「神明　山神　愛宕」と見え、古くから重んじられた神社である。『尾張徇行記』に二反歩が除地になつてゐたとある。

字郷前　がうまへ

秋葉社　あきはのやしろ　あきはしや

神明社の『神社明細帳』に、

秋葉社　　祭神　軻遇突知神

由緒　不詳　明治十一年三月字郷前ヨリ移転

社殿　本殿　縦参尺参寸　横参尺参寸

とあり、昔は郷前にあつた。梶野渡氏に拠ると、代参は秋葉下社の由。

郷蔵　がうくら

『地方品目解』に郷蔵につき、

是は村方にて蔵を建置、村中之年貢米を庄屋に取集納置、夫より名古屋御蔵に運送仕候。

とある。鳴海村は字作町及び他の地にあり、大高村には字三本木にあつた。桶廻間村の郷蔵は明治以降移築し、昭和四十九年に取壊した。

郷前川　がうまへかは

石池（今は東ノ池）より流れ出し、西に流れて東川に注ぐ。今は合流地附近以外は暗渠になる。

明治九年『溜池堤反別取調帳』に、

東川小支流

一　郷前川　水源字樹木　字藪下ニテ東川ニ落入ル

水路長　弐百四十壱間　平均川幅四尺

とある。無名の溝や用水路として軽く考へ無視する事無く、昔からの地名を用ゐ、次の世代の人々に伝へて行つて欲しい。

石神社　しやくじ

梶野渡氏に拠ると、字郷前の東南の角、東ノ池の西南の角、大府市との境に鎮座してゐた。神明社の『神社明細帳』に、

石神社　　祭神　埴山姫命

由緒　不詳　明治十一年三月当村字郷前ヨリ移転

社殿　本殿　縦壱尺四寸　横壱尺

とある。読物「社宮司」参照。

水車小屋　すいしやこや

梶野渡氏の話、

東ノ池から鞍流瀬川（東ノ川）へ流れる支流（郷前川）に水車があつた。庚申塚の近く。子供の頃米搗に行つた。（括弧内は筆者）

村前田面　むらまへたうも

「村前」は「郷前」の古称。江戸時代は村前で、郷前は明治五年の村方文書以降に見える。

『尾張徇行記』に、

田面ノ字ハ、池ウラ、村前、野末ト三ヶ所ニ分レリ

村前田面ハ大府街道通リヘツラヌケリ

とあり、桶廻間村の中心部であった。

ヲサツカ

明治九年『溜池堤反別取調帳』に、
　字石池下ゟヲサツカ迄
　一　用水路　延長百廿間二尺
とある。石池（今は東ノ池）より西に流れ出る用水路の近くに「ヲサツカ」があった。

　字キサ田　きさた
放レ馬　はなれうま

「キサ田」は村絵図、村方文書に「喜三田」とある。『弘化二年桶廻間村絵図』に、
　キサ田　孫六が先祖此田
　ノ草ヲトリシ処へ乗馬ハ
　ナレテ来レリ此戦場ヨリ
　来レルナリ
と桶廻間合戦の伝承を記す。

義元本陣　よしもとほんぢん

　義元討死の地田楽坪（桶狭間古戦場公園）より百米余東の桶廻間山の中腹に、平成二十一年二月に梶野渡氏が設けた本陣跡の碑がある。抜粋して引く。

本陣跡

　おけはざま山

桶狭間合戦は永禄三年五月十九日（一五六〇年）信長公記に「今川義元は、おけはざま山に人馬の息を休めこれあり」とある山は、この地で、合戦当時は、現在より八米程高い山であった。戦当日の午后一時頃は、大雷雨で前記の公記に、この雷雨を「余りの事に熱田大明神の神軍かと申候なり」と記している。

　高地に着陣していた今川軍は、落雷により大混乱となっていた。武路の低地に潜入、攻撃の機を窺っていた織田軍は、好機なりと今川軍の右翼に突入した。槍を手から放して落雷を避けていた今川軍は武器を捨て、逃走した。追撃した織田軍は義元の塗輿を発見、信長は大音声直ちに本陣攻撃を命じた。

　今川軍は旗本三百余名、義元を中に円陣体形で退却中、士気上る織田軍は果敢な突撃を繰返した。
今川軍は四散、義元は田楽坪に追込まれて討死。
午后四時頃織田軍の勝鬨、狭間に谺していた。
義元の本陣の位置は次の条件を満たす所である。
一　「おけはさま、おけはさま山」（『信長公記』）
即ち桶廻間村内の桶廻間山である事。桶廻間村の西側の山は「高根山　幕山　巻山」と地名があり、東

方には無い。東方の山を汎称の桶廻間山と云つた。

二　事前に設営された前哨陣地である字寺前の瀬名陣所に近い所である事。

三　伝承にある釜ヶ谷である事。谷であるから高地の頂きではない。谷底はふさはしくなく、谷の中腹であらう。

四　古東海道の沓掛から杣道や獣道に逸れる筈は無い。軍勢が容易に進軍出来る主要道である事。大高方面への主要道は大高道であり、その近くである。

五　義元の輿の通行が可能な事。

前後各三人で輿を担ぐ。従つて通行困難な山道を木の枝を切払ひつつ進む事は無い。大高道から近崎道を進んだのであらう。

六　高根山、幕山、巻山に今川勢が布陣してゐたと伝へるので、それらに近く、見渡せる事。

以上より本陣の碑のある所の辺りと考へられる。猶田楽坪とする書が多い。ここは討死地で、本陣ではない。桶廻間村の東部の山は地名が無かつたので、討死地の地名を繰上げて本陣と記したと考へられる。

字切戸山　きれとやま

切戸山　きれとやま

「切戸」は天の橋立や八郎潟など砂洲や堤防の切目を云ふ場合は海の地名である。ここは山の地名で、尾根筋に直角に切れ込みを入れたやうな急峻な鞍部を云ふ。「きれと」の他に「きれつと」と呼ぶ事がある。

深谷池　ふかやいけ

字清水山に二反二四畝九歩、字切戸山に二反三畝八歩あり、大きな池であつたが、今は埋立てられた。『知多郡村邑全図　桶廻間村』、『弘化二年桶廻間絵図』などに見える旧字名「深谷山」に拠る地名。

字権平谷　ごんべゑたに

権平谷池　ごんべゑたにいけ

二反五畝五歩の池。字権平谷八番地。

字樹木　じもく　じゆもく

石池　いしいけ

『寛文村々覚書』や蓬左文庫蔵『桶峡間圖』、『知多郡村邑全図　桶廻間村』など村絵図に「石池」とあり、明治九年『溜池堤反別取調帳』にも「石池」として「此池敷反別壱町弐反弐畝八歩」とあるが、後には一町五反四畝二十歩となる。今は「東ノ池」と呼ぶが、池にしても地名は全て伝統を守るのが望ましい。字樹木一番地。

大高道　おほだかみち

二十一巻本『武功夜話』に、

信長様ハ駿河勢ニ討入之間合、沓掛之城を出で大高

之蹊路と相極候

とある「大高之蹊路」が大高道で、阿野村より大脇村、桶廻間村を経て大高村に到る道である。

『天保七年桶廻間村絵図』に、

極道巾　六尺　当時　五尺

とあり、大軍の今川勢が行軍し、前後各三人で担ぐ義元の輿が進むに十分な道幅があつた。阿野村の字大高道を通り、桶廻間村の石池から西に向ふ。途中の字神明廻間には大高道、大高道上、大高道した、大高道山の字名があつた。

樹木　じもく　じゆもく

『天保十二年桶廻間村絵図』に「じもく」とあり、『天明元年桶廻間村絵図』に「樹木《ジュモク》」とある。文政十一年の『知多郡桶廻間村子新田御高成帳』に「じもく」とありかなり使はれてゐた。

鳴海では字宿地を「しゆくぢ」とせず「しくぢ」と発音する。拗音のウ列音を欠き「しゆく」「じゆ」を直音の「しく」「じ」と発音する現象で、関東に顕著に見られる。

近崎道　ちかさきみち

近崎道より『寛文村々覚書』、蓬左文庫蔵『桶峡間圖』に見える近崎道池（今は伊勢池）の東を通り、石池で大高道と交叉し、長福寺の東を通り北に延びる。

二十一巻本『武功夜話』に、

坂下候てゟ田楽久保見木立多く候、是ゟ大高迄拾五町位是有候、真直ニ道を不取、桶狭間道ニ差向ひ候、

大高道を進軍して来た今川勢が大高道を真直ぐ進まず、近崎道を進んだ事を記す。「桶狭間道」とは近崎道の事で、桶廻間村の南部より村の中央方面へ向ったので桶狭間道と記したのであらう。

字神明廻間　しんめいはざま

市右衛門池　いちゑもんいけ

『天明元年桶間村図』に「市右衛門池」とあり、持主の名から名付けられた。明治九年『溜池堤反別取調帳』にも見え、明治以後も同名である。七畝六歩。字神明廻間二五番地。

追分新田道　おひわけしんでんみち

『知多郡村邑全図　桶廻間村』に、神明社の東より村前、野末を通り南に延びる道に「追分新田道」とある。

追分道　おひわけみち

追分新田道に同じ。蓬左文庫蔵『桶峡間圖』や『天明元年桶間村図』に「追分道」とある。

神明社　しんめいしや

祭神天照大神。字神明廻間一四番地。

『桶狭間合戦の大略』（桶狭間史蹟保存会）の神明社の条に、

起原は詳らかでないが桶狭間は後村上天皇の頃興国四年（一三四三）南朝の敗士が桶狭間の通称「林」の山間の洞窟に逃げ込み隠遁の生活をし、この村の祖をなしたと云うので其の頃奉祠されたものと推定される。

とある。桶廻間合戦には瀬名氏俊が参拝したと伝へ、奉納した七寸の高さの桶が宝物となつてゐる。境内末社は、

神明社

秋葉社　江戸中期講が設けられ字郷前に勧請した。明治十一年遷る。

愛宕社　字幕山北部の愛宕山より明治十一年遷る。

熱田社　江戸時代中期にはあつた。

御鍬社　田楽坪にあり、桶廻間合戦で義元の死により穢《けが》れた為字セト山に遷り、更に神明社に遷つた。

金峯社　明治十一年字セト山の弥市池北より遷る。

金毘羅社　梶野渡氏に拠ると鎮守として長福寺にあつたのを遷した。

塩竈社　字セト山の上から遷る。『神社明細帳』に記載無し。

石神社　「しやくじ」字郷前の東ノ池の南西の角、大府市との境から明治十一年に遷る。

州原社　明治十年美濃国（美濃市洲原）より勧請。梶野渡氏に拠ると、オスハラサンの講が今も北町にあり、砂（御蒔土《おまきつち》）を持つて来て畑に入れ、虫除にする。これは「お洲原参り」と云ふ。白山の前宮。

浅間社　江戸末期に村の信者が勧請した。

津島社　字林下の鞍流瀬川の堤にあり、明治十一年に遷る。

天満社　『神社明細帳』に「天神社」とある。梶野渡氏に拠ると、天満社の前の燈籠に「天保十二年」と刻み、その時勧請か。その頃寺小屋が始つた。天神講があつた。

山之神社　字上ノ山より遷つた。『神社明細帳』に明治十一年移転とある。

梶野渡氏の話では三社ほど元から神明社にあつた由。移転の伝へが無い末社に当てはまる。

桶廻間村への尾張藩主の訪問を重んずる必要がある。

『源敬様御代御記録　十一』寛永二年（一六二五）に、

一　此年桶挾間古戦場御巡覧　鳴海村瑞泉寺え御立寄

とあり、『鳴海瑞泉寺史』に、

寛永二年（一六二四）、尾張初代藩主・徳川義直公は桶狭間古戦場遊覧の際に立ち寄り、銀子若干を寄附され、

とある。「一六二四」は「一六二五」が正しい。『緑区の古蹟』に、

享保十一年に尾張藩主四代目吉通老臣を随へ、知多御巡行の途次桶狭間田楽坪に義元公の霊を御追弔後神明社に御入輿あり、長福寺住職を召され桶狭間合戦の模様を具さにお御尋ねあり、神明に御祈念あらせられ、杉樹二本を御手植遊ばさる。文政七年（一八二五）八月の暴風により倒れたるをもって氏子同所にその樹幹を立つ今の御神木之なり。

この二本の神木は枯木ながら今日猶神前に保存せられて居て、伝承の正しさを証明して居るのは尊い。ここで銘記すべき事は、

藩主の度々の桶廻間村訪問により、尾張藩は、
桶廻間合戦の主戦場（本陣、義元討死地など）は桶廻間村の田楽坪などである。
事を公式に認めた。

吉通は宝永六年（一七〇九）九月廿六日に桶廻間村を訪れた。『緑区の古蹟』文中の「享保十一年」は誤。

神明廻間池　しんめいはざまいけ

『尾張徇行記』や村絵図に「神明廻間池」とある。『寛文村々覚書』に「森脇池」とあり、今は二ツ池と云ふ。八反八畝一二歩。字神明廻間六五番地。

日本放送協会桶狭間放送所　にほんはうそうけふくわいをけはざまはうそうしよ

大正十四年七月に社団法人名古屋放送局として放送開始。字神明廻間五七番地に敷地三五一四坪、平家建二一九坪の局舎を建設し、昭和四年に第一放送、昭和八年に第二放送を開始した。

二ツ池　ふたついけ

『愛知県知多郡有松町全略図』に「二ツ池」とあるのは神明廻間池の近頃の池名である。江戸時代には字武路の池を二ツ池と呼んだ。

放送所　昭和

字セト山　せとやま

御鍬社　おくはのやしろ　おくはしや

桶廻間合戦前より字ヒロツボの田楽坪にあり、今川義元の戦死の穢《けがれ》を受け、合戦後当地に移り、神社合祠で神明社境内に移つた。

金峯社　きんぷしや

梶野渡氏の話。

江戸中期に山伏の勧めで桶廻間村に大峯講が作られ、村内のセト山に金峯社が勧請された。講では大峯山に代表者を送つた。

吉野郡吉野町吉野山の最奥に鎮座するのが金峯神社である。古来吉野山から山上ヶ岳までの諸峰を金峯山と云ひ、山上ヶ岳の南から熊野までの峰々を大峰山と云つた。

古くは天武天皇二年（六七三）に役《えんの》行者が開山の金峯山修験本宗の金峯山寺や、金峯神社のある金峯山が修験道の中心であり、国宝金銅藤原道長経筒も金峯山の一峰山上ヶ岳の頂上より発見された。しかし金峯山が世俗化した事から、山上ヶ岳から熊野までの大峰山が重視される事になり、大峰講も大峰山の行場で荒行を行つた。

塩竈社　しほがまのやしろ　しほがましや

梶野渡氏に拠ると、字セト山の山上にあつた。

セト山　せとやま　字名。

梶野渡『新説桶狭間合戦』に、

セト山は、村の中心地郷前の裏すなわち背戸にある山

とある。

林　はやし

『桶狭間合戦の大略』（桶狭間史蹟保存会）に、

起原は詳らかでないが桶狭間は後村上天皇の頃興国四年（一三四三）南朝の敗士が桶狭間の通称「林」の山間の洞窟に逃げ込み隠遁の生活をし、この村の祖をなしたと云う。

とあり、梶野渡『地元の古老が語る桶狭間合戦始末記』に、

桶狭間村は一三四〇年代、南朝の落武者によって拓かれた村であったという。最初二〇数名が現在の長福寺の南五〇米の林の中に隠棲、それと前後して長福寺境内東方放生池の泉水附近に、日観という僧侶が小さな御堂を建て法華寺と称した。セト山の信号の東方百米辺の一帯が桶廻間村発祥の地である。

弥市池　やいちいけ

字セト山の東端で字樹木に接する所に弥市池があつたが、今は無い。八畝二二歩。字セト山二三番地。

『寛文村々覚書』に「弥市池」とある。村絵図には『知多郡村邑全図　桶廻間村』を除き記載されてゐる。

字高根　たかね

秋葉社　あきはのやしろ　あきはしや
山上の御嶽神社の北側に祀る。「正一位秋葉大権現」の標石が立つ。本社は周智郡春野町領家（今は浜松市天竜区春野町領家）の標高八六六米の山上に鎮座する秋葉山本宮秋葉神社。

有松神社　ありまつじんじや
昭和三十年に建立した。「なる美新聞」昭和三十年一月三十日号に、

正面六尺、たち十八尺、奥行五尺、棟木十八尺、屋根市十二尺の本殿で、総檜、檜皮葺、神明造社殿で、敷台は明治三十七・八年建立の記念碑台を組替え

とあり、日清、日露戦争で戦死した十名の英霊に、大東亜戦争で戦死した七十四名の英霊を加へて祀つた。

有松中学校　ありまつちゆうがくかう
六三三制の施行により昭和二十二年に創立し、有松小学校の校舎で生徒数百二十一名で発足した。
昭和三十二年名古屋の公立学校では唯一の円形校舎が完成し、異彩を放つた。昭和六十年代に生徒数が千名を超え、手狭になつた円形校舎を取壊した。

有松派出所　ありまつはしゆつしよ
横須賀警察署有松駐在所として東海道沿にあつたのを昭和三十七年国道一号線の北側に駐在所を移転新築した。
昭和六十一年緑警察署有松派出所の改築工事を行つた。

稲荷社　いなりのやしろ　いなりしや
街道から山の中腹まで石段で登つた所に稲荷社があつた。昭和四十二年の『名古屋市全商工住宅案内図帳』に「正一位稲荷」とあり、平成四年の赤鳥居はあつたものの、平成十二年には社殿内は何も無く廃社であつた。

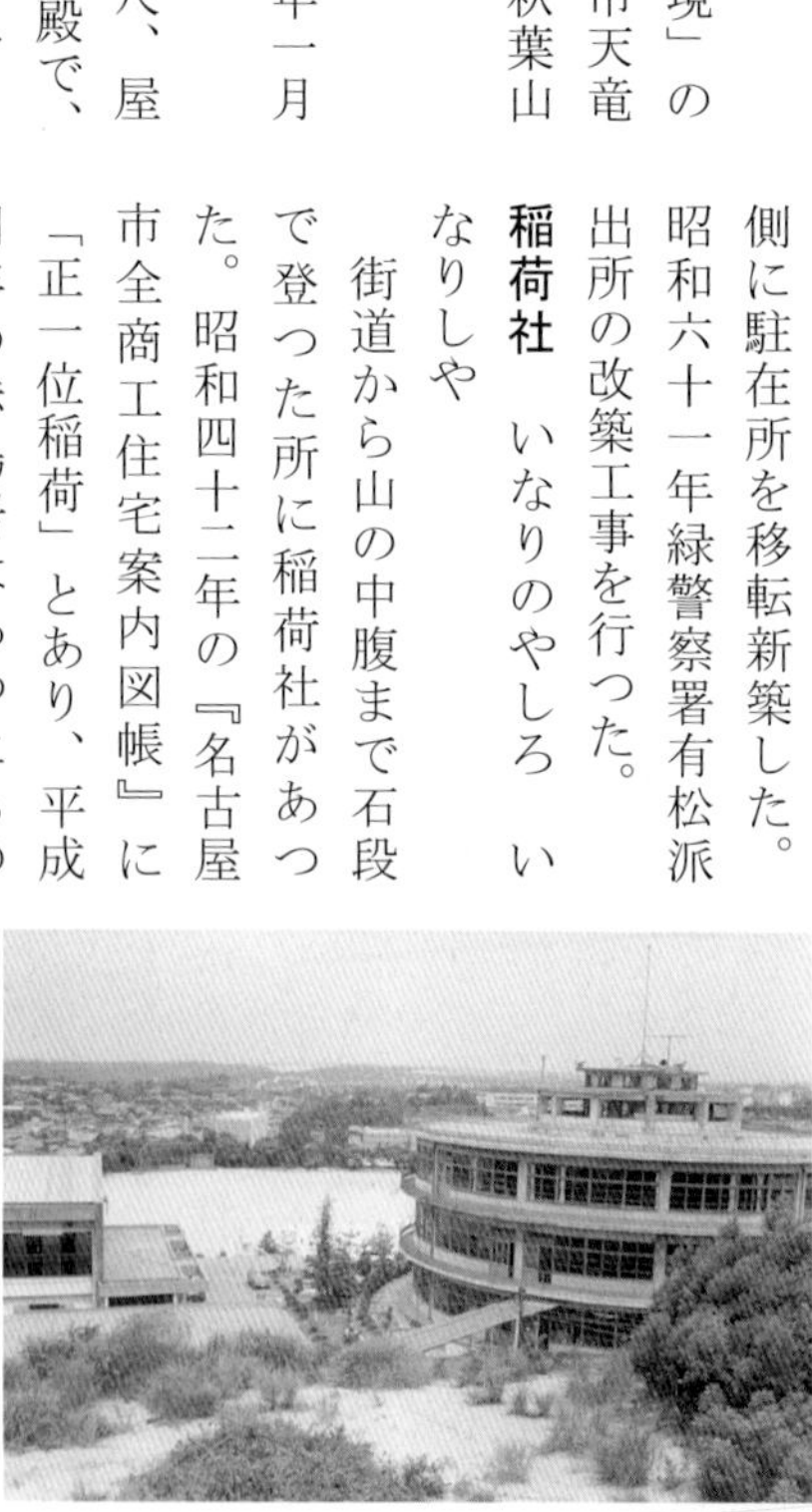
有松中学校　昭和

御嶽神社　おんたけじんじや
石鳥居と社殿とがある。『愛知県宗教法人名簿』に、「単立　御嶽神社有松日出教会」とある。字高根三六―五番地。

開元寺　かいげんじ
天台寺門宗報恩山。本尊役《えん》の行者。
昔から「えんぎやうさん」と親しまれた行者堂。宗教法人名を開元寺とした。本堂は新しいが、百度石、燈籠などは古い。鳴海道（長坂道）の北側にある。字高根三

九―六番地。

記念碑山　きねんひやま

明治二十九年日清戦争で戦死した英霊を顕彰した征清献捷碑が桶狭間分校に建てられた。明治四十三年この碑を高根山に移し、日露戦争で戦死した英霊を顕彰した忠魂碑を高根山に建てた。尖端に金鵄の付いた記念碑も建てられ、記念碑山と呼ばれた。金鵄の記念碑は大東亜戦争中の物資供出で無くなつた。

清池　きよいけ

道に接して西側に九畝二二歩の池があり、『名古屋都市計画基本図』に「清池」とある。通称を「しやあちいけ」と云つた。埋立てられ今は無い。

高根山　たかねやま

桶廻間合戦の遺跡として『尾州桶廻間合戦之事』に、「高根山」とあり、梶野渡『新説桶狭間合戦』に、

本陣の前衛松井宗信約一〇〇〇が沓掛城を出発、一〇時前に桶狭間の幕山、高根山に着陣した。

二万五千分の一地図『鳴海』の昭和二年版、昭和二十二年版では標高五二・三米で、二千五百分の一『国土基本図』では五四・五米である。有松神社の所である。

名前は高根でも有松神社の山が桶狭間の最高峰ではない。昭和四十六年版二万五千分の一地図『鳴海』では、有松神社の南方の山が五六・五米であり、二千五百分の一『国土基本図』では有松神社の東方で、字武路の北部の山が標高五八米である。

旗振山　はたふりやま

柴田昭彦『旗振り山』に江戸時代以降大正までの各地の旗振通信を詳しく記す。それに拠ると、

一　江戸幕府が大坂の堂島米市場を享保十五年（一七三〇）に公許した後、主に米飛脚が米相場を伝へるのに活躍した。大坂から江戸まで三〜五日掛つた。

二　そこで高地に旗振場を設け、大きな旗を振つて知らせる方法が各地で行はれた。箱根越だけは飛脚を用ゐ、大坂から江戸まで八時間で伝達した。

『西尾町史　上巻』に、

桑名・名古屋・桶狭間・一里山・八ツ面山

とあり、桶狭間が旗振場であつた。

梶野渡氏の話。

子供の時（米相場を）旗で合図したと。おばあさんに聞いた。高根山であらう。

八島鉄工所　やしまてつこうしよ

大府県道の東側に森井鉄工所が創業し、八島鉄工所となつた。昭和三十四年頃八島自動車教習所となり、更に八島自動車学校となつた。昭和四十年代に廃校となり、

跡地は住宅地と変つた。

分レ道　わかれみち

鳴海道（長坂道）から分れて北に向ふ道の意。湾曲してゐた分レ道は大府県道として工事が行はれ、直線の道路となつた。

字武路　たけぢ

七ツ塚　ななつつか

『桶狭間合戦古戦場の栞』に、

　七ツの穴を一列に掘り大量の戦死者を埋葬したと伝えられ、その二つが原形を残しており里人は七ツ塚、石塚と称しこれが取り崩したものは「たたり」があり

と七ツ塚につき記す。ここで重要な事は、

一　塚の数は七つ

二　一列に並んだ列塚

と云ふ事である。

　近くには熱田にあり、『熱田宮旧記』『七塚之事』に、

　一　祭ル二平将門悪霊ヲ一、七変ノ影ヲ封シ二土中ニ一号シ二七塚ト一、有二大福田ノ後ニ一、祠官爾レ今祭レ之、

とある。場所は神宮寺の後と海蔵門外の西とに当る。

『日本民俗学辞典』に、「北斗七星の信仰と考へられる」とある。

七ツ塚

柳田国男「七塚考」に「北斗鎮護の神徳を体現」とある通り北斗七星の信仰に依り築かれ、列塚である。

　宝永二年に七ツ塚が二つしか残らず、種々浮説が行はれてゐたのは、よほど古い時代に築かれた為、所伝が失はれ、五つの塚は無くなつてしまつた。桶廻間村の七ツ塚は歴史の大事件である桶廻間合戦と結び付けて伝承が受継がれて来た。各地の七ツ塚は列塚で、七ツ井戸も直線状に掘られてゐた。

　明治十七年の『地籍帳』に「旧跡地」として七ツ塚の中で三つが残つてゐた。『地籍字分全図』に拠ると、三つは直線状に配置され、塚と塚との距離は等しい。残り四つは当然延長上に存在した筈で、永い年月の中に失はれた。梶野渡氏の話では七ツ塚の高さは二米程であつた由。今は塚が無くなり、標石がある。

二ツ池　ふたついけ

　『寛文村々覚書』、『尾張徇行記』に「二ツ池」とあり、村絵図も同じ。三反九畝一九歩。字武路八一番地。近く

の鳴海道池と形や広さが似てゐたのが池名の由来ではないか。愛知用水で南北に分断され、文字通り二ツ池となつてゐたが、南は無くなつた。近時は神明廻間池を二ツ池と呼んで、この池は擂鉢池と呼んだ。今は狭くなり水無池である。

字寺前　てらまへ

大池　おほいけ

二町一畝一二歩の名の通り大きな池である。字寺前六八番地。「緑区民新聞」昭和五十六年五月二十四日号に史料を引き、文政年間に大池を築いたとする。しかし『慶長拾三年尾州知多郡桶廻間村御縄打水帳』に「大池」「いけうら」があり、江戸時代の初頭に既に存在してゐたので文政年間ではない。「いけうら」は大池の北方の字で、田楽坪が含まれる。

金毘羅社　こんぴらしや

現在は神明社の境内末社である。梶野渡氏に拠ると、元は長福寺の鎮守として長福寺境内にあつた。

浄土橋　じやうどはし

大池の東を流れる鞍流瀬川に架つてゐた。今は無い。大池東南畔に「桶狭間古戦場由緒地跡　鞍流瀬川　浄土橋」の標石があり、

人はこの川を鞍流瀬川と呼ぶ、哀れな戦死者を寺の阿弥陀如来に託す為ここに浄土橋をかけ極楽往生を願つた、この地も開発により川を埋め橋を失う

とある。

瀬名陣所跡　せなぢんしよあと

今川軍の先発隊として瀬名伊予守氏俊が着陣し、近くの本陣設定に当つた所である。『桶狭間合戦の大略』（桶狭間史蹟保存会）に、

古伝によれば東西八間、南北二十間くらいの「とちの木林」で地盤が高く陣所の形態を留めていたがその後は竹藪となり里人は瀬名氏俊をしのび「セナ藪」「センノ藪」と呼んでいる。

瀬名陣所跡

とある。『桶狭間合戦田楽坪史蹟』（桶狭間史蹟保存会）に、

瀬名の一隊は東軍義元の監視兵として以前より此地に駐屯し何かと準備も行届いてゐる。

瀬名氏俊が着陣した日取は梶野渡『地元の古老が語る桶狭間合戦始末記』に、

桶狭間には古来から、次の口伝がある。「五月十七日今川方の瀬名氏俊二〇〇人位が村に来て陣地を造った」と、

とあり、五月十七日である。

長福寺　ちやうふくじ

「実業之光」　桶狭間古戦場土産　明治四十三年九月
コレゾ和光山長福寺の境内に候此の寺は其建立最も古く桶狭間合戦には関係多き寺に候宝物にも義元公の木像旧記録等沢山有之候

西山浄土宗和光山天沢院。本尊阿弥陀如来。
天文七年（一五三八）善空南立上人が開いた。『長福寺略縁起』に、

今川義元公に仕へた茶坊主の林阿弥は、合戦の際、織田方に捕へられたが、今川勢将士の首の検証をしたので命を助けられた。後、阿弥陀如来と、義元公念持仏の文殊菩薩とを奉持して当山に来り、故主を供養した。それより、この阿弥陀如来を当山の御本尊とし、義元公供養の寺となつたと伝へられてゐる。

字寺前二四番地。
「今川義元公首検証之跡」掲示
永禄三年五月此の附近に於て林阿弥が今川家の首検証を命ぜられた所と云ひ、供養杉があつた。
「桶狭間合戦供養塔」、「富安風生」の句の塚がある。

寺前池　てらまへいけ

『弘化二年桶廻間村絵図』に「寺前池」とあり、『弘化二年六ヶ村図』に「寺まへ池」とある。『文政十亥秋寺前池御配符』に拠ると文政十年（一八二七）に築いた。六畝二九歩。今は無くなつた。

法華寺　ほつけじ

梶野渡『地元の古老が語る桶狭間合戦始末記』に、

桶狭間村は一三四〇年代、南朝の落武者によって拓かれた村であったという。
最初二〇数名が現在の長福寺の南五〇米の林の中に隠棲、それと前後して長福寺境内東方放生池の泉水附近に、日観という僧侶が小さな御堂を建て法華寺と称した。

字野末　のするゑ

野末田面　のするゐたうも

『尾張徇行記』に、

田面ノ字ハ池ウラ　村前　野末ト三ヶ所ニ分レリ

とあり、北部の池ウラ（広坪の古称）。中部の村前（郷前の古称）と並び、南部の田圃の中心であつた。『慶長拾三年十月尾州知多郡桶廻間村御縄打水帳』に「のすへ」とある。

字生山　はへやま

釜ヶ谷　かまがたに

桶狭間全体の谷。「実業之光」　桶狭間古戦場土産　明治四十三年九月

それより山道を東に四町計り進めば彼の有名なる釜が谷にて候　此谷に桶狭間村有之候　此の谷は義元公の陣所を置かれし所にて多くの古跡有之候

大正十三年の愛知県より内務省への報告に、

一名鎌ヶ谷ハ字生山武路ノ山麓ヨリ追分城跡ノ西ニ至ル凡ソ一里ノ谷ヲ通ジテ見貫シヨク陣地トシテ適地ニシテ

とあり、桶廻間村の北から南までの谷を指す。

『緑区の古蹟』に「釜ヶ谷　桶狭間字武路狭間」とあり、『弘化二年六ヶ村図』の字山脇の辺に「釜ヶ谷」と記す。村の北方の字武路と村の南方の字山脇とを各々釜ヶ谷としてゐる訳であるが、各々広い釜ヶ谷の一部について記したもので、限られた地点を指す地名ではない。

『尾州桶廻間合戦之事』に「桶狭間釜ヶ谷」とあるのは村名として桶廻間で、地形名として釜ヶ谷であるとの意である。

生山　はへやま

『書言字考節用集』の「ハヱヤマ」の条に「山に草木有ルヲ云フ」とあり、草木の生ひ茂る山を云ふ地名。生山と云ふ地名の所を軍勢が通つた。その事実を地名起源伝説の形で伝承した。

字林下　はやしした

鞍流瀬川　くらながせかは

井桁川の支流東川の別名。戦の後に人馬の血潮に染つた川面に誰のものとも知れない馬の鞍が浮んでゐたと云ふ桶廻間合戦に因んだ伝承に拠る。

津島社　つしまのやしろ　つしましや

『神社明細帳』に明治十一年字林下より神明社に移転とある。梶野渡氏に拠ると、鞍流瀬川の堤沿に祀られてゐた。古称は天王社。

中川　なかかは

大池から流れ出た用水で字林下の真中を南に流れ、字平坪と字畦道との境で西川に流れ込んでゐた。今は無い。『溜池堤反別取調帳』に「長七百三十間」「巾四尺ゟ六尺迄」とある。

西川　にしかは

井桁川で字林下の西を流れる。長さ千弐十間。

東川　ひがしかは

井桁川で字林下の東を流れる。水源は字武路で、長さ千三百廿六間。上流は暗渠になつた。別名は鞍流瀬川。

郷前川は東川の支流。

火の見櫓　ひのみやぐら

大池の南に火の見櫓がある。天王坂の火の見櫓が無くなり、希少な存在となつた。

桶狭間郵便局　をけはざまいうびんきよく

昭和五十三年開局。字林下一八—三番地。

字平子　ひらこ

平子の塚　ひらこのつか

明治十七年の『地籍帳』の字平子一番に拾五歩の塚があり、宮有地である。

字ヒロツボ

池裏田面　いけうらたうも

「池裏」は「ヒロツボ」の古称。『尾張徇行記』に、

田面ノ字ハ池ウラ　村前　野末ト三ヶ所ニ分レリ

とあり、桶廻間村中部の村前（郷前の古称）、南部の野末、北部の池ウラに古くから田圃が広がつてゐた。「池浦」は「池裏」の宛字で、共に村絵図や村方文書に多く用ゐられた。大池は慶長の記録があり、室町時代に築かれたであらう。池ウラは大池の北方の地名。

『信長公記』に桶廻間合戦本陣附近での織田勢と今川勢との決戦の様子を、

おけはざまと云ふ所は、はざまくてみ、深田足入れ、高みひきみ茂り、節所と云ふ事限りなし。深田へ迯入る者は所をさらずはいづりまはるを、

とある。「深田」が二度記され、強調されてゐる。猫の額のやうな狭い廻間の田圃や、開発したばかりの田圃に深田が広がつてゐる筈は無い。池ウラの広い田圃は右の記述に当嵌り、ここが決戦場であると考へられる。

御鍬社　おくはのやしろ　おくはしや

梶野渡氏に拠ると、

御鍬社は田楽坪より字セト山に遷つた。義元の死で穢《けが》れたから。

との事である。明治初年の神社合祀で字セト山より神明社に遷り、境内末社となつた。

御鍬社は六十年毎に尾張国、三河国、美濃国、飛騨国を中心に盛大に催行された御鍬祭と結び付く。この祭は志摩国磯部（志摩市磯部町）鎮座の皇大神宮別宮の伊雑《いざはの》宮《みや》より出される木製の鍬を村送りで送る豊作祭である。伊雑宮に神田があり、毎年行はれる御田植祭は日本三大御田植祭の一つに数へられ、農業との関りが深い。祭の後に御鍬は社に納められた。文政期以降は外宮の御師が祭に関るやうになつた。鳴海八幡宮の末社に御鍬社がある。

田楽坪　でんがくつぼ

『日本民俗語大辞典』の「田楽」の条に、

田に苗を植えるのに、田の神を迎え、太鼓、笛、すりささら・銅拍子などを囃し、田植唄をうたい稔りの予祝を行う。

とある。村の一ヶ所で行ふ訳であるから、田楽の催される場所は、その村の広い田圃近くの地で催される筈である。桶廻間村は、

田楽が坪　『改正三河後風土記』
田楽の坪　享保八年（一七二三）『庄屋日記』
田楽坪　『中古日本治乱記』
田楽が窪　『武徳編年集成』　『三河後風土記』
田楽久保見『武功夜話』二十一巻本
田楽狭間　『武功夜話』二十一巻本、三巻本、吉田本

とある。古くは字池裏に含まれ、後には字広坪に含まれる狭い地であり、同一地点である。田楽（が、の）坪が本来であり、他はそれから派生した。

大脇村の屋形廻間（今の南館）に、

田楽窪　昭和十六年文部省掲示　『武隠叢話』
田楽狭間　昭和四十一年豊明市教育委員会掲示　山澄『桶狭合戦記』
田楽が坪　『東海道駅路の鈴』

の地名があつたとする。

しかし昭和十六年の掲示地名田楽窪が昭和四十一年掲示地名で田楽狭間となつたのは不可解である。

海福三千雄「「史蹟桶狭間古戦場伝説地」地名考」「郷土文化」第二十四巻第三号に、南館の田楽地名につき、

実際には田楽坪と呼ばれたことはなかった
田楽窪が史蹟地の正しい地とするのは躊躇せざるを得ない
田楽峡（田楽狭間）なる地名が史蹟地の本当の地名だとすることは至難といわねばならない

とし、南館（史蹟地、伝説地）の田楽地名を全て完全に否定した。（　）内は筆者の註。

桶廻間村の田楽地名は当時の住民の居住地字セト山に近く、村北部の主要田圃地域字池裏にあり、御鍬社で田楽を

田楽坪　明治大正

田楽坪入口　昭和

行ふにふさはしい所に発生した。

　鳴海村の田楽地名は当時の間米村の居住地に近く、南に掛けて広い田圃が広がる所に発生した。

　大脇村の場合
一　当時の大脇村の居住地は三十町程東の正戸川沿の元屋敷であり、田楽の記録や伝承が無いが、仮に催したとすれば田圃の広がつてゐた元屋敷で行ふ筈である。
二　延享二年（一七四五）『桶間部類　大脇村山絵図』に「屋形廻間新田池」とある。池を築いて用水を確保しない限り水田の米栽培は出来ず、合戦時に深田など有り得ない。田楽は行はれなかつた。
三　宝永五年（一七〇八）岩瀬文庫蔵『桶挾間古戦場之圖』に、「屋形挾間描之」として、「古所謂田楽窪」、
「古名田楽挾間　今屋形挾間ト云」とあるが、古い地名があるなら、そも〱屋形挾間の地名が発生する筈が無い。大脇村の田楽地名は存在した事は無く、桶廻間村にあやかつただけの架空の地名である。
現在桶狭間の田楽坪が桶狭間古戦場公園になり、豊明市南館に桶狭間古戦場伝説地がある。
　南館の伝説地については、『桶狭間史蹟』に、
　本所（伝説地）に建碑せるは最初国道（東海道）改通の砌り弔詣に使せん為めこゝに諸塚を築き回忌を営みたるものなり　（　）内は筆者。以下同じ。
とあり、海福三千雄「桶狭間合戦史実究明（二）」（「郷土文化」第三十三巻第一号）に、
　史蹟地（南館）は、合戦主戦場ではない、新東海道が盛に利用されるに至つた後、行人の無聊を慰し道中記等に感興を添える観光地として作為し喧伝されたものだと判定して間違いあるまい。
とある。桶廻間村田楽坪の義元の討死地を遙拝する為に目印を設けたのが伝説地であり、真の討死地ではない。観光地として有名になり、討死地と誤認されただけである。
イ　田楽坪に今川義元馬繋の杜松が生え杜松塚と呼ばれた。
　大正十年に愛知県が内務省に報告した有松町の古墳に首塚があり、杜松塚の別名である。鳴海には「東海道の鳴海宿」と云ふ童唄があり、
　左に高い天満社
　右に取れば桶狭間

杜松

信長公の奇襲戦　　義元公の首塚に
其の霊祀る長福寺

と唄ふ。実際に首を埋めた訳ではないが、この地で義元が討死したので「義元公の首塚」と唄つた。

ロ　昭和二十八年に杜松塚の地中に埋つてゐた駿公墓碣が発見された。墓碣とは墓印の石を云ふ。天保七年『英比庄桶廻間村絵図』に木と塚とを描き、木は杜松の木、塚は墓印かと思はれる。

墓碣

ハ　『中古日本治乱記』『三河後風土記』『改正三河後風土記』『武家事紀』などに田楽坪とある。桶廻間合戦の主戦場を記したものであるが、本陣ではなく討死地を示したものであらう。

ニ　享保八年（一七二三）の『庄屋日記』に、

　義元朝臣戦死の事
　桶廻間に田楽の坪と云ふ所あり。昔鍬の神様を祀り土地の百姓が田を開きて参詣し、毎年此坪場で田楽の舞を行ひたるより此名あり。永禄三年庚申五月拾九日、此所で駿河の今川朝臣が討死あり。後其事行はれず神社も郷前へ移しけると云ふ。

とあり、義元が田楽坪で討死した事が伝承されてゐる。

田楽坪は字ヒロツボの田圃の東端に島状にあり、大正十三年『史蹟名勝天然記念物調査』に「現在三坪」とある。昭和八年に土盛をして拡張した。昭和六十三年に桶狭間古戦場公園になつた。字ヒロツボ五八番地。碑は

義元公馬繋杜松　杜松の左手前にある。古くからあり『知多郡史』の写真に見える。

駿公墓碣　義元の墓。地中に埋つてゐたのを昭和二十八年に掘出した。

今川義元公　昭和八年建立。

今川義元戦死之地　明治四十五年建立。

桶狭間古戦場　「文化十三年丙子五月建」。南入口に建つ。鞍流瀬川より発掘した。

桶狭間古戦場田楽坪　南入口に建つ。昭和八年建立。

銅像　義元、信長の銅像。平成二十二年制作。

字巻山　まきやま

出雲大社愛知日ノ出教会　いづもたいしやあいちひのでけうくわい

文久年間（一八六一—六四）御嶽講社が発足し、御嶽に登山した。明治四十二年字巻山一三—一番地に教会を

設立した。

シリカヘシ

天明元年『桶間部類　桶間村圖』の大池西北の田に、

大池ノ水アフレルトキハ返リ水シテ此田ヘオツル也故ニシリカヘシト云トナリ　大浜ノ人此所ニテ義元ノ幽霊ニアヒシト云也

とある。

戦評の松　せんぴやうのまつ

「実業之光」　桶狭間古戦場土産　明治四十三年九月

合戦の時床机を置かれ戦評を議せられしと云ふ有名なる戦評の松

とあり、大正八年『史蹟名勝天然紀念物ニ関スル調査』

今猶鬱蒼トシテ枝振リ面白ク古キ昔ヲ偲バシム

とある。共に今川義元とあるが、瀬名陣所に布陣した瀬名氏俊であらう。「二本松」「一本木」「大松」と呼ばれ、今は三代目の松である。字巻山西南端

戦評の松

陣地　ぢんち

大東亜戦争中に放送所の東に対空陣地があつた。第十六照空中隊が一箇中隊駐屯してゐた。

巻山　まきやま

『桶狭間合戦の大略』（桶狭間史蹟保存会）に、今川勢の井伊信濃守直盛が仮陣営を置いたとある。織田勢が今川勢を取巻いたので巻山と云ふ云々は地名起源説話の形で桶廻間合戦の史実を伝へたもので、巻山の地名は合戦前よりあつた。

字幕山　まくやま

愛宕社　あたごのやしろ　あたごしや

字幕山の北部で鳴海道（長坂道）の道沿西側に鎮座してゐた。『寛文村々覚書』に桶廻間村の神社として、神明と山神と愛宕との三社がある。明治十一年神明社に移転して境内末社となつた。京都市西北に聳える海抜九百二十四米の愛宕山の頂に愛宕神社が鎮座する。鎮火防火の神である。

庚申塚　かうしんつか

『天保七年桶廻間村絵図』の鳴海道池（有松道池）の西南。道沿西側に木を描き「庚申塚」とある。梶野渡氏の話では、早く無くなつた由。

地蔵堂　ぢざうだう

地蔵池の名はこの堂に由来する。明治九年の『溜池堤

反別取調帳』には地蔵池ではなくて鳴海道池とあるので地蔵堂の建立は割に新しいと思はれる。

鳴海道　なるみみち

桶廻間村から鳴海村字鎌研の鳴海一里塚東に迄延びる道なので古くより鳴海道と呼んだ。鳴海村からは桶廻間道と呼んだ。長い坂の故に長坂道の名もある。桶廻間村からは刈谷方面に向ひ、『弘化二年六ヶ村図』に三州道の名がある。

『天保七年桶廻間村絵図』に、

郷外極り道巾　六尺　当時　五尺
郷内極之道巾　九尺　当時　七尺
村内長　三百四拾四間

鳴海道池　なるみみちいけ

天明元年（一七八一）『桶間部類　桶間村圖』に「鳴海道池」とあり、長く用ゐられ明治九年『溜池堤反別取調帳』にも見える。近時は地蔵池と呼ぶ。七反九畝一三歩。

右記の村絵図に、

酒ノワキシ池ノ古跡ト云

とあり、伝説を記す。字幕山六五―一番地。

幕山　まくやま

『桶狭間合戦の大略』（桶狭間史蹟保存会）に松井左衛門佐宗信が高根の丘陵と幕山の高地とに仮陣営を置いたとある。陣所に幕を張ったので幕山と云ふ云々は地名起源説話の形で桶廻間合戦の史実を伝へたもので、幕山の地名は合戦前よりあつた。

字又八山　またはちやま

唐池　からいけ

天明元年（一七八一）『桶間部類　桶間村圖』に山脇池が二つ記してあり、北側が唐池に当る。村絵図に「から池」とある。

「空池」を「唐池」と表記したのであらう。九畝二六歩。字又八山四九番地。

字山脇　やまわき

釜ヶ谷　かまがたに

『弘化二年六ヶ村図』の字山脇辺に「釜ヶ谷」とある。字生山の釜ヶ谷の条で記した通り、釜ヶ谷は桶狭間全体の谷であり、字山脇辺のみの地名ではない。行政区域としては桶狭間で、谷としては釜ヶ谷である。

第四章　有松

字三丁山　さんちやうやま

行者堂　ぎやうじやだう

『天保十二年有松村絵図』の「定納山　松山」の中に鳴海道から少し離れて「行者堂」がある。

大正初年に鳴海町字米塚の天満社に移し森内に現存する。読物「役の行者」参照。

字長坂南　ながさかみなみ

秋葉社　あきはのやしろ　あきはしや

天明四年（一七八四）の有松大火より後の勧請であらう。弘法堂の手前右手にある。

弘法堂　こうぼふだう

長坂の途中南側にある。以前は「厄除弘法大師　西円田」と染抜いた幟が立つてゐた。常内の提燈に「南無弘法大師」、「厄除弘法大師」、「大日大聖不動明王」、「毘沙門天王」とある。字往還南三〇一番地。

長坂　ながさか

鳴海村と桶廻間村とを結ぶ鳴海道（桶廻間道）の有松村内の坂の名。祇園寺前で東海道に合流する。『知多郡村邑全図　有松村』に「鳴海道」。

榊原邦彦『鳴海八幡宮誌』（なるみ叢書　第二十三冊　鳴海土風会）に納めた「鳴海十二景」の一つに、「長阪鹿聲」

字橋東北　はしひがしきた

東湯　あづまゆ

大正時代末期から営業し、三代目が最近まで開いてゐた。大きな煙突は岩木を燃料としてゐた為で、重油に切替へた後、煙は出なくなつた。字橋東北八二番地。

服部家住宅　はつとりけぢゆうたく

江戸時代後期の町家建築の典型である。隣家との境に卯建を設け、漆喰で固めた塗籠造、二階は虫籠窓、天窓がある。隣には土蔵が続く。

字橋東南　はしひがしみなみ

有明学校　ありあけがくかう

明治七年に有明学校を創設した後、校名が変遷した。

明治二十五年　有松尋常小学校

昭和十六年　　有松国民学校

各種学校の併設があつた。

有松巡査派出所　ありまつじゆんさはしゆつしよ

大正十五年横須賀警察署有松巡査派出所が設けられた。昭和十二年には有松駐在所とあり、昭和三十七年に字高根に新築移転した。

有松村役場　ありまつむらやくば

明治五年有松村、桶廻間村は愛知県第七大区一小区として発足した。有松村は明治十二年に村会を組織し、村会は祇園寺で開かれた。明治二十五年に町制を施行し、翌年桶狭間と合併した。字橋東南六〇番地。

有松郵便受取所　ありまつゆうびんうけとりしよ

明治二十九年に有松郵便受取所開設。明治三十八年に有松郵便局と改称。昭和五年に局舎を新築し現在地に移転。字橋東南七五―一番地。

有松郵便局

平成十八年六月二十二日の「中日新聞」に、全国で約十八万本ある郵便箱のうち、丸型は約五千二百本とある。丸型郵便箱の正式名は「郵便差出箱　一号　丸型」であり、重さ百三十瓩。明治時代と大正時代以降とでは同じ丸型郵便差出箱でも、差出箱の上に水滴防止の覆が新たに付くなど小異がある。有松には字往還南一六八番地西にもある。

憲兵屯所　けんぺいとんしよ

字橋東南の中ほど東海道沿にあつた。明治二十二年に愛知憲兵隊が設置され、その後各地に分署が置かれた。明治二十五年の豊明村大久伝の中島騒動の折に、熱田、鳴海、知立の警察官と協力して有松憲兵分署の憲兵が暴徒百六十八名の逮捕に当つた。逮捕者は名古屋横三蔵の監獄に入れられた。

信号機　しんがうき

昭和三十七年国道一号線と県道刈谷有松線との交叉点に、有松最初の信号機が設置された。

石水橋　せきすいはし

『知多郡村邑全図　有松村』に、

石水橋　大高村扣

とある。同図に有松村の用水路は八筋描いてあり、その図では東から一筋目に当る。

地蔵堂　ぢざうだう

有松郵便局の東隣、東海道の南に東面した地蔵堂があり、幟に「延命地蔵尊」とある。

棚橋家住宅　たなはしけぢゆうたく

母屋の一階は格子窓で、二階は塗籠造である。明治八年の棟札が見付かり、建造年代が判明した。

字往還北　わうくわんきた

祇園寺　ぎをんじ

曹洞宗大雄山。本尊釈迦如来。字往還北一五二番地。

『尾張徇行記』に、

　往昔鳴海村ニアリテ猿堂寺ト号セシカ、宝暦五亥年当村へ易地シ、其年祇園寺ト改号ス

とあり、宝暦五年（一七五五）の草創とする。

『尾張志』に、

　猿堂といふ名に依て当寺より疱瘡の守を出す近年奈良の薬師寺の仏足石を模して其歌を石碑に彫て境内に建たり

とある。「猿堂」云々は佐渡で疱瘡除けに猿の毛を守とする風習があり、その類である。

仏足石は釈迦の足跡を刻んだ石で、祇園寺の仏足石は文政十一年（一八二八）の建立。

仏像の制作が始まる以前からあり、天竺の阿育王の精舎にある仏足石を写したのが奈良薬師寺の仏足石で天平勝宝五年（七五三）に智努王が造立した。傍に二十一首の歌が刻まれた仏足石歌碑がある。

祇園寺

　御足跡《みあと》作る　石の響きは　天《あめ》に到り

　地《つち》さへ揺《ゆす》れ　父母がために　諸人《もろひと》のために

和歌の五七五七七に七が加り、仏足石歌体と呼ぶ。

山川正宣の『仏足石和歌集解』に、

　一首の意は、父母ならびに衆生の為に造る仏足なれば、其響天地に震ひて、諸天諸仏も感応あれといふなるべし

とある。因みに市内には中村区の法蔵寺、光明寺、中区の栄国寺の三寺に存在するのみで、当地方の祇園寺にあるのは貴重なものと断言する。鳴海町字花井の東福院の山門に保存されている鳴海城の建材と共に文化財級の史蹟であり、大切にして頂きたい。

「御足跡作る」の歌は二十一首の仏足石歌の最初の歌である。

仏足石及び仏足石歌

秋葉堂　あきはだう

境内にある。厨子に天明六年（一七八五）とあり、天明四年の有松村大火の後に建立した。

行者堂　ぎやうじやだう
『寺院明細帳』に、
　行者堂　本尊　役行者神変大菩薩　由緒　不詳
　　建物　一間四尺
とあり、昔は境内にあつたが今は無い。

常夜燈　じやうやとう
天神道の入口で、祇園寺の東にある。一対の両方に「文章嶺天満宮」と刻む。天保十三年（一八四二）建立。

道路元標　だうろもとへう
有松町の道路元標は東海道より愛知電鉄有松裏駅に行く角、字往還北一の九番地に設けられた。今は無い。

天神道　てんじんみち
祇園寺の東より虹橋を経て鳴海町字米塚の天満社に至る道。朝廷は菅原道真の霊を慰める為「天満大自在天神」の称号を奉つた。故に神社名は「天満」「天神」共に用ゐる。『神社明細帳』に「天満社」とあるのが公の正式名称であり、昭和五十五年に社頭に「天満社由緒」が掲げられてゐた。他の言ひ方は俗称である。拙著『鳴海宿書上帳』（なるみ叢書　第十九冊　鳴海土風会）に「天神道　往還ゟ（より）壹町拾七間餘」とある。

名古屋法務局有松出張所　なごやほふむきよくありまつしゆつちやうしよ
大正十年に名古屋区裁判所有松出張所が設置された。昭和二十四年に鳴海、大高、有松、豊明を管掌する名古屋法務局有松出張所が設置された。昭和四十四年に鳴海町字六条に庁舎を新設して移り、鳴海出張所となつた。
字往還北一四二番地。

字往還南　あざわうくわんみなみ

秋葉社　あきはのやしろ　あきはしや
以前は東海道より四十米入つた天王坂西側にあり、道路拡張の為国道一号線のすぐ北に遷つてゐた。今は中町地蔵堂の左手奥に鎮座する。

有松温泉　ありまつおんせん
昭和二十五年字往還南の東端に有松温泉が開業した。それまで有松に銭湯が無く鳴海まで出掛けて入湯してゐた。

伊勢神宮遙拝所　いせじんぐうえうはいしよ
江戸時代は東海道の南側で、天王坂への入口の東にあつた。近年は東海道より四十米程入つた天王坂の西側にあり、道路拡張の為鳴海町字米

太神宮　昭和

塚の天満社境内に移した。
表に「太神宮」、右に「村中安全」、左に「寛政十一己未年九月吉日」とある。

大谷説教所　おほたにせつけうしよ

明治三十五年に七人の願主により創立された。以来春秋や親鸞上人の命日に法会を営んだ。今は真宗大谷派有松教会の名である。

高札場　かうさつば

『知多郡村邑全図　有松村』の東海道の南側、天王坂への道を「田面道」とする。入口の西側に「御高札」とある。土台を石垣で固め、屋根付で掲示した。

『寛文村々覚書』の有松村条に、「幾里志丹御高札有」

小塚家住宅　こつかけぢゆうたく

卯建があり、一階は格子窓で、二階は塗籠である。建築年代は江戸時代末期と推定される。

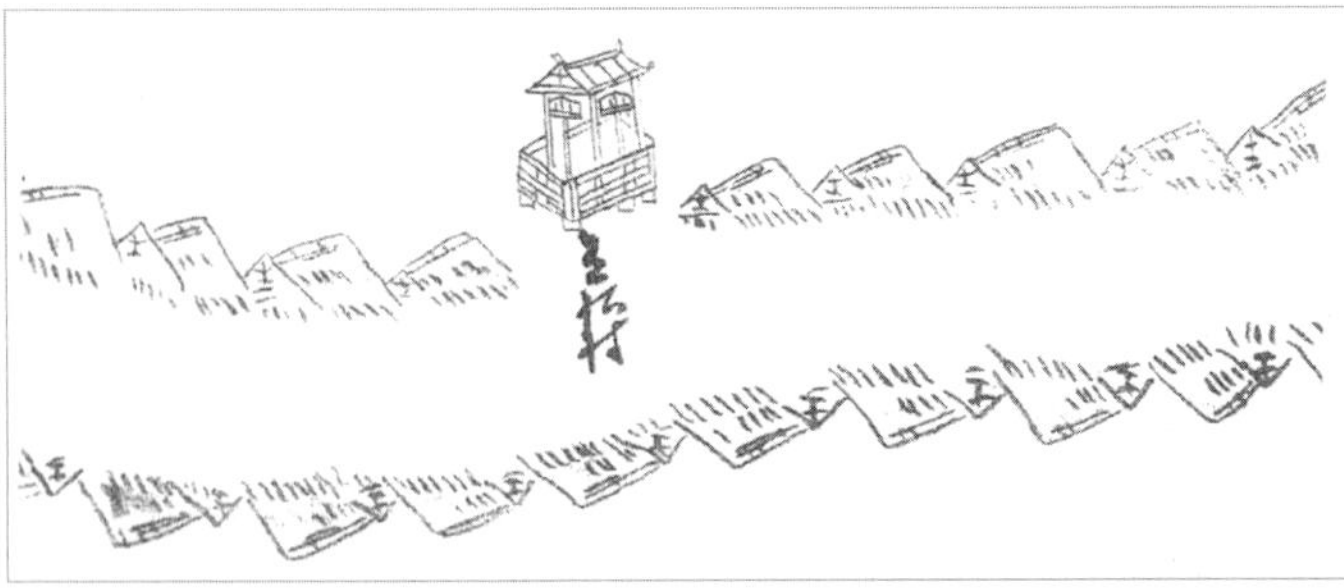

高札場　江戸

常夜燈　じやうやとう

江戸時代には東海道の南側で、天王坂の入口の東方に、伊勢神宮遙拝所の常夜燈と並んで秋葉社の常夜燈があった。近年は東海道より四十米程入つた天王坂の西側にあり、道路拡張の為鳴海町字米塚の天満社境内に移した。

表に「秋葉山」、右に「寛政十一己未年九月吉日」、左に「村中安全」と刻んである。

泰巌塚　たいがんつか

泰巌は祇園寺の開山である。『張州雑志』に、

当時境内ヨリ東方二町計道路之南民家ノ後地林中ニ開山泰巌ノ石塔有リ　俗ニ泰巌塚ト云　児童未タ疱瘡ヲ病サル者予メ祈レハ二此墓ニ一　必ス軽シトナン　故ニ人多ク参詣ス

とある。『尾張徇行記』に「泰巌」とあり、『蓬州旧勝録』、『寺院明細帳』には「台巌」とある。正保四年（一六四七）寂。今は右記の所は無くなり祇園寺境内に墓がある。

竹田家住宅　たけだけぢゆうたく

塗籠造の母屋の他、書院、茶席、蔵などがある。

地蔵　ぢざう

中町地蔵堂の左前に石地蔵が安置してある。掲示に拠ると、明治十五年に没した小寺甚兵衛が沓掛方面より背

負つて来て、今の場所の向側に安置した。流行病のひどい年に石地蔵が汗をかいて村人に知らせた為、被害が少なくて済み、人々が汗かき地蔵と呼んだとある。

地蔵堂　ぢざうだう

天王坂の西側に東面してあつた。元は道の向側にあり、昭和初期に道路拡張の為移された由。平成十年代に旧地の南西の現在地に移り、「中町地蔵堂」とある。

津島社　つしまのやしろ　つしましや

天王坂の西側で伊勢神宮遙拝所や秋葉山の常夜燈のある一画に鎮座してゐた。平成十年代に鳴海町字米塚の天満社境内に移設した。古称は天王社。

天王坂　てんわうさか

東海道より桶廻間村方面への坂で、西側に天王社が鎮座してゐた故の地名。

津島神社の社伝では祭神建速須佐之男命が対島より来臨したので津島を称したとあり、承安五年（一一七五）の文書の奥書に「津嶋」とある。一条天皇の正暦年中（九九〇—九九五）に天王社の号を賜つたと伝へられ、津嶋社の他に多く天王、牛頭天王、津嶋天王、津嶋牛頭天王と呼ばれた。明治初年に天王の名を廃し津島神社と改めた。「天王」は「天皇」と同音で不敬であると指示されたので、全国の天王社は津島社や鳴海町字雷の雷社に合祀する須佐之男社の神社名に改めた。

火の見櫓　ひのみやぐら

天王坂の西側で、地蔵堂のすぐ南に立つてゐた。平成十年代に無くなった。桶狭間には大池の畔に現存する。鳴海には新海池の東北にある。

火の見櫓　昭和

丸形郵便差出箱　まるがたいうびんさしだしはこ

一六八番地西にある。平成二十五年十一月五日号の「中日新聞」に拠ると、丸形郵便差出箱は明治三十四年から設置が始り、昭和四十四年に製造が終つた。有松郵便局前にもある。

分レ道　わかれみち

長坂（鳴海道）から分れる道として桶狭間村から見た地名である。明治以降大府県道として整備された。

岡家住宅　をかけぢゆうたく

江戸時代末期の建築で、一階は連子格子と海鼠壁とが特色であり、二階の窓は虫籠窓の塗籠造である。

第五章　読　物

一　狗神神社

『熱田大神宮御鎮座次第神体本記』に、

白鳥神社　水向神社　松姤神社　日長神社
狗神神社　成海神社　知立神社　猿投神社
羽豆神社　内津神社

の十社を挙げて、「已上十所者、日本武尊由㆓東征《チ玉フ》之縁《タヨリニ》㆒祭神也」とする。狗神《いぬかみ》神社の下に、

奉㆓日本武尊導師《ミチヒキ》㆒、狗神也、元《ハ》有㆓成海㆒、今在㆓熱田《ニ》㆒、

とある。創祀は浄御原朝とあり、鳴海で最古の神社である。

『日本書紀』景行天皇四十年に、

爰王忽失㆑道、不㆑知㆑所㆑出。時白狗自来、有㆓導㆑王之状㆒。随㆑狗而行之、得㆑出㆓美濃㆒。吉備武彦、自㆑越出而遇之。

ここに王《みこ》忽《たちまち》に道を失《まど》ひて、出づる所を知らず。時に白き狗《いぬ》自づからに来《まうき》て、王を導きまつる状《かたち》有り。狗に随《したが》ひて行《い》でまして、美濃に出づることを得つ。吉備武彦、越《こし》より出でて遇《まうあ》ひぬ。

とあり、日本武尊が信濃国で道に迷つた時に白狗が出て来て道案内をした。鳴海の宮簀媛命の別館まで従つて来て飼はれ、後に鳴海の狗神神社に祀られたのであらう。

『通俗熱田事跡物語』に、

ある記にハ、犬の祠ハ、始めハ鳴海にありしが、後年、熱田の社内にうつしたりと、古へハ熱田境内ニ犬の祠ありて末社たりしが、今ハ其旧地、社地をもしる人なきハ、残念なる事也、

とある。鳴海の鎮座地については伝はらないが、宮簀媛命の別館で飼はれてゐて、後にその地（今の字城）に狗神神社を創祀したのであらう。

朱島元年（六八六）にその地に成海神社を建立する事になつたので狗神神社は熱田社に遷したと考へられる。

『熱田大神宮神体伝聞書』に、

熱田西之地町サグジノ神社ト云アリ、尤サグジハ猿田彦命を祭て衢神ト奉崇ナリ、サレハ衢神之御徳ニ配合シテ彼狗神ヲ祭タル成ヘシ、

とあり、『金鱗九十九之塵』に、

〇狗神神社　表大瀬子町にあり

とある。『尾張名所図会』に「三狐神社」（さごじのやしろ）として表大瀬古にありとするのが該当する。

『熱田町旧記附録』に、

社説には日本武尊東征の日嚮導の狗神を祭るといへり。今須賀町に属し。社宮司《しやぐうじ》といふ。

とある。「さぐじ」「さごし」は社宮司である。これも古代からの神社で狗神神社に合祀し、後世社宮司を称したのであらう。

狗神神社の鎮座地「西之地町」につき野村真平氏の御教示に拠ると次の通り。

一　旧表大瀬古筋の東方に平行して西ノ地町筋があつた。西ノ地町筋は都市計画で無くなつた。

二　社宮司社は須賀町八〇八番地にあり。昭和二十七年に換地で西北の須賀町四〇一番地に遷つた。

三　旧地は表大瀬子筋のすぐ東であり、現在地は表大瀬子筋の西側に面する。

私見では、

一　白犬は日本武尊を案内した後、尊に従つて宮簀媛命の別業に来て飼はれた。

二　後に狗神神社としてその地に祠つた。鳴海最古の神社。

三　成海神社創立時に熱田神宮に遷した。

四　後代に熱田の町に遷した。社宮司は後に合祀した。

二　役の行者

神仙思想は周末に方士が説いたのを嚆矢とする。中心は仙薬を服用して不老不死となり、空中飛行の能力を得る事である。現世を超越して山中に隠棲する理想の人を仙人と云ふ。神仙思想は早く日本に伝来した。古墳から四百枚以上出土した三角縁神獣鏡の中には裏に仙人を彫つたものがある。犬山市東之宮古墳（三世紀後半）から出土した鏡は太陽光を当てると裏面の仙人の像が映し出される魔鏡であつた。『日本霊異記』に役《えん》の行者《ぎようじや》小角《をづぬ》の修行譚がある。

役《え》の優婆塞《うばそこ》は賀茂役公《かものえのきみ》、今の高賀茂の朝臣といふ者である。大和の国葛木の茅原の村の人である。年四十余歳で岩屋に居り、葛《かづら》を着て松葉を食ひ、孔雀の咒法を修習し、不思議な威力のある仙術を身に着ける事が出来た。鬼神を自由に使役し、大和国の金峰山と葛城山との間に橋を架けさせようとしたが、文武天皇に謀叛を企ててゐると讒言《ざんげん》された。天皇は使を遣し捕へようとしたが仙術の力で捕へられず、代りに母を捕へたので役の行者は母を釈放させる為に出て来て捕へられ、伊豆大島に流された。海上に浮んで走る事は陸上と同じで、空中に飛立つと鳳のやうであつた。昼間は天皇の命に従ひ、流罪の身として伊豆大島で修行し、夜は富士山に行つて修行した。三年後の大宝元年（七〇一）罪を許されたが、仙人となつて飛び去り唐に渡つた。

修験《しゅげん》道の開祖として尊崇せられ、江戸末期に神変《しんぺん》大菩薩の諡《しが》号を朝廷より与へられた。

尾張国の多くの村々に仙人塚や行者堂（役行者堂）が設けられた。

山崎村　字浅間に仙人塚があつた。

戸部村　長楽寺境内に行者堂が現存する。

桜村　字野屋に仙人塚があつた。桜駅のすぐ西。

笠寺村　笠寺観音の西門の外に役行者堂があり、村控であつた。今は西門の中にある。

南野村　喚続神社の南の琴飛羅神社境内に行者堂がある。

牛毛村　地蔵寺境内に行者堂があつたが、今は無い。

以上の南区分については榊原邦彦『南区史跡巡り』参照。

鳴海村　役行者堂　字八ツ松　宝暦七年（一七五七）に鎮座し、明和七年（一七七〇）に蔵王権現像を置いた。

行者堂　字平部町　宝暦十一年（一七六一）に創建した。『愛知県歴史の道調査報告書I』、『鳴海瑞泉寺史』に宝暦十年とするのは誤。『千代倉家日記抄』に宝暦十一年三月十八日とあるのが正しい。

仙人塚　字古鳴海　延享三年（一七四六）刊の『東海道巡覧記』の笠寺一里塚の条に、

仙人つかハ半路計左小鳴海と云所に有と云

とあり、宝暦五年（一七五五）刊の『増補東海道巡覧記』にも同文の記事がある。

役行者堂　字古鳴海　桂林寺境内に西面した堂があり、役行者像を祀る。仙人塚から役行者堂になつたのであらう。

行者堂　字向田　安永八年（一七七九）の『八月十五日鳴海祭礼図』鳴海八幡宮御旅所の境内図に「えんの行者堂」として小社を描く。

桶廻間村　字高根の役行者堂は「えんぎやうさん」と呼ばれた。今は開元寺となつた。

字神明廻間の神明社境内末社に金峯社があり、祭神が役行者である。明治十一年に字セト山より移転した。

有松村　字三丁山に行者堂があり、大正初年に鳴海町字米塚の天満社境内に移して現存する。

『寺院明細帳』に拠ると、祇園寺に一間と四尺との行者堂があつたが今は無い。

東阿野村　仙人塚が現存する。豊明市前後町仙人塚。これを戦人塚とするのは誤。戦人塚の標石は桶廻間合戦に便乗して観光地化した偽称。榊原邦彦『桶廻間合戦研究』「第十六章　仙人塚　戦人塚」参照。

大脇村　真言宗醍醐派修静院は役行者像が本尊である。

沓掛村　智福院　真言宗醍醐派で本尊は役行者。

『豊明市史　総集編』に豊明市内につき、

　役行者像は吉池、徳田、本郷、阿野、大脇、落合などに残され、かつては盛んに大峰登拝がおこなわれていたことがうかがえる。

とある。

三　社宮司

社宮司《しやくじ》は漢字、発音共に異同が多く、「社口、三狐神、斎宮、石神」等とも書き、「しやぐじ、しやぐうじ、しやごじ、しやぐち」等とも発音する古くからの信仰である。

藤森栄一『諏訪大社』に、

一　古い神は洩矢神《もれやかみ》と呼ばれ、「みしやぐち」と呼ばれる神々を統括してゐた。神長官の守矢氏が奉祠した。

二　新しい神は明神と呼ばれ、大祝《おほはふり》が奉祠した。

三　大祝の始祖が守矢氏の先祖を攻め征服して諏訪神社とした。今の諏訪大社である。

四　「みしやぐち」は御社宮司、御左口神などいろいろの漢字で書き、初めは社殿を持たず、巨木や巨岩に降臨する自然神であつた。

とある。

この交替は八世紀とされ、御社宮司信仰は非常に古い。起源を縄文時代に遡らせる意見がある程である。

御社宮司の本源は茅野市高部の守矢家近くの畑にある。信濃国には本源があるだけに千余社もある。次いで愛知県に多く吉村睦志「愛知の社宮司信仰」に拠ると、名古屋市の三十二社を含め尾張に百七十社、西三河に六十二社、東三河に七十社ある。本源の神社名は「ミシヤクジ（御左口神、御社宮司）」である。「ミ」は接頭語で「シヤクジ」が中心である。

鳴海の社宮司

『鳴海史蹟ハイキング案内』（鳴海文化協會）に、

　お志やごし　字森下一四

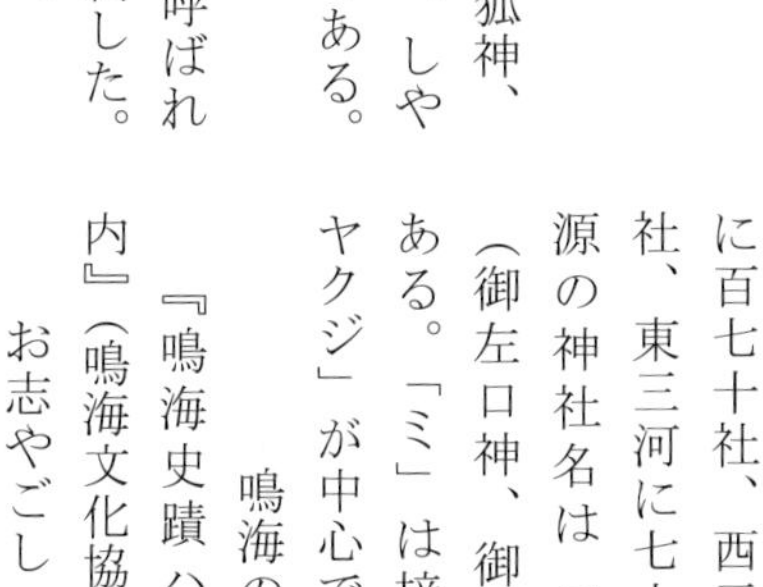

熱田社宮司社

番地

小塚があつて「おしやごし」といつて明治の中頃まで杓子に氏名を書いて厄除けに参詣したさうである。最近はその事もなくなつて、道路で塚もなくなつた。

とあり、杓文字を供へた事が見える。名古屋鉄道本星崎駅から南への道は知多郡道で笠寺と知多とを結ぶ道であつた。南へ百五十米程進むと左側に石神社（しやくじんしや）があり、大小様々の杓子が供へてある。

杓文字といふ名前から、咽喉や歯、咳の神様として信仰されてゐるものの、「しやぐじ」から「しやくし」に転訛した。

字森下の御社宮司は明治十年に無くなつた。熱田区須賀町に社宮司社が鎮座する。「狗神神社」参照。

大高の社宮司

大高城の東南、字田中四六番地に神明社がある。

『大高町誌』に「田中の神明社はまた「オシヤグジ」と俗称され」とある。蜂谷季夫『名古屋地方の社宮司信仰』に「シヤグジとして伝承が殆んど残っていないようである」とあるものの、大高の山口茂氏よりの私信に拠ると「田中の神明社を俗に「おしやぐし」とは言います」とあり、伝承がある。

桶狭間の社宮司

字神明廻間の神明社境内に石神社が鎮座する。明治十一年に字郷前の東南角、東ノ池の西南角で大府市の境より移転した。梶野渡氏は「シヤクジ」とし、『有松町史』にも「しやくじ」とある。

榊原邦彦『緑区神社誌』（なるみ叢書　第二十四冊　鳴海土風会）参照。

四　名古屋市内の神社

一位	神明	八十七社	
二位	八幡	五十七社	
三位	白山	二十五社	
四位	津島	二十四社	須佐之男社を含む
五位	秋葉	二十一社	
六位	稲荷	十七社	
七位	八剣	十六社	
七位	天神	十六社	
九位	熱田	十三社	
十位	山神	八社	
十一位	金比羅	六社	
十一位	浅間	六社	

十一位　六所　六社
十四位　諏訪　五社
十四位　熊野　五社
十六位　春日　四社
十六位　七所　四社
十八位　社宮司　三社
十八位　八王子　三社
二十位　八龍　斎宮　金山　日吉　塩釜　知立　貴船
各二社
『愛知県神社名鑑』に拠る

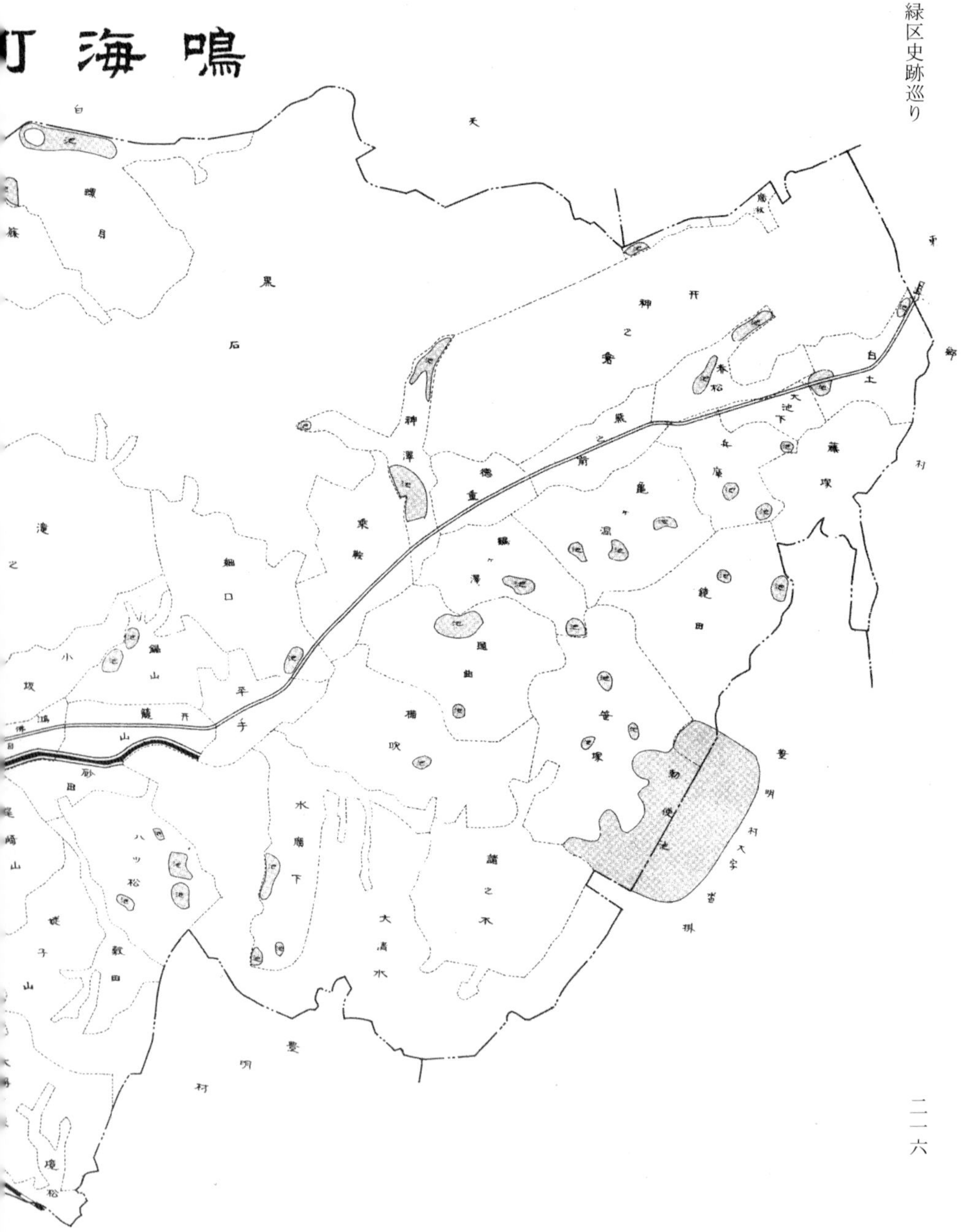
鳴海
黒石
細口
笹塚
勅使池
豊明村大字沓掛
豊明村

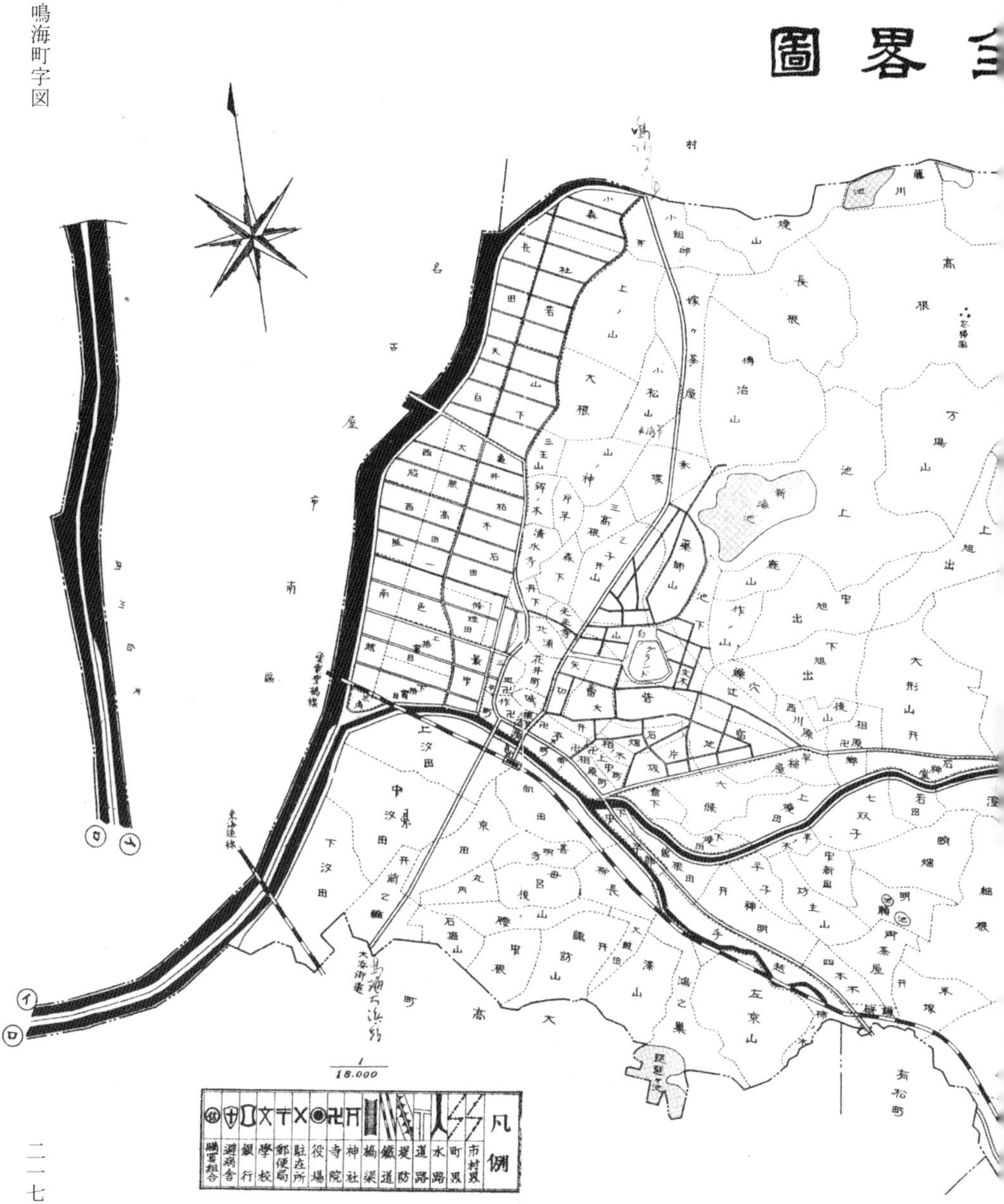
全略圖
1/18.000
凡例
市村界
町界
水路
道路
堤防
鐵道
橋梁
神社
寺院
役場
駐在所
郵便局
學校
銀行
避病舍
購買組合

鳴
海
豊
明
村
府
町
町
水主ヶ池
大池
北平部
中平部
南平部
平部高根
細根
長根
高山
猪根
夜寒
殿山
坊主山
大根山
籠池
清水山
六ヶ廻間
又八山
生山
武路
高根
文
幕山
愛宕西
東山
上ノ山
嵐廻間
忠治山
高根山
平根山
文根山
茶臼山

知多郡大高町及有松町全図

縮尺 九千分之壱

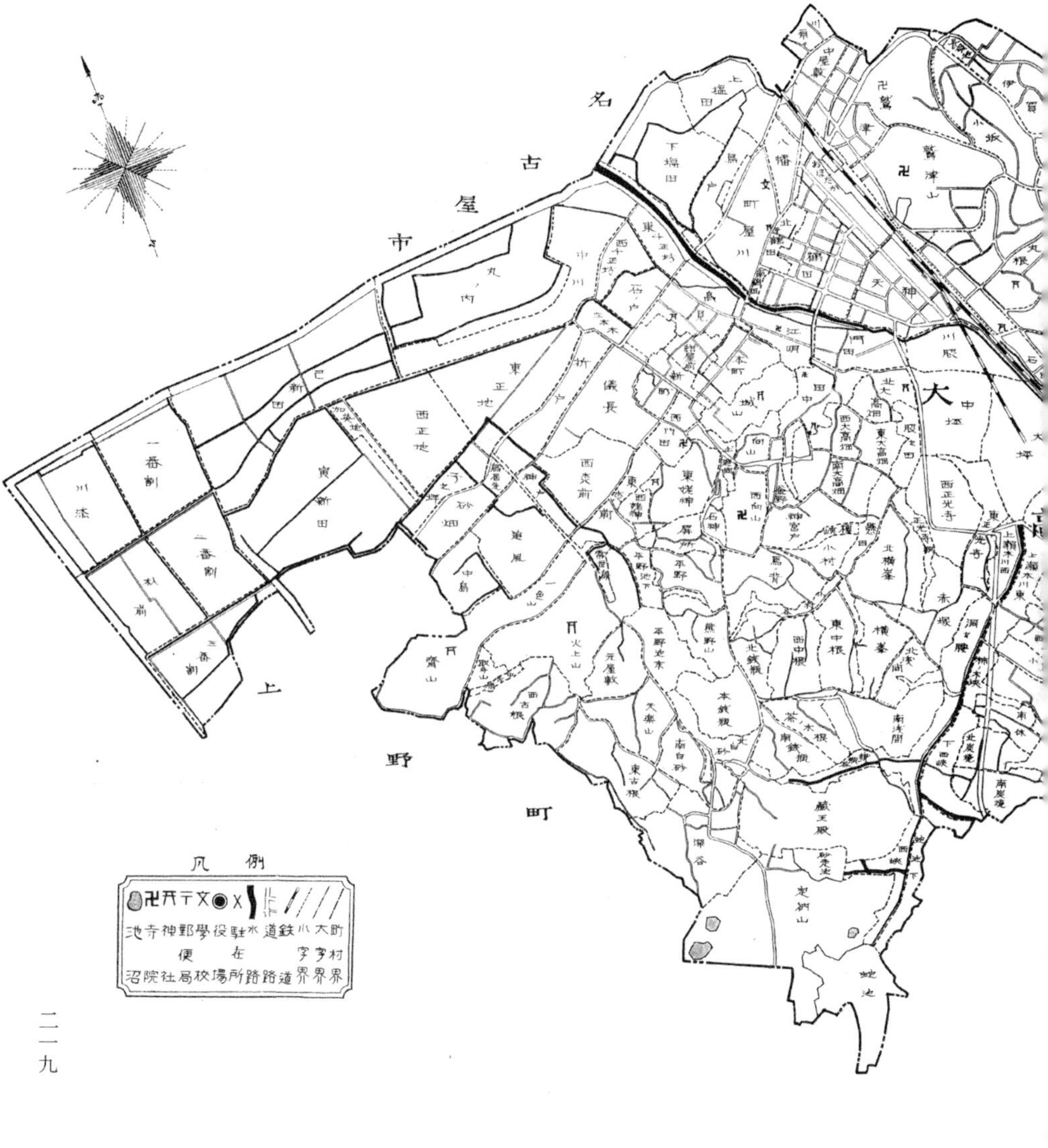

後　書

当地方の郷土研究は昭和十四年発足の土風会により本格化した。鳴海では野村三郎、加藤徹三、榊原清戔らが中心となり、郷土研究誌「奈留美」を発刊した。

大東亜戦争の為発行が中断したものの、戦後昭和三十一年に復刊し、十五号迄発行した。

昭和三十六年より『なるみ叢書』の刊行を始め、第二十七冊迄刊行した。

当初に関係した人々が皆白玉楼中の人となったので、微力ながら後を嗣いだ。

前著『緑区の歴史』（愛知県郷土資料刊行会）を昭和五十九年に出版した。新聞に連載したものの三分の一ほどに絞り、広く史跡に触れられない憾みがあった。今回古くからの史跡を多く収めたものの、詳しく記す余裕が無い場合が多く、これまでに公刊した書を参照して頂きたい。三十四年後の本書が少しでも皆様のお役に立てば幸である。

長く郷土史を調べて来たものの不明なものが多い。

阿仏の塚　　寛保三年（一七四三）大坂の雪川が鳴海に来て臥拝んだとある。鳴海のどこか。

沓脱島　腰掛松　　『張州雑志』などに氷上山近くとする。しかし『尾張国吾湯市郡火上天神開始本伝』に、宮簀媛命が鳴海に遊び、浜辺の沓脱島、腰掛松とあり、本来鳴海の地である。鳴海のどこか。

他、不明の事項につき御教示賜れば幸に存ずる。

榊原邦彦

名古屋史跡巡り 一

緑区史跡巡り

令和三年十月十四日発行
定　価　一九八〇円（本体一八〇〇円＋税一〇％）

著　者　榊《さかき》原《ばら》邦《くに》彦《ひこ》

発行者　寺西貴史

発行所　中日出版株式会社
名古屋市千種区池下一丁目四―十七
電　話　〇五二―七五二―三〇三三

ISBN978-4-908454-46-2

榊原邦彦 郷土史著作物

『北川孟虎の研究』　昭和四十八年　鳴海土風会　共著
『熱田風土記　巻七』　昭和四十八年　久知会　共著
『熱田風土記　巻八』　昭和五十七年　久知会　共著
『鳴海宿書上帳』　昭和五十七年　鳴海土風会
『緑区の歴史』　名古屋区史シリーズ　昭和五十九年　愛知県郷土資料刊行会
『鳴海名所圖會』　昭和五十九年　鳴海土風会
『尾張三河の文學』　昭和五十九年　鳴海土風会　共著
『尾張三河文藝讀本』　昭和六十三年　鳴海土風会　共著
『桶廻間合戦圖會』　平成二年　鳴海土風会
『桶廻間合戦冩眞集』　平成五年　鳴海土風会
『尾張三河の古典』　平成八年　鳴海土風会　共著
『緑区の史蹟』　平成十二年　鳴海土風会
『鳴海八幡宮誌』　平成十六年　鳴海土風会

『緑区神社誌』　平成十七年　鳴海土風会
『鳴海の芭蕉』　平成十八年　鳴海土風会
『東尾張歌枕集成』　平成十九年　鳴海土風会
『高嶋箑川翁詩集』　平成二十一年　鳴海土風会
『緑区郷土史』　平成二十三年　鳴海土風会
『枕草子及び尾張国歌枕研究』　平成二十五年　和泉書院
『桶廻間合戦研究』　平成二十七年　中日出版社
『みくにことば　第二輯』　平成三十年　中日出版
『東海道鳴海宿』　平成三十一年　中日出版
『緑区地方史』　令和二年　鳴海土風会